Militärische Nutzung des Weltraums

Technologie, Verteidigung und Sicherheit
Schriftenreihe des Fraunhofer-Instituts für Naturwissenschaltlich-Technische Trendanalysen

Thomas Kretschmer, Uwe Wiemken (Hrsg.)

# Militärische Nutzung des Weltraums
## Grundlagen und Optionen

Matthias Grüne
Thomas Kretschmer
Wolfgang Luther
Ulrik Neupert
Claudia Notthoff
Carsten Vaupel
Henner Wessel
Wolfgang Winkelmann

**Report Verlag GmbH**
**Frankfurt am Main · Bonn**

## Impressum

Bibliografische Information Der Deutschen Bibliothek
Die Deutsche Bibliothek verzeichnet diese Publikation in der Deutschen
Nationalbibliografie; detaillierte bibliografische Daten sind im Internet über
http://dnb.ddb.de abrufbar.

Schriftenreihe „Technologie, Verteidigung und Sicherheit"

Herausgeber:
Dr. rer. nat. Thomas Kretschmer
Abteilungsleiter Technologieanalysen und -vorausschau

Dr. rer. nat. Uwe Wiemken
Institutsleiter

Fraunhofer-Institut für Naturwissenschaftlich-Technische Trendanalysen
Appelsgarten 2, 53879 Euskirchen

Militärische Nutzung des Weltraums – Grundlagen und Optionen
Thomas Kretschmer, Uwe Wiemken (Hrsg.)

ISBN 3-932385-18-7

© Report Verlag Frankfurt am Main / Bonn

1. Auflage

Satz und Titelgestaltung: K. Pagel, DAVIS BONN, Bonn
Druck und Verarbeitung: Brönners Druckerei, Frankfurt am Main
Printed in Germany 2004

Alle Rechte der Verbreitung, auch durch Film, Funk, Fernsehen, Tonträger aller Art, fotomechanische Wiedergabe, auszugsweiser Nachdruck sowie Einspeicherung und Nutzung in Datensystemen aller Art vorbehalten.

Titelbild: Künftiges deutsches Satellitenaufklärungssystem SAR-Lupe.
Mit freundlicher Genehmigung der OHB-System AG.

## Vorwort der Herausgeber

Bereits seit ihren Anfängen in der Mitte des letzten Jahrhunderts ist die Raumfahrt durch die enge Verflechtung zwischen ziviler und militärischer Nutzung gekennzeichnet. So bilden insbesondere Satelliten für die Bereiche Aufklärung, Kommunikation und Navigation seit langem wesentliche Bestandteile aller strategischen und operationellen Planungen der militärischen Hauptakteure. Darüber hinaus wird in letzter Zeit zunehmend eine Reihe von technologischen Konzepten zur Stationierung von Waffensystemen im Weltraum diskutiert. Alle diese Entwicklungen haben dazu geführt, dass sich zumindest der erdnahe Weltraum neben Land, Luft und See weltweit immer stärker als viertes militärisches Operationsgebiet etabliert.

Die hohe Dynamik dieser Entwicklung und die Vielzahl der sich hieraus ergebenden rüstungskontrollpolitischen Fragen war für den Deutschen Bundestag Anlass, im Jahre 2001 sein Büro für Technikfolgen-Abschätzung (TAB) mit der Bearbeitung des Themas „Militärische Nutzung des Weltraums und Möglichkeiten der Rüstungskontrolle im Weltraum" zu beauftragen. Es handelt sich um das erste Projekt im Rahmen eines kontinuierlichen Monitoring-Auftrags „Neue Technologien und Rüstungskontrolle" des TAB.

Als einer von vier externen Gutachtern erhielt das Fraunhofer-Institut für Naturwissenschaftlich-Technische Trendanalysen (INT) den Auftrag, hierzu eine Studie mit dem Titel „Militärische Nutzung des Weltraums" anzufertigen. Die Ergebnisse der Untersuchung wurden Mitte 2002 vorgelegt. Sie hat das Ziel, möglichst umfassend den aktuellen Stand und die erkennbaren Trends bzw. Entwicklungslinien im Bereich der militärischen Raumfahrt darzustellen.

Der abschließende Bericht des Monitoring-Projekts wurde Anfang 2003 durch das TAB dem Bundestagsausschuss für Bildung, Forschung und Technikfolgenabschätzung vorgelegt und von diesem im Juni 2003 abgenommen. Er ist als Bundestags-Drucksache 15/1371 erschienen.

Die Autoren der INT-Studie halten es für sinnvoll, ihren Beitrag zu diesem Projekt einer größeren Öffentlichkeit zugänglich zu machen. Aus dieser Absicht heraus ist das hier vorgelegte Buch entstanden, das bis auf eine Reihe von Korrekturen und Verbesserungen dem ursprünglichen Gutachten entspricht.

Entsprechend der vielfältigen Beziehungen zwischen ziviler und militärischer Raumfahrt untergliedert sich das Buch in zwei Teile. Zunächst werden die übergreifenden Rahmenbedingungen der militärischen Nutzung des Weltraums diskutiert. Hierzu gehören die allgemeinen technologischen und wissenschaftlichen Grundlagen der Raumfahrt sowie die mit der zivilen und militärischen Raumfahrttechnik verbundenen wirtschaftlichen Aspekte. Einen besonderen Bezug zur Rüstungskontrollproblematik haben die beiden Kapitel zu den Hauptakteuren und zu rechtlichen Fragen der Raumfahrt.

# Vorwort

Der zweite Teil des Buches befasst sich mit der Darstellung derzeitiger oder zukünftig möglicher militärischer Systeme im Weltraum. Zunächst werden hier sicherheitspolitische und strategische Aspekte der militärischen Nutzung des erdnahen Weltraums behandelt. Einen wesentlichen Schwerpunkt bilden die beiden Kapitel zu raumgestützten Unterstützungs- und Waffensystemen. Sie werden durch eine Darstellung zu den speziellen Aspekten Transatmosphärischer Flugzeuge ergänzt.

Folgende Mitarbeiter des INT haben an der Erarbeitung des Gutachtens mitgewirkt:

Dr. Matthias Grüne (Kap. 1.2, 2.1, 2.3)
Dr. Thomas Kretschmer (Projektleitung)
Dr. Ulrik Neupert (Kap. 1.1, 1.4, 2.4)
Dr. Claudia Notthoff (Kap. 1.2)
Dr. Henner Wessel (Kap. 2.2)
Dr. Wolfgang Winkelmann (Fachliche Unterstützung).

Kapitel 1.3 wurde von Dr. Wolfgang Luther von der Zukünftige Technologien Consulting des VDI-Technologiezentrums (VDI-TZ-ZTC) in Düsseldorf erarbeitet.

Kapitel 1.5 basiert auf einem Beitrag von Carsten Vaupel vom Querschnittsbereich Recht/Politik des Zentrums für Analysen und Studien der Bundeswehr (ZASBw) in Waldbröl.

Die Redaktionsleitung des Gutachtens lag bei Dr. Matthias Grüne. Die für die Erstellung des Buchmanuskripts erforderlichen Nachbereitungen wurden von Dr. Claudia Notthoff durchgeführt. Erheblichen Aufwand kosteten die Bemühungen zur Freigabe der Bilddokumente, für die Denise Köppen verantwortlich zeichnete.

Ein besonderer Dank gilt Dr. Wolfgang A. Kriegl (Sonthofen) und Dr. Jürgen Altmann (Universität Dortmund) für ihre wertvollen Kommentare und Ergänzungsvorschläge zu dem Gutachten. Sie wurden bei der Erstellung der Buchversion weitgehend berücksichtigt.

Mit diesem Buch beginnt das Fraunhofer-Institut für Naturwissenschaftlich-Technische Trendanalysen (INT) seine neue Schriftenreihe „Technologie, Verteidigung und Sicherheit". Die Herausgeber haben sich das Ziel gesetzt, zu diesem Generalthema sowohl herausragende Ergebnisse der Institutsarbeit als auch ausgewählte Beiträge externer Autoren einer breiten Öffentlichkeit zugänglich zu machen.

Euskirchen, Mai 2004

Dr. Thomas Kretschmer          Dr. Uwe Wiemken

# Inhalt

## 1 Übergreifende Rahmenbedingungen der militärischen Raumfahrt — 1

### 1.1 Wissenschaftliche Aspekte — 1
- 1.1.1 Bemannte und unbemannte Raumfahrt — 1
- 1.1.2 Raumstationen — 3
- 1.1.3 Raumsonden — 6
- 1.1.4 Grundlagenforschung im Weltraum — 8

### 1.2 Technologische Aspekte — 11
- 1.2.1 Transportsysteme — 11
- 1.2.2 Satellitentechnik — 19
  - 1.2.2.1 Satellitenbahnen — 20
  - 1.2.2.2 Aufbau eines Satelliten — 23
  - 1.2.2.3 Energieversorgung — 23
  - 1.2.2.4 Antrieb — 25
  - 1.2.2.5 Bahn-/Lageregelung — 30
  - 1.2.2.6 Umgebungsbedingungen im Weltraum — 32
  - 1.2.2.7 Allgemeine Aspekte — 35
- 1.2.3 Führungs- und Steuerungsinfrastruktur — 37
- 1.2.4 Schlüsseltechnologien und -fähigkeiten — 43

### 1.3 Wirtschaftliche Aspekte — 49
- 1.3.1 Direkter wirtschaftlicher Nutzen — 49
- 1.3.2 Indirekter wirtschaftlicher Nutzen (Spin-off) — 54
- 1.3.3 Öffentliche (Luft- und) Raumfahrtaufwendungen — 55
- 1.3.4 Wettbewerbsverzerrung durch staatliche Subventionierung — 58
- 1.3.5 Raumfahrttechnisch beeinflusste Zukunftsmärkte — 59
- 1.3.6 Zusammenfassende Bewertung — 60

### 1.4 Institutionelle Aspekte: Akteure der Raumfahrttechnik — 63
- 1.4.1 Klassische Weltraummächte — 63
  - 1.4.1.1 USA — 63
  - 1.4.1.2 Nachfolgestaaten der Sowjetunion — 66
- 1.4.2 Weltraum-Mittelmächte — 67
  - 1.4.2.1 Europa (ESA) — 67
  - 1.4.2.2 China — 73
  - 1.4.2.3 Japan — 73
- 1.4.3 Staaten mit Kapazitäten in Teilbereichen der Raumfahrt — 74
- 1.4.4 Sonstige Staaten mit verfügbarer ballistischer Raketentechnologie — 78

### 1.5 Rechtliche Aspekte — 81

# Inhalt

## 2 Militärische Raumfahrttechnik — 87

### 2.1 Sicherheitspolitische und strategische Aspekte der militärischen Nutzung des erdnahen Weltraums — 87

### 2.2 Unterstützungssysteme — 93
- 2.2.1 Militärische Aspekte/Anforderungen — 93
- 2.2.2 Aufklärung/Überwachung — 103
  - 2.2.2.1 Strategische Frühwarnsatelliten — 105
  - 2.2.2.2 Satelliten zur optischen Aufklärung — 110
  - 2.2.2.3 Radaraufklärung — 115
  - 2.2.2.4 Fernmeldeaufklärung und Elektronische Abhörsatelliten — 120
- 2.2.3 Kommunikation — 124
- 2.2.4 Navigation — 130
- 2.2.5 Wetter-/Erdbeobachtung — 136

### 2.3 Waffensysteme — 139
- 2.3.1 Wirkungsarten — 140
  - 2.3.1.1 Wuchtgeschosse und Splittergeschosse — 140
  - 2.3.1.2 Laserwaffen — 143
  - 2.3.1.3 Hochleistungsmikrowellen-Waffen — 149
  - 2.3.1.4 Sonstige Waffensysteme — 152
- 2.3.2 Einsatzformen — 156
  - 2.3.2.1 Weltraumgestützte Antisatellitenwaffen — 156
  - 2.3.2.2 Abwehr ballistischer Flugkörper im Weltraum — 161
  - 2.3.2.3 Bekämpfung von terrestrischen Zielen aus dem Weltraum — 164
  - 2.3.2.4 Terrestrische Waffensysteme gegen Raumziele — 166
- 2.3.3 Zusammenfassende Bewertung von weltraumbezogenen Waffensystemen — 174

### 2.4 Militärische Transatmosphärische Flugzeuge — 177

### Quellenverzeichnis — 183

### Abkürzungsverzeichnis — 195

# 1 Übergreifende Rahmenbedingungen der militärischen Raumfahrt

## 1.1 Wissenschaftliche Aspekte

### 1.1.1 Bemannte und unbemannte Raumfahrt

Unter dem Eindruck der enormen Kosten wird der wissenschaftliche und ökonomische Nutzen der bemannten Raumfahrt immer wieder diskutiert. Unbezweifelt ist ihr kultureller Wert für den Menschen und seinen Forschungsdrang, der stets nach der Erweiterung seines Erfahrungs- und Wissenshintergrundes sucht. Auch ist der Symbolcharakter internationaler Zusammenarbeit bei bemannten Unternehmungen ungleich höher als bei unbemannten Projekten. Beim Betrieb von Einrichtungen und der Durchführung von Experimenten sind die Urteilsfähigkeit des Menschen und seine Fähigkeit zu improvisieren wichtige Faktoren. Die Frage ist aber, ob der Nutzen der bemannten Raumfahrt für Wissenschaft und Gesellschaft in vertretbarem Verhältnis zum Aufwand steht oder ob nicht unbemannte Forschungsmissionen dank der Fortschritte in der Robotik generell kosteneffizienter sind. Dies gilt nicht nur für Projekte im Erdorbit sondern auch mit Blick auf eine mögliche bemannte Marsmission. Diese Frage ist wegen der unterschiedlichen Blickwinkel und Bewertungsmaßstäbe nicht objektiv zu beurteilen.

Die bemannte Exploration des Mars liegt im Rahmen der technologischen Möglichkeiten. Eine solche Mission wäre mit einer Dauer von ca. drei Jahren für Menschen wohl zu bewältigen, es gibt allerdings eine Reihe medizinischer Vorbehalte. Weiter entfernte Ziele sind in absehbarer Zeit nur mit unbemannten Sonden erreichbar. Das APOLLO-Programm der USA, das zu sechs bemannten Landungen auf dem Mond führte, war das Ergebnis einer enormen nationalen Anstrengung, deren Sinn nicht zuletzt auch die Demonstration der Überlegenheit des eigenen Gesellschaftssystems war. Insbesondere die späteren APOLLO-Missionen, die über verbesserte technische Möglichkeiten verfügten und geologisch besser geschulte Astronauten zum Mond brachten, haben in einem Maße dem wissenschaftlichen Erkenntnisgewinn gedient, wie er auch derzeit mit unbemannten Missionen schwer vorstellbar ist. Symptomatisch war allerdings, dass die letzten drei geplanten APOLLO-Missionen abgesagt wurden, da die nationalen Interessen sich verschoben hatten.

Auch wenn der direkte Vergleich wegen der um Größenordnungen verschiedenen Kosten nicht möglich ist, so sind die wissenschaftlichen Informationen der PATHFINDER-Mis-

## Wissenschaftliche Aspekte

sion zum Mars, bei der ein fahrbarer Roboter an mehreren Steinen spektrometrische Messungen durchführte, noch unzureichend. Allerdings sind sehr viel komplexere unbemannte Missionen mit hochentwickelten Robotern denkbar, die weitgehend autonom von einer Basisstation aus operierend das Gelände erkunden, Messdaten sammeln und Proben nehmen. Die Anpassungs- und Improvisationsfähigkeit des Menschen und seine enormen kognitiven Fähigkeiten würden aber sicherlich zu einer höheren wissenschaftlichen Ausbeute einer Mars-Mission führen. Generell lassen sich ohne das Zurückbringen von Materialproben die Fragen zur Entstehungsgeschichte des Mars und möglichem Leben nicht befriedigend beantworten. Nachteile einer bemannten Mission wären die beschränkte Aufenthaltsdauer auf dem Mars, die physische und psychische Belastungen der Astronauten bei einer derartig langen und risikobehafteten Mission und die Kosten, die sich durch Lebenserhaltungssysteme, höheres Startgewicht, sicherere Auslegung usw. ergeben.

Für eine dauerhafte Besiedlung des Alls bieten sich Mond und Mars nicht an. Der Mond mag zukünftig als Forschungsobjekt, als Standort für Teleskope jeder Art, als Startbasis für planetare Missionen und als Erprobungszentrum für Weltraumtechnologien eine Rolle spielen. Der Aufenthalt dort würde im Charakter mehr dem zweckgebundenen Aufenthalt auf irdischen Forschungsstationen ähneln als zivilisatorischer Besiedlung. Ähnliches gilt für den Mars, dessen genauere Erforschung durchaus interessant wäre, der aber ebenfalls eine sehr unwirtliche Umgebung für menschliches Siedeln darstellt. Irdische Probleme wie eine zukünftige Überbevölkerung der Erde wären durch Siedlungen auf Mond und Mars nicht zu lösen, selbst wenn Zukunftsvisionen von der Umwandlung der Atmosphäre zu erdähnlichen Bedingungen („Terraforming") realisiert würden. Unabhängig davon, ob sich derartige Projekte überhaupt jemals realisieren lassen, werden sie zumindest in den kommenden 50 bis 100 Jahren gewiss keine Rolle spielen.

Die Forschung im Orbit beschäftigt sich zum einen mit wissenschaftlichen Experimenten unter den Bedingungen der Mikrogravitation und des Ultrahochvakuums. Der Mensch als Experimentator vor Ort kann verglichen mit automatisierten Versuchsaufbauten die Experimente besser betreuen, komplizierte, möglicherweise durch sonstige Sensoren nicht erfasste subtile Effekte beobachten, Änderungen vornehmen und unvorhergesehene Fehlfunktionen beheben. In vielen Bereichen ist der Mensch sicher nur sehr schwer ersetzbar. Der Mensch selbst ist aber nicht nur Kostenfaktor sondern auch Störfaktor für Experimente, sei es durch Luftströmungen und Bewegungen der Besatzungsmitglieder oder in Betrieb befindliche Bordaggregate.

Einen größeren Anteil macht die Forschung an Weltraumsystemen an sich aus. Dabei geht es um den Bau und Unterhalt von Strukturen im All, um die Bordsysteme wie Energieversorgung, Antriebe, Lebenserhaltungssysteme und um die medizinische Untersuchung von Menschen unter den Bedingungen der Schwerelosigkeit und der Lebensbedingungen an Bord. Viele Experimente dienen allerdings auch der Fortentwicklung der Automatisierung selber.

## 1.1.2 Raumstationen

Eine Raumstation ist ein bemannter Weltraumstützpunkt, der sich z.B. auf einer Umlaufbahn um die Erde befindet und von dort aus in regelmäßigen Versorgungsflügen mit Mannschaften und Verbrauchsmaterial beliefert wird. Eine Raumstation kann für die Erdbeobachtung, die Astronomie und wegen der dort herrschenden Mikrogravitation für diverse wissenschaftliche Experimente genutzt werden. Neue die Raumfahrt betreffende Technologien wie Versorgungs- und Lebenserhaltungssysteme, Kommunikationssysteme, Antriebe, Energieversorgungssysteme, Roboter, Strukturmechaniken und Werkstoffe lassen sich hier testen. Außerdem sind die Erfahrungen, die man mit dem Aufenthalt von Menschen im Weltraum sammelt, hilfreich für die Vorbereitung eines bemannten Fluges zu anderen Planeten. Die für einen solchen Flug benötigten interplanetaren Raumfahrzeuge könnten auf einer Raumstation endgültig montiert und gewartet werden, da das gesamte Schiff anders als bei den APOLLO-Missionen zum Mond wahrscheinlich nicht mit einem Start von der Erde in den Weltraum gebracht werden kann.

Militärisch wurden Raumstationen bislang zur Erdbeobachtung genutzt. Denkbar ist auch die Wartung von Satelliten oder die Nutzung einer Raumstation als Testeinrichtung für Techniken zur Satelliten- und Raketenbekämpfung. Als bemannte strategische Kommandozentrale ist eine Raumstation wegen ihrer Verwundbarkeit wohl weniger geeignet.

Günstig für eine Raumstation ist ein Orbit bei etwa 300 bis 400 Kilometern über der Erde. Dort existiert zwar noch eine geringe Atmosphäre, die die Station abbremst und eine ständige Kurskorrektur nötig macht. Diese Atmosphäre schützt aber gleichzeitig die Insassen der Station vor der kaum mit anderen Mitteln abzuschirmenden kosmischen Strahlung. Außerdem bedingen höhere Umlaufbahnen kleinere Nutzlasten pro Transportflug und damit grundsätzlich höhere Kosten.

Mit den sowjetischen Erdorbitalstationen der SALJUT-Serie begann der erste Schritt in Richtung ständig bemannter Raumstationen. In einer ausgedehnten Experimentierphase von 1971 bis 1976 wurden mit SALJUT 1 bis SALJUT 5 systematisch, allerdings auch mit vielen Rückschlägen, Anflugs- und Kopplungsverfahren, Bordgeräte, automatische Versuchsanordnungen, Stabilisierungssysteme und der Aufenthalt von Menschen an Bord bis zu zwei Monaten getestet. Mit der technisch wesentlich weiterentwickelten SALJUT 6 wurde von 1977 bis 1980 die Aufenthaltsdauer der Besatzungen systematisch auf bis zu 185 Tage gesteigert. Die wichtigste technische Neuerung bestand in zwei getrennten Kopplungsschleusen, so dass zwei Zubringerfahrzeuge gleichzeitig angekoppelt werden konnten. Die auf diese Weise entstehende Einheit wird als Erdorbitalkomplex bezeichnet. Fortan konnten unbemannte PROGRESS-Frachter die Kosmonauten versorgen und Material für Experimente und Treibstoff nachliefern. Die gewonnenen Erfahrungen flossen in die 1982 gestartete SALJUT 7 ein, die sich auf einer Kreisbahn in 480 km Höhe und einem Bahnneigungswinkel zur Äquatorialebene (Inklination) von 51,6° um die Erde bewegte. Der längste Aufenthalt einer Besatzung auf der SALJUT 7 dauerte 237 Tage. Zur Erprobung des Auf- und Ausbaus von größeren modularen Raumstationen diente die Ankopplung der Mehrzweck-Modulsatelliten KOSMOS 1443 und KOSMOS 1686. Zum Ende der Nutzungszeit von SALJUT 7 wurde sie als unbemannte Station zur Abwicklung von Experimenten genutzt, die automatisch und/oder erschütterungsfrei verlaufen sollen. Versorgt wurde sie von der Nachfolgestation MIR aus, deren erste Besatzung mit SOJUS-T 15 zu dem benachbarten Orbitalkomplex aus SALJUT 7 und KOSMOS 1686 flog, Experimente und Reparaturen durchführte und dann zur MIR zurückflog.

SALJUT 7/KOSMOS 1686 mit einer Gesamtmasse von 40 Tonnen wurde 1991 wie auch ihre Vorgänger durch ein Bremsmanöver zum Absturz gebracht. Bei diesem unkontrollierten Absturz fielen Trümmer auf Chile und Argentinien. Nach dem Baukastensystem waren die anfangs primitiven und engen SALJUT-Stationen systematisch zu einer wirklichen Raumstation ausgebaut worden.

Nach dem politisch motivierten, vorzeitigen Abbruch des wissenschaftlich zunehmend fruchtbarer werdenden Mondprogramms zogen 1973 die USA nach und errichteten ihre erste Raumstation SKYLAB in 435 km Höhe. Sie bestand aus einer umgebauten dritten Stufe der SATURN-V-Rakete. Das Himmelslabor SKYLAB besaß, wie auch SALJUT 1, keinen eigenen Antrieb. Bis 1974 fanden drei Missionen statt. Es wurden Aufnahmen von der Erde, astronomische Experimente, Röntgenstudien der Sonne sowie medizinische, biologische und technische Experimente durchgeführt. Durch unerwartet hohe Sonnenaktivität dehnte sich die Atmosphäre aus und die daraus resultierende zusätzliche Reibung brachte die Station früher als geplant in eine niedrigere Umlaufbahn. Dies führte 1979 schließlich zum unkontrollierten Absturz der 77 Tonnen schweren Station, wobei die Trümmer über Australien verstreut wurden. Die NASA hatte vorgeschlagen, SKYLAB mit einem SPACE SHUTTLE in eine höhere Umlaufbahn zu befördern, doch die Raumfähre wurde zu spät fertig. Danach konzentrierte sich das amerikanische Raumfahrtprogramm auf Flüge mit dem SPACE SHUTTLE. Als Nachfolge von SKYLAB benutzte man nun das im Nutzlastbereich der Fähre montierte SPACELAB für Experimente.

Mit den im SALJUT-Programm gewonnenen Erfahrungen begann die Sowjetunion 1986 mit dem Aufbau der MIR. Erstmals wurde eine Raumstation in der Umlaufbahn aus mehreren Modulen aufgebaut. Insgesamt fünf Module mit wissenschaftlichem Gerät wurden bis 1996 angekoppelt. Für die Besatzung standen individuelle Schlafbereiche, eine Dusche und eine Küche zur Verfügung. Im Verlauf von 14 Jahren wurden an Bord der MIR rund 23.000 Experimente durchgeführt. Dabei ging es um das Wachstum von Kristallen, die Herstellung von Halbleitermaterialien, medizinische Tests mit Kosmonauten, astrophysikalische Beobachtungen und um Experimente mit Proteinen, Viren, Bakterien und Kleintieren. Die MIR bewegte sich in einer elliptischen Umlaufbahn zwischen 352 und 324 km Höhe bei einer Inklination von 51,6°.

Nach dem Ende des kalten Krieges, dem die MIR als sowjetisches Prestigeobjekt letztlich ihre Existenz verdankte, vermarkteten die Sowjetunion und später Russland die Raumstation kommerziell auch für westliche Forschungsprojekte. Die Idee, zumindest Teile der Station abzukoppeln und bei der ISS (International Space Station) wiederzuverwenden, wurde wegen zu hoher Reparaturkosten nicht verwirklicht. MIR wurde 2001 kontrolliert zum Absturz gebracht. Bei einem solchen kontrollierten Absturz muss kurz vor dem Ende die Kreisbahn in eine elliptische Bahn umgewandelt werden, deren erdnächster Punkt über dem Absturzgebiet liegt.

Am Bau und Betrieb der derzeit einzigen Raumstation, der Raumstation ISS, sind 15 Nationen beteiligt. Die verschiedenen Module der Station werden durch Knoten verbunden, an denen auch die Raumtransporter andocken können. Als erstes wurde Ende 1998 das russische Funktions- und Nutzlastmodul SARJA in eine Umlaufbahn in über 380 km Höhe gebracht. Im Oktober 2000 konnte nach Montage des amerikanischen Verbindungselementes UNITY und des Servicemoduls die erste dreiköpfige Stationsbesatzung ihre Arbeit aufnehmen. Um diesen Kern herum wird die Station nach und nach erweitert. Dazu gehört das in Deutschland gebaute COLUMBUS-Labor, das 2003 ins All geschickt werden soll. Die Nutzung der Station ist bis mindesten 2016 geplant. Neben dem wissenschaftlichen Experimentierbetrieb könnte sie ggf. auch der Startpunkt der ersten bemannten Expedition zum Mars sein. Im Vergleich zur MIR bietet die ISS deutlich verbesserte Arbeitsbedingungen, wie z.B. breitbandige permanente Kommunikationsverbindungen zur Erde, die Wissenschaftlern die Fernüberwachung und Steuerung von Experimenten ermöglichen.

Der Langzeitaufenthalt von Menschen im All in der bisherigen Form bringt durch die Schwerelosigkeit und den physischen und psychischen Stress eine Reihe von medizinischen Auswirkungen mit sich. Von besonderer Bedeutung sind dabei der möglicherweise zumindest nicht völlig reversible Knochenschwund, der auch durch Trainingsprogramme bislang nicht gestoppt werden konnte. Bislang scheint es allerdings erwiesen, dass Menschen nach längerem Weltraumaufenthalt nach einer Anpassungszeit wieder normal auf der Erde leben können. Dennoch würden Raumstationen mit künstlich erzeugtem Schwerefeld den Aufenthalt im All und die Rückkehr zur Erde stark vereinfachen. Dies würde auch den Tourismus ins All erleichtern. Um die Schwerkraft der Erde zu simulieren, könnte man die Fliehkraft rotierender Systeme ausnutzen. Die Idee einer rotierenden Raumstation wurde bereits im vorletzten Jahrhundert beschrieben und Wernher von Braun konzipierte 1952 eine 75 Meter durchmessende rotierende Weltraumstation in Form eines zweispeichigen Rades. Ein technisches Problem dabei dürfte die erforderliche, relativ schnelle Nachführung der sehr großen Solarkollektoranlagen sein. Auch die Rotation nur bestimmter Teile der Raumstation würde größere technische Probleme verursachen.

Die enormen Kosten für den Aufbau und Betrieb einer großen Raumstation sprechen dafür, dass sich eine über die ISS hinausgehende bemannte Infrastruktur im All erst sehr langfristig aufbauen lassen wird. Dies gilt zumindest, solange die Transportkosten in die Umlaufbahn nicht drastisch gesenkt werden können und ein wirtschaftlicher Anreiz fehlt. Allenfalls ist mit kleinen Prestige-Projekten zu rechnen. So hat China den Start einer nationalen Raumstation in Aussicht gestellt.

### 1.1.3 Raumsonden

Raumsonden sind unbemannte Fluggeräte für Beobachtungs- und Messaufgaben auf Bahnen außerhalb des Erdgravitationsfeldes. Sie dienen in erster Linie zur Erkundung anderer Himmelskörper (Sonne, Mond, Planeten, Asteroide, Kometen). Eine Reihe von Raumsonden ist auch schon auf ihrem Zielobjekt gelandet.

Der Trend geht derzeit zu kleinen, verhältnismäßig billigen Projekten. Unter dem bestehenden Kostendruck werden optische, mechanische, strukturelle und elektronische Komponenten verkleinert und in der Leistung gesteigert. Viele Raumsonden der Zukunft werden nur noch einige Kilogramm wiegen und, durch große Solarzellenflächen mit Energie versorgt, viel flexiblere Missionen fliegen können als heute.

Sonden sind geeignete Kandidaten für die Erprobung von Systemen, die zukünftig teils auch bei bemannten Systemen eingesetzt werden könnten. Radionuklidbatterien, die den radioaktiven Zerfall als Energiequelle nutzen, werden zunehmend durch Solarzellen mit hohem Wirkungsgrad abgelöst. Schwere chemische Raketen werden durch leichtere Systeme von allerdings geringerer Leistung ersetzt werden. Eine Alternative ist der Ionenantrieb, bei dem der in Solarzellen erzeugte Strom ein Edelgas ionisiert, wobei der Rückstoß der ausgestoßenen, positiv geladenen Ionen für Vortrieb sorgt. Ein solcher Antrieb wird bereits an der Raumsonde DEEP SPACE 1 erprobt. Außerdem werden derzeit Sonnensegel entwickelt, bei denen der Druck der solaren Strahlung auf große Segelflächen zum passiven Antrieb genutzt werden soll. Bei diesen Verfahren ist allerdings zu beachten, dass die Leistungsdichte der Sonnenstrahlung quadratisch mit der Entfernung zur Sonne abnimmt. Diese Technologien könnten Missionen mit hohem Antriebsbedarf, wie Reisen zu entfernten Planeten oder Kometen- und Asteroidenrendezvous, einschließlich der wissenschaftlich besonders wichtigen Probenrückführung mit ermöglichen. Die unbemannte Erkundung unseres Planetensystems und die Rückführung von Proben zur Erde werden vor allem wegen der großen Signallaufzeiten die Weiterentwicklung von Techniken zur Automation und Robotik erfordern.

Sonden haben auch in der Vergangenheit nicht nur Planeten, Monde, Kometen oder Asteroiden im Vorbeiflug fotografiert, sie sind auch in Umlaufbahnen eingeschwenkt oder haben Landungen vorgenommen. Die in dieser Hinsicht bislang erfolgreichste Sonde war die amerikanische Sonde PATHFINDER, von der aus das mit zwei Spektrometern ausgerüstete Roboterfahrzeug SOJOURNER Marsgestein auf seine chemische Zusammensetzung hin untersuchte (s. Abb. 1-1). In der Zukunft sollen durch Sonden verfeinerte Analysen vorgenommen und auch Proben zur Erde zurückgebracht werden. Mit der Sonde ROSETTA ist die Entnahme von Proben aus dem Kometen Wirtanen geplant.

Die weiträumige Erkundung mit Ballons ist bei Planeten mit Atmosphäre interessant. Dies wurde bereits 1985 bei einer Mission zur Venus mit der sowjetischen Sonde VEGA realisiert. In der besonders dichten und stabilen Venusatmosphäre konnten einige Ballons für zwei Tage aus 50 Kilometern Höhe die Oberfläche beobachten. Ballons könnten auch

## Wissenschaftliche Aspekte

(Quelle: NASA NSSC)

Abb. 1-1: **Marssonde „Pathfinder" nach Landung und Roboterfahrzeug „Sojourner"**

zur Untersuchung des Mars und des Jupitermondes Titan verwendet werden, wobei die Bedingungen auf dem Mars mit seiner dünnen Atmosphäre und großen Temperatur- und Druckschwankungen am schwierigsten sind. Ein ganz anderes Medium will die NASA in der ferneren Zukunft untersuchen. Man erwägt eine Expedition zum Jupitermond Europa. Dort soll sich ein unbemanntes U-Boot durch die Eisoberfläche (ca. 4 km dick) schmelzen, die Unterwasserwelt erkunden und nach Lebensformen suchen. Hier ergibt sich aber z.B. bezüglich der Energieversorgung und der Kontaminationsvermeidung eine ganze Reihe technisch anspruchsvoller Probleme.

Die ersten erfolgreichen Starts von Raumsonden fanden 1959 mit den sowjetischen Sonden LUNA 1 bis LUNA 3 und der amerikanischen PIONEER 4 statt. Mit LUNA 3 konnten erstmals Bilder von der Rückseite des Mondes aufgenommen und zur Erde gefunkt werden. Seit dieser Zeit ist eine große Zahl weiterer Sonden zum Erdmond, zu Planeten und deren Monden sowie zu Kometen und Asteroiden geschickt worden.

Derzeit steht der Mars im Mittelpunkt des Interesses. Eine ganze Reihe von zum Teil miteinander in Verbindung stehenden Orbitern, Landefahrzeugen und Fahrzeugen soll Wetter und Klima des Planeten erforschen und seine Entwicklung untersuchen. Auch ist der Transport von Proben zur Erde vorgesehen. Eine besondere Motivation stellt dabei die Frage dar, ob der Mars jemals in der Lage war, Leben zu beherbergen, oder ob dies vielleicht heute noch möglich ist. Diese Diskussion kam verstärkt in Gang, nachdem im höchstwahrscheinlich vom Mars stammenden Metoroiden „Allan Hills 84001" gefundene mineralogische Besonderheiten als mögliche fossile Überreste gedeutet wurden.

## Wissenschaftliche Aspekte

Weitere zukünftige Sonden sollen sich der Sonne nähern (SOLAR ORBITER), die Entstehung von Sternen und Galaxien (HERSCHEL) oder schwarzen Löchern (LISA) erforschen oder sich auf die Suche nach erdähnlichen Planeten machen (DARWIN). Aber auch der Mond ist nach wie vor Ziel von Sonden, um eine Reihe wissenschaftlicher Fragestellungen zu klären.

### 1.1.4 Grundlagenforschung im Weltraum

Der Weltraum ist für viele Bereiche der Grundlagenforschung interessant. Dies liegt an den im Vergleich zur Erde anderen Umgebungsbedingungen. Physikalische und biologische von der Schwerkraft beeinflusste Phänomene und Prozesse können im Weltraum unter den Bedingungen der Mikrogravitation beobachtet werden. Das Fehlen der Atmosphäre führt dazu, dass Plattformen im All zumeist besser für astronomische Beobachtungen geeignet sind. Vom Weltraum aus lässt sich unser eigener Planet für viele Zwecke am besten beobachten. Für die Erkundung des erdnahen Weltraums werden Satelliten und Höhenforschungsraketen verwendet. Die detaillierte Erkundung der anderen Körper unseres Sonnensystems ist nur mit unbemannten Sonden oder im näheren Bereich ggf. auch mit bemannten Raumschiffe möglich.

Im Weltraum lassen sich bei der Untersuchung von Materialien schwerkraftinduzierte Einflüsse wie Sedimentation, die schwerkraftinduzierte Konvektion oder der hydrostatische Druck quasi ausschalten. Dadurch können andere auch für die numerische Simulation physikalischer Prozesse interessante Einflussgrößen erkannt und charakterisiert werden, die sonst vom Einfluss der Schwerkraft überdeckt werden. Des weiteren erlaubt die fehlende Schwerkraft das Studium von Flüssigkeiten (z.B. Schmelzen) ohne Behälter oder Tiegel, wodurch chemische Reaktionen oder Keimbildungsprozesse mit dem Tiegelmaterial vermieden werden. Diese Kenntnisse können helfen, verbesserte Verfahren in der Prozessierung von Materialien zu entwickeln.

Satelliten werden immer mehr zum Umweltmonitoring benutzt. Mit immer ausgereifteren Messsystemen erhält man Informationen zur Topografie der Erde, den Oberflächentemperaturen der Meere und der Vegetationsbedeckung der Landmasse, der Höhe der Meereswellen, der Verteilung von Ozon und Spurengasen in der Atmosphäre, der Entwicklung der Eisbedeckung usw. Diese globalen Beobachtungen des Klimas und die Aufnahme von Umweltfaktoren sind für das Verständnis des Klimas und der natürlichen und anthropogenen Einflüsse auf das Klima unverzichtbar. Weiterhin lassen sich mittels Satelliten auch die Wanderungsbewegungen von mit Sendern ausgestatteten Tieren, wie z.B. Zugvögeln, verfolgen.

In der Astronomie werden die Fragen nach dem Ursprung und der Entwicklung des gesamten Universums und speziell unseres Sonnensystems untersucht. Dazu gehört die Beobachtung von Strahlenquellen im gesamten elektromagnetischen Spektrum. Bei der Beobachtung von der Erde aus verzerrt die Atmosphäre durch Fluktuationen der optischen Dichte astronomische Bilder und streut das Licht, wodurch die Auflösung vermindert wird. Durch Fortschritte im Bereich adaptiver Optiken lassen sich allerdings im sichtbaren Bereich des elektromagnetischen Spektrums solche Verzerrungen in der Abbildung zunehmend korrigieren. Licht emittierende Atome und Moleküle der Atmosphäre erhöhen den Hintergrund. Außerdem schirmt die Atmosphäre einen großen Teil des kurzwelligen elektromagnetischen Spektrums ab und die Ionen der Ionosphäre verhindern den Empfang langwelliger Radiowellen. All diese nachteiligen Effekte sprechen für astronomische Beobachtungen vom Weltraum aus, was bereits mit dem Weltraumteleskop HUBBLE und den Röntgenteleskopen XMM-NEWTON und ROSAT eindrucksvoll demonstriert wird.

Die Suche nach weiteren Lebensformen im Universum ist eine den Menschen besonders faszinierende Frage. In unserem Sonnensystem bieten Mars, Venus und Monde, wie z.B. der Jupitermond Europa prinzipiell Bedingungen, unter denen Leben derzeit oder in der Vergangenheit möglich bzw. möglich gewesen sein könnte. Erst in letzter Zeit wurde auch in anderen Sonnensystemen eine Reihe von Planeten nachgewiesen. Untersuchungen an primitiven undifferenzierten Metoroiden zeigen eine erstaunliche Vielfalt organischer Verbindungen, die auch in den Kometen und Atmosphären von Planeten und Monden unseres Sonnensystems vorhanden sein sollten und die als chemische Vorstufen die Entwicklung von Leben fördern könnten. Der Nachweis primitiver Lebensformen wird voraussichtlich nur durch Untersuchung von Proben auf der Erde durchführbar sein.

Viele Einzeller nutzen die Gravitation für die räumliche Orientierung, um nach oben oder unten schwimmend ihren Standort für die Photosynthese zu optimieren. Dieser Prozess spielt somit eine bedeutende Rolle für das betreffende Ökosystem und global für die Zusammensetzung der Atmosphäre.

Landpflanzen haben sich unter der Erdschwerkraft entwickelt. Unter Mikrogravitation erweist sich die Kultivierung von Pflanzen zur Samen- und Fruchtreife als schwierig, scheint aber prinzipiell möglich. Das Verständnis der Anpassungsmechanismen und Syntheseleistungen von Landpflanzen ist für ihre Bedeutung in der Nahrungskette der Erdbevölkerung und zukünftig denkbarer Weltraumgenerationen von Bedeutung. Für Wasserpflanzen, die sich in einer der Schwerelosigkeit ähnlichen Umgebung aus Auftrieb und Schwerkraft entwickelt haben, ist die Umstellung auf Schwerelosigkeit weniger groß. Experimente zeigten ein ungestörtes Wachstum, daher könnten essbare Wasserpflanzen eine wichtige Nahrungsgrundlage bei Langzeitaufenthalten im All bilden.

Auf Tiere bzw. den Menschen wirkt die Schwerelosigkeit im Kurzzeitbereich auf die Schwerkraft wahrnehmenden Systeme. Die Folgen sind Gleichgewichts-, Bewegungs- und Orientierungsstörungen. Innerhalb einiger Stunden oder Tage erfolgt aber ein weitgehender Ausgleich der Beeinträchtigungen. Im Langzeitbereich sind dann aber wieder umfassende Anpassungsphänomene in Herz-/Kreislauf-, Atmungs-, Eingeweide-, Hormon-, Immun-, Muskel- und Skelettsystemen zu beobachten. Gerade im Hinblick auf Langzeitaufenthalte im Weltraum ist der Einfluss der Mikrogravitation auf zellulärer Ebe-

## Wissenschaftliche Aspekte

ne zu klären sowie beim Menschen beobachtete Phänomene wie Schwund von Muskulatur und Skelettknochen, Kreislaufprobleme oder verminderte psychologische Leistungsfähigkeit und Stabilität durch die psychosoziale Situation an Bord eines Raumschiffes oder einer Raumstation.

Ohne den Einfluss der Gravitation lassen sich auch biologische Makromoleküle wie Nukleinsäuren oder Proteine besser zu Kristallen züchten, deren Struktur dann mittels Röntgenbeugung genauer aufgeklärt werden kann. Anwendungsperspektiven liegen z.B. beim Maßschneidern pharmazeutischer Wirkstoffe.

Für extrem lange Missionszeiten oder die Ausstattung lunarer oder planetarer Basen benötigt der Mensch Lebenserhaltungssysteme, die ihn vor den widrigen Bedingungen des Weltraums schützen (extrem reduzierter Druck, drastische Temperaturwechsel, stark reduzierte bis fehlende Gravitation, verändertes Magnetfeld, kosmische Strahlung, fehlende Zeitgeber). Neben dieser schützenden muss das Lebenserhaltungssystem aber auch noch eine erhaltende Komponente enthalten, die den Menschen mit Nahrung, Wasser und Atemluft versorgt und Atmungs- und Stoffwechselprodukte sowie andere Abfälle entsorgt. Diese Anforderungen sind am besten mit biologischen Systemen zu realisieren, in denen höhere Pflanzen bei der Photosynthese Kohlendioxid verbrauchen und Sauerstoff produzieren. Auf der Erde sind bereits einige Habitate (künstliche Lebensräume) zu Forschungszwecken gebaut worden und die Miniaturversion eines aquatischen Habitats wurde bei mehreren SPACE-SHUTTLE-Missionen getestet.

## 1.2 Technologische Aspekte

### 1.2.1 Transportsysteme

Zur Nutzung des Weltraums sind kostengünstige und zuverlässige Transportsysteme zur Verbringung von Nutzlasten in stabile Erdumlaufbahnen und darüber hinaus nötig. Insbesondere beim Transport von Satelliten in geostationäre und seit kurzem auch in niedrige Umlaufbahnen gibt es hier einen starken internationalen Wettbewerb und damit Kostendruck. Dabei sind die Kosten für das Gesamtsystem zu berücksichtigen, was auch Start- und Landevorrichtungen, Kommunikations- und Kontrolleinrichtungen, für geostationäre Umlaufbahnen die Nähe zum Erdäquator, den bei Bemannung erforderlichen Zusatzaufwand und in Zukunft auch Umweltschädigungen sowie Rückhol- oder Parksysteme zur Vermeidung von Weltraumschrott mit einschließt.

Daher geht die Entwicklung bei den nach wie vor vorherrschenden unbemannten mehrstufigen Verlustraketen zu immer größeren Nutzlasten, was die Verbringung mehrerer großer Satelliten pro Träger ermöglicht. Gleichzeitig werden zunehmend durch die Abrüstung freigewordene strategische Raketen (ICBM) der Supermächte, ggf. durch zusätzlich angebrachte Booster, zu preisgünstigen Satellitentransportsystemen umgerüstet, die insbesondere das zukünftig zunehmende Marktsegment um 1 t Nutzlast bedienen können (vgl. Tab. 1-1). Dadurch wird die Entwicklung neuartiger Trägersysteme verzögert und der Kostendruck auch auf die zweite Klasse von existierenden Systemen, die teilweise wiederverwendbare Raumfähre, erhöht.

Derzeit werden zahlreiche Verbesserungen der Raumfähre (SPACE SHUTTLE) der NASA entwickelt, um transportierte Nutzlast, Lebensdauer und (vor allem) Sicherheit zu erhöhen. Die Entwicklung der russischen Raumfähre BURAN („Schneesturm") und der europäischen HERMES wurde dagegen aus Kostengründen aufgegeben. Japan entwickelt mit der HOPE X (H-II Orbiting Plane – Experimental) einen unbemannten Raumgleiter zur Versorgung der internationalen Raumstation ISS.

Für eine militärische Weltraumnutzung kommt noch das Kriterium der kurzfristigen Verfügbarkeit von Raumtransportsystemen hinzu, um schnell auf Lageveränderungen reagieren zu können, etwa durch Platzierung zusätzlicher Satelliten („Launch on Demand"). Dies ist bei unbemannten Verlustsystemen besser gewährleistet, da es keine „Renovierung" bzw. Zwischenwartung gibt.

Zum Antrieb werden bisher für den erdnahen Weltraum ausschließlich Raketentriebwerke mit chemischer Energieerzeugung eingesetzt. Neben der Entwicklung neuer (ein- und zweikomponentiger) Treibstoffe und Verbesserungen am Pumpensystem werden hier mehrere Ansätze zur grundsätzlichen Verbesserung der Funktionsweise verfolgt. Bei der Rotationsrakete werden die aufwändigen Turbopumpen durch eine kreisförmige Anordnung der Brennkammern auf einer rotierenden Scheibe überflüssig, bei der die Treib-

## Technologische Aspekte

| Transportsystem | Betreiber | Nutzlast in LEO* | erster Flug |
|---|---|---|---|
| Saturn V | USA (NASA) | 118 t | 1967 |
| Energija | Russland | 88 t | 1988 |
| Space Shuttle | USA (NASA) | 24 t | 1981 |
| Titan IVB | USA (USAF) | 22 t | 1997 |
| Proton KM | Russland | 21 t | 2000 |
| Ariane 5 | Europa (ESA) | 18 t | 1997 |
| Senit 2 | Ukraine | 14 t | 1985 |
| Chang Zheng 3B (CZ-3B/Langer Marsch 3B) | China | 11 t | 1997 |
| H-IIA | Japan (NASDA) | 12 t | 2001 |
| Dnepr | Ukraine | 4,5 t | 1999 |
| Minotaur (Minuteman 2 mit Booster) | USA (USAF) | 0,6 t | 2000 |
| Schtil 1 (U-Boot-verschossen/SLBM) | Russland | 0,4 t | 1998 |

(Quelle: Mark Wade)

Tab. 1-1: **Existierende Raumtransportsysteme mit der größten Nutzlast** (oberer Teil der Tabelle).
Unterer Teil der Tabelle: **konvertierte ICBM zum Vergleich.**
*) LEO hier: Höhe ca. 200 km, Inklination 28-52° je nach Startplatz

stoffe durch Fliehkraft in die Brennkammern gedrückt werden. Beim „Linear-Aerospike"-Antrieb von Boeing/NASA passt sich die Form des Abgasstroms automatisch optimal an den umgebenden Luftdruck an, was sonst eine verstellbare Düse erfordern würde (s. Abb. 1-2). Außerdem ist eine Schubvektorsteuerung ohne bewegliche Teile durch Variation der beiden Abgas-Teilstrahlen möglich. Bei Pulsdetonationsraketen verbrennt der Treibstoff wie bei Verbrennungsmotoren stoßweise durch Zündung. Außerdem werden wiederverwendbare Raketenmotoren entwickelt, die in zwei deutlich unterschied-

## Technologische Aspekte

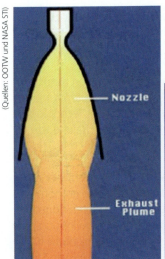
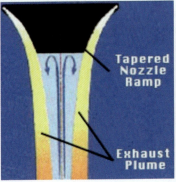

Abb. 1-2: Links: **konventionelle Rakete** – Mitte, rechts: **Linear Aerospike**

lichen Schubbereichen arbeiten können (Dual-Thrust Reaction Control Engine = RCE von Aerojet/NASA).

Solche neuartigen Triebwerke sollen langfristig einstufige, vollständig wiederverwendbare Raumtransporter ermöglichen, die Nutzlasten zu einem Zehntel des derzeitigen Preises pro Nutzlast-Masse befördern können sollen. Demonstratoren der amerikanischen Industrie für solche Konzepte, die teils horizontal teils vertikal starten oder landen, haben bereits Testflüge absolviert (DELTA CLIPPER, ROTON, X-33/VENTURE STAR), alle genannten Programme wurden allerdings mittlerweile eingestellt.

Bei horizontal landenden Raumgleitern werden verstärkt tragflächenlose Auftriebskörper untersucht. So ist das von ESA und NASA entwickelte autonome Rettungsfahrzeug (Crew Return Vehicle = CRV, Technologie-Demonstrator ist X-38) für die internationale Raumstation ISS als Auftriebskörper ausgeführt. In der Endphase des Gleitfluges wird das CRV durch einen Schleppsack abgebremst und schließlich durch einen Gleitschirm getragen (s. Abb. 1-3). Als vertikale Landetechniken kommen Rotorblätter in Frage, die

Abb. 1-3: **X-38 im Landeanflug**

13

## Technologische Aspekte

sich zunächst passiv drehen und in der Endphase von kleinen Raketentriebwerken an den Enden angetrieben werden (ROTON), sowie Fallschirme, Luftkissen und Bremsraketen.

Das deutsch-russische Firmenkonsortium EADS/Lavotchkin entwickelt einen aufblasbaren Hitzeschutzschild, der nach dem Wiedereintritt in die Atmosphäre weiter aufgeblasen wird und dann als Fallschirm fungiert (Inflatable Reentry and Descent Technology = IRDT, erster Testflug war 2000). Er soll die intakte Rückholung von oberen Raketenstufen und wissenschaftlichen Nutzlasten verbilligen.

Die Startmasse eines Raumtransporters kann beträchtlich verringert werden, wenn der zur Verbrennung benötigte Sauerstoff, solange möglich, der Atmosphäre entnommen wird, statt ihn mitzutransportieren. Eine weitere Gewichtsverringerung bieten horizontal startende Systeme, die auch den aerodynamischen Auftrieb zur Höhengewinnung nutzen (mehrstufig: Sänger-Konzept). Mit Strahltriebwerken kann allerdings nicht die für eine Erdumlaufbahn erforderliche Geschwindigkeit erreicht werden. Daher müssen Strahltriebwerke, entweder an derselben oder an verschiedenen Stufen des Transporters, durch Raketentriebwerke ergänzt werden.

Bei der Kombirakete (Rocket-Based Combined Cycle = RBCC), die derzeit von Boeing/NASA entwickelt wird, wird eine Rakete in ein Staustrahlrohr so eingebaut, dass ein Teil des für die Verbrennung benötigten Sauerstoffs der Luft entnommen wird, was die Leistung der Rakete um 15 % erhöht. Bei ca. Mach 2 schaltet das System dann auf konventionellen Staustrahlbetrieb um, so dass der Sauerstoff vollständig aus der Atmosphäre stammt, um dann bei ca. Mach 10 und in großer Höhe auf konventionellen Raketenantrieb zu wechseln.

Der so genannte KLIN®-Zyklus (russ.: „Keil"; auch „Deeply-Cooled Turbojet + Rocket Combined-Cycle" genannt; s. Abb. 1-4) beruht auf einer Kombination eines Turbojettriebwerks mit einem Flüssigtreibstoff-Raketenmotor. Der als Treibstoff dienende flüssige Wasserstoff wird zunächst dazu verwendet, die Eintrittsluft des Turbojets tief herunterzukühlen (auf -165 °C auf Meereshöhe bzw. auf ca. -50 °C bei Mach 6). Zur Vermeidung von Vereisung wird zusätzlich etwas flüssiger Sauerstoff eingesprüht, wodurch die Luft unterhalb des Wasser-Tripelpunktes vorgekühlt wird und sich außerdem bei unveränderten Anforderungen an die Bauteile der Schub des Turbojets um 20 % erhöht. Durch die Vorkühlung ist es möglich, bei erheblich einfacheren und leichteren Bauteilen zur (nur noch einstufigen) Luftkompression ein hohes Kompressionsverhältnis zu erzielen. Dabei wird der Raketentreibstoff vorgeheizt, was auch den Schub der Rakete bei unveränderter Konstruktion erhöht. Die so erreichte Gewichtseinsparung und das hohe Schub-Gewichts-Verhältnis sollen kleine einstufige sowie wiederverwendbare zweistufige Raumtransportsysteme ermöglichen. Bis Mach 1,5 arbeiten dabei beide Triebwerke, bis Mach 4 wird der Schub dann alleine durch den Turbojet geliefert. Der ab Mach 4 zunehmend dazugeschaltete Raketenmotor übernimmt ab Mach 6 vollständig die Schuberzeugung. Auch bei den Staustrahltriebwerken werden grundsätzliche Weiterentwicklungen be-

Technologische Aspekte

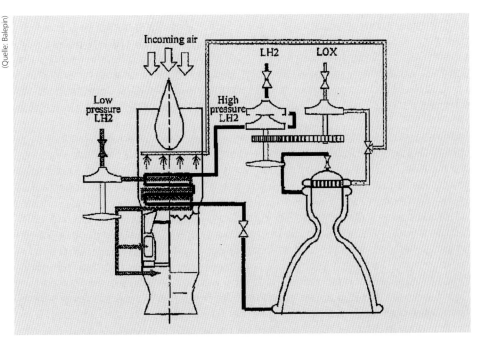

Abb. 1-4: **Der so genannte KLIN-Zyklus koppelt ein tief-vorgekühltes Turbojettriebwerk (links) thermisch mit einem Raketenmotor (rechts).**

trieben. Dabei steht im Mittelpunkt das Erreichen von Hyperschallgeschwindigkeit (> Mach 7), was nur durch Staustrahltriebwerke mit Überschallverbrennung (Supersonic-Combustion Ramjets = Scramjets) möglich ist, die theoretisch (bei allerdings extremer struktureller Belastung) sogar Erdorbitalgeschwindigkeit erreichen könnten. Tests mit Scramjet-Experimentalflugzeugen und -projektilen haben 2001 in den USA (X-43A der NASA, kanonenverschossener Scramjet der USAF) und in Australien (HYSHOT der Universität Queensland) begonnen. Das Konzept für das geplante indische Raumflugzeug AVATAR (Aerobic Vehicle for Hypersonic Aerospace Transportation bzw. Aerobic Vehicle for Advanced Trans-Atmospheric Research bzw. Sanskrit: „Wiedergeburt") sieht vor, den gesamten flüssigen Sauerstoff für die raketengetriebene exoatmosphärische Phase des Fluges erst während des Scramjet-Betriebs aus der Atmosphäre zu gewinnen. So kann das Startgewicht erheblich reduziert werden.

Der Sauerstoff der Atmosphäre kann aber auch mit herkömmlichen Turbojet-Triebwerken genutzt werden. Das kann in Kombination mit Raketentriebwerken an einstufigen Raumgleitern geschehen, aber auch durch den Start von Verlustraketen von Flugzeugen aus (z.B. PEGASUS, angeboten von Orbital Science Corp., USA) oder durch Huckepack-Transport oder Schleppen eines Raumgleiters mit einem konventionellen Flugzeug in große Höhe (Letzteres 1997/98 getestet). Zur Gewichtseinsparung wird auch das Auftanken mit flüssigem Sauerstoff in großer Höhe erwogen.

## Technologische Aspekte

Als Starteinrichtung (gewissermaßen „nullte Stufe") eines Raumtransportsystems kommen auch Katapulte in Frage, deren Energieerzeugung vollständig am Erdboden geschieht. Derzeit werden Magnetschwebe- und Heißwasserraketen-Katapulte untersucht. Seit 1961 wurden mehrere Projekte verfolgt, kleinere robuste Nutzlasten mit Superkanonen und Nachbeschleunigung durch Raketenantrieb in eine erdnahe Umlaufbahn zu verschießen. Bisher wurden jedoch alle derartigen Versuche eingestellt.

Langfristig wird angestrebt, Raumtransportsysteme vollständig wiederverwendbar zu gestalten. Gleichzeitig soll dabei die zwischen Landung und Neustart benötigte Wartungszeit auf eine Zeitspanne verkürzt werden, wie sie im Flugverkehr üblich ist. Damit sollen sowohl die Raumtransportkosten drastisch gesenkt als auch schnelle Reaktionen auf Lageveränderungen möglich werden („Launch-on-Demand/Launch-on-Alert"). Effektive Antriebskonzepte sollen ermöglichen, komplexere Missionen, ggf. innerhalb und außerhalb der Atmosphäre, zu fliegen, die Treibstoff nicht nur für Start und Landung benötigen. So sind neben dem schnellen und flexiblen Transport von Satelliten in den Orbit auch Inspektions- und Wartungsmissionen, die zeitweise Verwendung der obersten Transporterstufe mehrstufiger Raumfahrzeuge als Satellit in wechselnden Bahnen, der Transport von Experten binnen drei Stunden an jeden Punkt der Erde (unter Durchfliegen einer suborbitalen Bahn) oder die Anwendung militärischer Gewalt binnen Stunden an jedem Punkt der Erde oder im Orbit denkbar. Insgesamt soll der Betrieb eines Raumtransporters ähnlich flexibel möglich sein wie der eines Flugzeuges. Daher werden derartige Konzepte unter dem Begriff „Transatmosphärisches Flugzeug" (Transatmospheric Vehicle = TAV) oder „Weltraumflugzeug" (Spaceplane) zusammengefasst. Dabei werden bemannte und unbemannte sowie ein-, zwei- und dreistufige Konzepte untersucht. Mehrstufige Konzepte mit horizontalem Start böten den Vorteil, dass das System auf herkömmlichen Flugplätzen starten (und landen) könnte. Eine als staustrahl- oder raketengetriebenes Hyperschallflugzeug ausgeführte erste Stufe könnte auch alleine zum schnellen Transport zu terrestrischen Zielorten auf suborbitalen Bahnen dienen.

In den USA werden seit vielen Jahrzehnten Programme durchgeführt, bei denen die für ein Transatmosphärisches Flugzeug benötigten Technologien entwickelt und erprobt werden (z.B. der Technologieträger X-37 bzw. X-40A der NASA). Durch Verbesserungen und Lebensdauerverlängerungen des SPACE SHUTTLE verschiebt sich die Realisierung kompletter Systeme allerdings immer wieder. Technologieträger für die Erprobung von zur Realisierung von Raumgleitern bzw. TAVs benötigten Technologien sind außerdem in Japan (HOPE X) und in Europa (PHOENIX) in der Entwicklung.

Um Nutzlasten aus niedrigeren in höhere (z.B. geostationäre) Umlaufbahnen oder gar aus dem Schwerefeld der Erde hinaus zu transportieren, kann die Energieabstrahlung der Sonne genutzt werden. So werden derzeit verschiedene Arten von mit Solarenergie betriebenen Rückstoßantrieben erprobt. Beim solarthermischen Bahntransfergerät (Solar Orbit Transfer Vehicle = SOTV) von Boeing/USAF wird das Sonnenlicht auf einen Graphitblock gebündelt, in dem mitgeführter flüssiger Wasserstoff verdampft wird, der den Schub erzeugt.

Beim Ionenantrieb der 1998 gestarteten interplanetaren NASA-Raumsonde DEEP SPACE 1 wird Xenon mit photovoltaisch gewonnener Elektrizität ionisiert und elektrostatisch beschleunigt. Zur elektrischen Neutralisation werden die überschüssigen Elektronen in den Abgasstrom injiziert (s. Abb. 1-5). Die Magnetoplasmaraketen mit variablem spezifischem Impuls (Variable-Specific-Impulse Magnetoplasma Rocket = VASIMR) der NASA erzeugt ein Wasserstoffplasma, das durch Magnetfelder erhitzt und beschleunigt wird (s. Abb. 1-6). Von einem derartigen Antrieb erhofft man sich eine deutliche Verkürzung bemannter Marsflüge. Die (elektrische bzw. thermische) Energie für derartige Antriebe kann auch mit Kernspaltungsreaktoren erzeugt werden, doch diese Variante stößt wegen potenzieller Umweltgefährdung auf starke Bedenken.

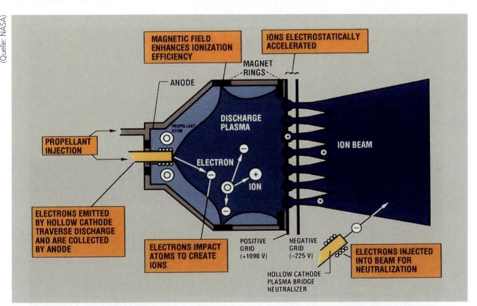

Abb. 1-5:     **Ionenantrieb**

Eine weitere Möglichkeit, Nutzlasten in einer Umlaufbahn zu beschleunigen (oder zu verlangsamen), bieten Weltraumseile. Dabei können zwei Wirkprinzipien genutzt werden. Einerseits wäre der Austausch von (Dreh-) Impuls der Nutzlast mit einer die Erde umkreisenden Seilschleuder denkbar. Dagegen befinden sich elektrodynamische Weltraumseile bereits im Versuchsstadium. Ein zwischen zwei Objekten in der Erdumlaufbahn ausgespanntes Seil wird wegen des Gravitationsunterschiedes an den beiden Endpunkten selbstständig gespannt und zum Erdmittelpunkt hin ausgerichtet. Beim Umkreisen der Erde wird auch das Erdmagnetfeld durchflogen, das in dem (elektrisch leitfähigen) Seil eine Spannung induziert, die mehrere Hundert Volt pro km Seillänge erreichen kann. Durch Elektronenaustausch mit dem Plasma der Ionosphäre kann ein Strom fließen, der wegen des Ohmschen Widerstandes das Seil erwärmt. Die Wärmeenergie wird der Bahnbewe-

Technologische Aspekte

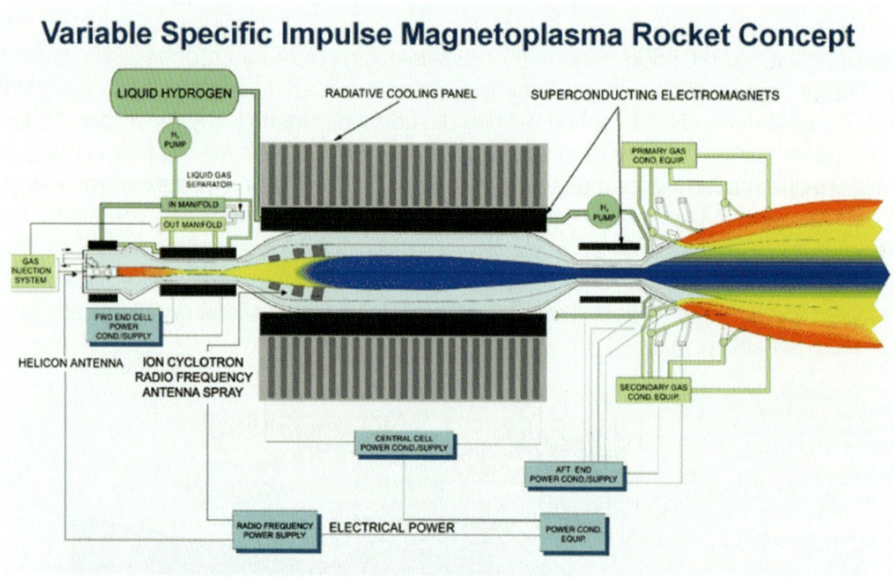

Abb. 1-6: **Magnetoplasmarakete (VASIMR)**

Abb. 1-7: **Illustration der Nachbeschleunigung eines Satelliten mittels eines elektrodynamischen Weltraumseils.** Ein durch die Solarzellen gewonnener elektrischer Strom durchfließt das Weltraumseil. Durch Wechselwirkung mit dem Erdmagnetfeld wird das System beschleunigt.

gung entzogen, so dass das Seil als Bremse wirkt. Leitet man einen photovoltaisch gewonnenen Strom in Gegenrichtung durch das Seil, so wird das Raumfahrzeug beschleunigt, ohne dass Rückstoßmasse mitgeführt werden muss. Auf diese Weise könnten defekte Satelliten oder Endstufen von Transportraketen kontrolliert zum Absturz gebracht werden (Vermeidung von „Weltraummüll") oder Raumstationen wie die ISS unter Einsparung der bisher nötigen Treibstofftransporte auf ihrer Bahn gehalten werden (Abb. 1-7). Wichtigstes Problem bei Weltraumseilen ist neben der Festigkeit des Materials die Beständigkeit bei Treffern durch Mikrometeoroiden.

Eine weitere Form des Antriebs, bei dem keinerlei zusätzliche Masse mitgeführt werden muss, sind so genannte Lichtflugkörper (Lightcrafts). Bei Bestrahlung mit einem Hochenergielaser oder Hochleistungsmikrowellen vom Boden aus wird die Luft unter diesen speziell geformten Flugkörpern explosionsartig erhitzt und expandiert, oder sie wird ionisiert und das Plasma mit starken Magnetfeldern nach unten gelenkt. Damit lassen sich (mit der Energiequelle am Boden) theoretisch Geschwindigkeiten erreichen, die zum Erreichen einer Umlaufbahn genügen, und das möglicherweise mit sehr geringen Kosten pro kg Nutzlast.

Für unbemannte Sonden ist auch die Ausnutzung der Sonnenstrahlung, die einen Druck auf reflektierend beschichtete Flächen ausübt, mit Hilfe so genannter Sonnensegel möglich. Damit lassen sich bei sehr geringem aber konstantem Schub nach sehr langer Zeit extrem hohe Geschwindigkeiten erreichen. Die Nutzung weiterer Energiequellen, wie Kernfusion oder die Zerstrahlung von Antiteilchen, ist erst in fernerer Zukunft, möglicherweise für interplanetare oder gar interstellare Missionen, denkbar.

### 1.2.2 Satellitentechnik

Satelliten (lat.: Begleiter) sind unbemannte künstliche Himmelskörper, die die Erde auf unterschiedlichen Bahnen umkreisen. Der erste künstliche Erdsatellit, der sowjetische SPUTNIK 1, startete am 4. Oktober 1957. Seit diesem Zeitpunkt sind über 5.000 Satelliten in eine Erdumlaufbahn gebracht worden. Heute dient die Mehrzahl der Satelliten nicht mehr allein der Erforschung des Weltraums, sondern kommerziellen Anwendungen mit zunehmender wirtschaftlicher Bedeutung.

Satelliten oder Satellitenkonstellationen lassen sich nach verschiedenen Kriterien klassifizieren, wie z.B. nach Art des gemeinsamen Orbits bzw. der Orbitklasse, nach technischen Konzepten oder ihrer Aufgabe. Die zivile Nutzung der Satellitentechnik konzentriert sich heute auf die Bereiche Kommunikation, Navigation, Erdbeobachtung und Forschung.

Militärische Satelliten werden darüber hinaus zur Aufklärung und Frühwarnung, für den Nachweis von Kernwaffentests, zu Navigationszwecken eingesetzt und könnten prinzipiell auch zur Ausschaltung oder Zerstörung gegnerischer Satelliten dienen.

## 1.2.2.1 Satellitenbahnen

Satellitenbahnen (s. Abb. 1-8) werden nach ihrer Höhe über der Erdoberfläche und der Lage ihrer Bahn um die Erde eingeteilt in:

- Niedrige Erdorbits (LEO = Low Earth Orbit)
- Mittlere Erdorbits (MEO = Medium Earth Orbit)
- Hochelliptische Erdorbits (HEO = Highly-Elliptical Earth Orbit)
- Geosynchroner Orbit (GSO = Geosynchronous Orbit)
- Geostationärer Orbit (GEO = Geostationary Earth Orbit)
- Polarer Orbit (PEO = Polar Earth Orbit)
- Sonnensynchroner Orbit (SSO = Sun-Synchronous Orbit)
- Geotransfer-Orbit (GTO = Geosynchronous Transfer Orbit).

LEO-Satellitenbahnen befinden sich in Höhen im Bereich zwischen 100 und 2000 km, innerhalb des ersten Van-Allen-Strahlungsgürtels. Da der Bahnabstand zur Erde gering ist, müssen Satelliten hier eine hohe Geschwindigkeit haben, um ihre Bahnen beizubehalten. Ihre Umlaufdauer beträgt daher im Mittel 1,5 bis 2 Stunden. Durch die kurze Entfernung zur Erde, die damit verbundenen kurzen Signallaufzeiten (ca. 1 bis 10 ms) sowie das erreichbare Auflösungsvermögen eignen sich Satelliten auf LEO-Umlaufbahnen vor allem zur Funkübertragung, Mikrogravitationsforschung, Erdbeobachtung und militärischen Aufklärung. Auch die internationale Raumstation ISS befindet sich auf einem erdnahen Orbit (340 km Höhe). Vom LEO aus kann eine Erdfläche mit ca. 3000 bis 4000 km Radius abgedeckt werden, so dass ein globales Netz mehr als 40 Satelliten mit polaren Umlaufbahnen erfordert (IRIDIUM mit 66 Satelliten für die

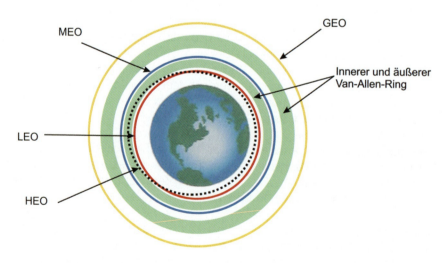

Abb. 1-8: **Satellitenorbits**

Telekommunikation). Durch die hohe relative Satellitenbewegung sind Dopplereffekte zu berücksichtigen.

Als mittlere Erdorbits (MEO, ICO = Intermediate Circular Orbit) bezeichnet man kreisförmige Bahnen in einer Höhe von etwa 6.000 bis 20.000 km, außerhalb des ersten aber innerhalb des zweiten Van-Allen-Strahlungsgürtels. (Die hohe Konzentration ionisierender Teilchen in den Van-Allen-Strahlungsgürteln führt dort zu einer stark verkürzten Satellitenlebensdauer.) Die Umlaufzeit eines Satelliten im MEO beträgt etwa 4 bis 12 Stunden, die Signallaufzeit etwa 70 bis 80 ms. Für eine flächendeckende Kommunikation werden in diesen Höhen ca. 10 bis 15 Satelliten benötigt. Beispiele für MEO-Systeme sind INMARSAT-P mit 12 Satelliten und ODYSSEY mit 15 Satelliten.

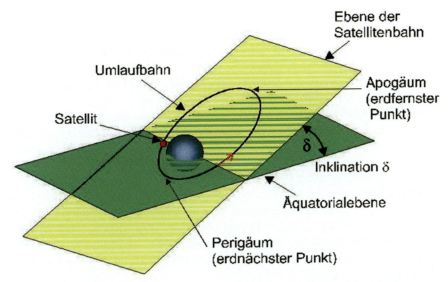

Abb. 1-9: **Wichtige Begriffe zur Charakterisierung von Satellitenbahnen**

HEOs sind stark elliptische Orbits, deren Perigäum (erdnächster Punkt; s. Abb. 1-9) in der Regel zwischen 300 und 1500 km und Apogäum (erdfernster Punkt) zwischen 10.000 und 40.000 km liegen. Die Umlaufzeiten liegen zwischen 8 und 24 Stunden, wobei der Satellit ca. zwei Drittel dieser Zeit in der Nähe des Apogäums verbringt. Dadurch entstehen nicht nur ungleiche Signallaufzeiten, es tritt zeitweise auch Dopplerverschiebung auf. Zudem sind die Satelliten beim Durchflug durch den Van-Allen-Strahlungsgürtel einer hohen Strahlenbelastung ausgesetzt. HEOs sind für militärische Anwendungen, die Telekommunikation sowie Forschungszwecke interessant. Typische Vertreter von HEO-Satellitenkonstellationen zu Kommunikationszwecken sind z.B. die russischen Systeme MOLNIJA mit drei (Apogäum: 39.354 km) und TUNDRA mit zwei Satelliten (Apogäum: 53.622 km) sowie das geplante ARCHIMEDES-System der Europäischen Raumfahrtagentur ESA.

## Technologische Aspekte

Im geostationären Orbit (GEO) entspricht die Umlaufzeit eines Satelliten genau der Zeit, die die Erde für eine vollständige Umdrehung benötigt (siderischer Tag). Die Bahnhöhe ist dabei durch die Kompensation von Gravitationskraft und Zentrifugalkraft auf 35.786 km festgelegt. Geostationäre Bahnen sind kreisförmig und verlaufen in der Äquatorebene (Inklination = 0°). Ein geostationärer Satellit erscheint daher von der Erde aus betrachtet als Fixpunkt am Himmel. Nachteilig ist, dass die Polarregion nicht erfasst werden kann. Die Abdeckung beträgt dennoch ca. ein Drittel der Erdoberfläche. Geostationäre Bahnen eigenen sich besonders für Kommunikation, Fernsehausstrahlung und Wetterbeobachtung.

Geosynchron umlaufende Satelliten besitzen Orbits (GSO) mit einer Inklination (Neigung der Bahn zur Äquatorialebene) ungleich null in der geostationären Höhe. Sie erzeugen zeitlich konstante Subsatellitenspuren (= zeitliche Änderung des Subsatellitenpunktes, der durch das Lot der momentanen Satellitenposition auf die Erdoberfläche gegeben ist) in Form stehender Achten, die innerhalb eines Tages durchlaufen werden.

Der polare Orbit (PEO) besitzt eine Inklination von 90°, so dass die Bahn über beide Pole der Erde verläuft. Da sich die Erde unter dem Satelliten weiter dreht, erfasst der Satellit bei jedem Umlauf einen anderen Bereich, überquert aber ca. alle zwei Wochen dasselbe Gebiet. Die meisten LEO-Satelliten bewegen sich auf polaren oder fast polaren Umlaufbahnen.

Ein sonnensynchroner Orbit (SSO) zeichnet sich durch einen festen Winkel zwischen Bahnebene und Sonne aus (Inklination = 98°). Er rotiert ostwärts mit der Sonne mit einer Rate von ca. 1° pro Tag. Das bedeutet, dass ein Satellit auf dieser Bahn ein bestimmtes Zielgebiet jeden Tag zur selben Uhrzeit und damit unter nahezu gleichen Beleuchtungsverhältnissen überfliegt. Diese Bahnart wird daher bevorzugt für Erdfernerkundungssatelliten (z.B. LANDSAT) gewählt und wird auch für militärische Aufklärungssatelliten genutzt.

Der Geotransfer-Orbit (GTO) ist eine elliptische Übergangsbahn zum geostationären Orbit mit Apogäum im GEO und Perigäum im LEO. Da der geostationäre Orbit auf direktem Wege nur mit großem Energieaufwand erreicht werden kann, werden Satelliten in der Regel zunächst auf diese Bahn und dann durch eigenen Antrieb (Apogäumsmotor) in die Endposition gebracht. Amerikanische Trägerraketen (z.B. Atlas) nutzen darüber hinaus auch subsynchrone (Apogäum unterhalb 36.000 km) und supersynchrone (Apogäum oberhalb 36.000 km) GTOs als Übergangsbahnen. Der Satellit erreicht seine vorgesehene Position ebenfalls mit eigenem Antrieb.

Bei Verwendung der russischen PROTON-Rakete als Trägersystem ist dagegen ein Satellitenantrieb nicht notwendig. Die Oberstufe der Rakete wird mit dem Satelliten zunächst in einem erdnahen elliptischen (145 km x 160 km) Parkorbit ausgesetzt und anschließend zweimal gezündet, um die endgültige Bahn über einen Übergangsorbit zu erreichen. Aus ökonomischen Gründen ist diese Vorgehensweise darüber hinaus nur noch bei der US-amerikanischen TITAN-CENTAUR-Rakete und militärischen Satelliten üblich. Das liegt daran, dass die Oberstufe in der Regel schwerer ist als der integrierte Antrieb des Satelliten und sie nur noch wenig Treibstoff nach Erreichen des GTO hat. Bei der CENTAUR ist jedoch der Treibstoff der Oberstufe (Wasserstoff) wesentlich energiereicher als der des Satellitenantriebes, so dass man weniger Treibstoff benötigt. Darüber hinaus ließe es die Bauweise der Oberstufe nicht zu, schwere Satelliten mit integriertem Antrieb zu befördern.

### 1.2.2.2 Aufbau eines Satelliten

Ein Satellit besteht aus einer Plattform (auch Satellitenbus genannt) und der Nutzlast. Das Konzept der Trennung zwischen Bus und Nutzlast bei Entwurf und Aufbau dient der Verwendung weitgehend standardisierter Konzepte für die Aufnahme unterschiedlicher Nutzlasten bis hin zu deren möglicher Auswechslung im Orbit.

Zu einer Satellitenplattform gehören die Module für Service und Antrieb. Das Servicemodul enthält die Untersysteme zur Energieversorgung, Bahn- und Lageregelung, Thermalkontrolle, Antennenentfaltung und -nachführung sowie Telemetrie. Es bildet auch die Schnittstelle zur Trägerrakete. Der Antrieb für Bahnmanöver, wie z.B. der Apogäumsmotor, mit dem der Satellit auf dem Scheitel seines Transferorbits in die Kreisbahn beschleunigt wird, ist (falls erforderlich) im Antriebsmodul untergebracht. Der dafür benötigte Treibstoff hat etwa die gleiche Masse wie der damit angetriebene Satellit, so dass die Startmasse des Satelliten etwa doppelt so groß ist wie die zu Betriebsbeginn.

Die Trägerstruktur eines Satelliten hat zwei wesentliche Aufgaben. Zum einen soll sie das Innere vor den Umgebungsbedingungen des Weltraums schützen, zum anderen dient sie als Gerüst, das die Belastungen des Starts (4-5 g durch Raketenbeschleunigung, 10-30 g Spitzenbeschleunigung durch Vibrationen der Rakete; g = Erdbeschleunigung) abfängt. Bevorzugte Werkstoffe sind Leichtmetalle auf Magnesium-, Aluminium-, Beryllium- und Titanbasis, hochfeste Stähle und Polymere. Aufbauten wie Antennen oder Nutzlasten werden oft mit Mylar®-Folie, einer sehr dünnen, in der Regel metallbedampften, Kunststofffolie, umgeben, um einen hohen Reflexionsgrad zu erreichen. Zum Teil wird auch der gesamte Satellit zur Temperaturstabilisierung damit überzogen.

### 1.2.2.3 Energieversorgung

Satellitensysteme benötigen Energiequellen, die während der gesamten Mission zuverlässig funktionieren. Im Vergleich zu den beim Start einer Mission verbrauchten Ressourcen ist dieser Anteil zwar gering, jedoch ist zu beachten, dass die unterschiedlichen Missionen hohe Anforderungen an das verwendete Material stellen. So ist z.B. zu berücksichtigen, ob Satelliten auf ihrer Umlaufbahn hinreichende Sonnenexposition haben können oder nicht. Die mitgeführte Nutzlast übt ebenfalls starken Einfluss auf die Wahl der benutzten Energiequelle aus.

Man unterscheidet prinzipiell vier Arten von Energiequellen:

- chemische Energie (Batterien, Brennstoffzellen)
- Sonnenenergie (Solarzellen)
- Nuklearenergie (Atomreaktoren, Radioisotopen-Generatoren)
- Elektrodynamische Energie (Wechselwirkung mit dem Erdmagnetfeld).

Die heutige Generation von Satelliten arbeitet in der Regel mit einer Kombination aus Batterien und Solarzellen, wobei die Batterien als Zwischenspeicher dienen, wenn sich der Satellit im Erdschatten befindet. Dabei ist jedoch zu berücksichtigen, dass die ausgefahrenen Sonnenpaddel die Manövrierfähigkeit des Systems erheblich einschränken. Darüber hinaus begrenzt die Zahl der Be- und Entladezyklen durch den Wechsel zwischen der Tag- und Nachtseite der Erde die Lebensdauer der Batterie. Davon sind besonders Satelliten auf einem Low Earth Orbit, darunter viele Aufklärungssatelliten, betroffen. Bei Satelliten auf geostationären Bahnen ist die Zahl dieser Zyklen weit geringer, wobei es aber zu einer vollständigen Entladung im Frühjahr oder Herbst kommen kann.

In Brennstoffzellen dagegen wird elektrische Energie üblicherweise durch die Reaktion von Wasserstoff mit Sauerstoff zu Wasser erzeugt. Ihre Vorteile liegen in der von der Sonnenexposition unabhängigen Energieversorgung, der hohen Energiedichte und der gegenüber Sonnenpaddel kompakten Bauweise. Der Nachteil liegt aber eindeutig darin, dass der Treibstoff mitgeführt werden muss. Die ersten Brennstoffzellen in der Raumfahrt basierten auf Festpolymerelektrolyt-Technologie (SPE = Solid Polymer Electrolyte) und wurden im Gemini-Programm eingesetzt. Heute werden Alkalibrennstoffzellen verwendet, wie z.B. bei der amerikanischen Raumfähre (Space Shuttle).

Eine weitere mögliche Energiequelle, um den Energiebedarf von Satelliten zu decken, stellen Kernreaktoren dar. Sie sind besonders in den Fällen geeignet, in denen der Satellit hauptsächlich auf der Nachtseite der Erde operieren soll oder der Energiebedarf sehr hoch ist.

Auch über sogenannte Radioisotopen-Generatoren (RTG = Radioisotope Thermoelectric Generator; s. Abb. 1-10) kann nukleare Energie in elektrische umgewandelt werden. Über thermoelektrische Wandler (Peltierelemente) wird aus der beim natürlichen Zerfall eines radioaktiven Isotops (in der Regel Plutonium 238) entstehenden Wärme elektrischer Strom generiert. Diese Art der Energieversorgung ist beispielsweise bei den Raumsonden CASSINI und GALILEO im Einsatz. Allerdings ist die Verwendung von Kernenergie für Satellitensysteme problematisch, da nicht auszuschließen ist, dass Teile eines Satelliten auf die Erde stürzen können und die verbleibenden Überreste radioaktiv kontaminiert sind.

# Technologische Aspekte

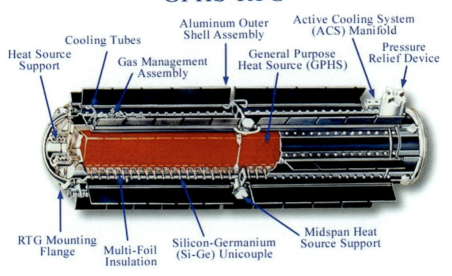

Abb. 1-10: **Schematischer Aufbau eines Radioisotopen-Generators (RTG)**

Zur kurzzeitigen Energiegewinnung lässt sich auch das Konzept des elektrodynamischen Weltraumseils verwenden. In mehreren Weltraummissionen wurden bislang Seile oder Kabel eingesetzt, mit denen ein Satellit in 20 km Entfernung von der Raumfähre auf einer höheren Umlaufbahn mitgeschleppt werden kann (Tethered Satellite System = TSS). Aufgrund der schnellen Bewegung des Satelliten senkrecht zu den Feldlinien des Erdmagnetfeldes wird im Kabel eine hohe Spannung induziert und durch eine elektrische Verbindung zur Ionosphäre ein Strom von mehreren Ampere zum SPACE SHUTTLE geleitet. Bei einem Test 1996 riss das Haltekabel zwar nach etwa 5 Stunden kurz vor dem Erreichen der maximalen Länge, allerdings hatten die Messungen bis zu diesem Zeitpunkt eine maximale Spannung von 3500 Volt und eine maximale Stromstärke von 480 Milliampere ergeben.

### 1.2.2.4 Antrieb

Um Satelliten auf ihrer Sollbahn bzw. in bestimmter räumlicher Orientierung halten zu können, ist eine Positionskorrektur in regelmäßigen Abständen notwendig. Bisher wurden dazu vor allem chemische Antriebe verwendet. Diese nutzen die Reaktionsenergie bei der Oxidation eines Brennstoffs oder dem Zerfall eines einkomponentigen Treibstoffs, um die gasförmigen Produkte schnell und parallel aus der Brennkammer austreten zu lassen. Sie sind über den Heizwert der Treibstoffverbrennung energiebegrenzt, wobei die Energieausnutzung (innerer Wirkungsgrad) bei ca. 98 bis 99 % liegt.

## Technologische Aspekte

Die Satelliten, die sowohl Treibstoff als auch Oxidator mitführen müssen, lassen sich mit dieser Methode ca. 10 Jahre stabilisieren und müssen anschließend aufgegeben werden. Aus diesem Grund wird bereits über die Entwicklung von Tankrobotern zum Auftanken solcher im Prinzip noch einsatzfähigen Satelliten nachgedacht. Treibstoffe so genannter hypergoler Antriebe (Flüssigkeitsantriebe) zeichnen sich durch eine gute Lagerfähigkeit aus. Sie zünden bereits bei Kontakt der Komponenten und eignen sich daher besonders für Antriebe, die häufig gezündet werden müssen und nicht betankt werden können, z.B. zur Steuerung von Satelliten.

Insgesamt geht die Tendenz aber dahin, chemische Primärenergie durch andere Energieformen zu ersetzen. Die zur Zeit effektivsten Verfahren nutzen elektrische Energie als Zwischenglied zur Erzeugung kinetischer Strahlenergie. In elektrischen Antrieben wird der Treibstoff ionisiert und durch Coulombkräfte (elektrostatische Ionentriebwerke) oder Lorentzkräfte (elektromagnetische Plasmaantriebe, Lichtbogenantriebe) beschleunigt. Dabei werden erheblich größere Strahlgeschwindigkeiten erreicht als mit chemischen Antrieben möglich (4,5 km/s bei Wasserstoff und Sauerstoff im Mischungsverhältnis 6:1). Das führt zu einer großen Ersparnis an Treibstoff und damit zu einer Verringerung der zu transportierenden Nutzlast.

Elektrostatische Triebwerke nutzen die Bildung von Ionen ohne Erzeugung eines Plasmas. Es werden Treibstoffe bzw. Elemente verwendet, die leicht ionisierbar und verdampfbar sind und ein hohes Molukargewicht besitzen, wie z.B. Cäsium, Rubidium, Quecksilber oder Xenon. Der verdampfte Treibstoff wird zunächst ionisiert, die Ionen durch ein angelegtes elektrisches Feld beschleunigt und ausgestoßen, wobei dem Abgasstrahl die entzogenen Elektronen wieder zugeführt werden. Der innere Wirkungsgrad dieser Triebwerke liegt bei etwa 70 bis 80 %. Sie wurden bereits auf der Plattform EUREKA erprobt und finden z.B. auf dem geostationären Satelliten ARTEMIS Einsatz. Allerdings wurde ARTEMIS aufgrund eines Fehlers der ARIANE-5-Oberstufe im Juli 2001 in einer nur 17.500 km hohen Kreisbahn ausgesetzt. Mit seinen herkömmlichen chemischen Triebwerken konnte der Satellit jedoch nur auf eine Höhe von 31.000 Kilometern gebracht werden. Um den Satelliten zu retten, werden die Ionentriebwerke, die ursprünglich nur zur Bahnkontrolle vorgesehen waren, erstmals auch zum Anheben des Satelliten auf seine Sollbahn eingesetzt.

Zur Erzeugung extrem kleiner stabiler Schübe lassen sich Indium-Feldemissionstriebwerke (In-FEEP) verwenden. Diese sind beispielsweise für die exakte Positionierung von Einzelteleskopen relativ zueinander zur Erzeugung eines virtuellen „Riesenteleskops" notwendig. Im Rahmen des amerikanischen New Millennium Programms wird das in Österreich entwickelte In-FEEP Triebwerk getestet und qualifiziert. Das Triebwerk ist 4 cm lang und erzeugt Mini-Schübe durch den Ausstoß einzelner Indium-Ionen. Dazu wird eine Nadel in einem Indium-Reservoir erhitzt, und durch Anlegen einer hohen Spannung werden einzelne Ionen aus der Metalloberfläche herausgelöst und beschleunigt.

Auch Hall-Effekt-Antriebe beschleunigen Ionen mit Hilfe von elektrischen Feldern. Die Erzeugung dieses Feldes erfolgt aber nicht direkt mit Hilfe eines Gitters, sondern mit der Anode wird im Motor ein axiales elektrisches Feld aufgebaut, das die Ionen des Antriebsgases beschleunigt. Der innere Wirkungsgrad ist geringer als bei Ionenantrieben mit Gittern, sie sind dafür aber verschleißfrei. Hall-Effekt-Antriebe haben deshalb eine weitaus größere Lebensdauer. Sie werden seit Anfang der 1970er Jahre in russischen Satelliten eingesetzt und erreichen einen Schub von bis zu 0,2 N.

Bei elektromagnetischen Triebwerken dagegen wird der Treibstoff zunächst in ein Plasma umgewandelt und dieses anschließend durch ein elektromagnetisches Feld beschleunigt. Der innere Wirkungsgrad beträgt 40 bis 50 % bei einer maximalen Ausströmgeschwindigkeit von ca. 70 km/s.

Lichtbogentriebwerke (engl. Arcjets; s. Abb. 1-11) bilden den Übergang von rein elektrischen zu thermischen Schuberzeugern. Der an Bord gelagerte, flüssige oder gasförmige Treibstoff wird nach seiner chemischen Zersetzung im Lichtbogen zusätzlich aufgeheizt und durch thermodynamische Expansion als kinetische Energie freigesetzt. Arcjets sind Niedrigschub-Triebwerke (innerer Wirkungsgrad 15 bis 20 %), die im kontinuierlichen oder gepulsten Betrieb zur Bahn- und Lageregelung eingesetzt werden können. AMSAT P3-D, ein Amateurfunksatellit, der im November 2001 gestartet wurde, ist der erste Satellit, der ein solches thermisches Lichtbogentriebwerk besitzt. „ATOS" (Arcjet-Triebwerk auf OSCAR-Satelliten) wird zur Ausrichtung im Raum und zur späteren Nachregulierung eingesetzt. Als Treibstoff werden 52 kg Ammoniak mitgeführt, das für 600 Betriebsstunden in 5 Jahren reichen soll. Diese Menge entspricht etwa der Hälfte des Treibstoffbedarfs von chemischen Antrieben.

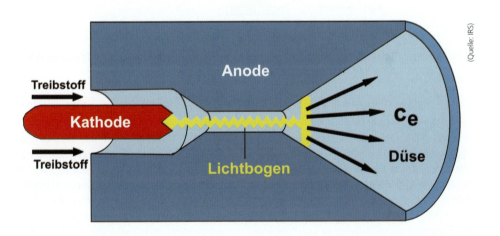

Abb. 1-11: **Schematische Darstellung eines thermischen Lichtbogentriebwerks**

## Technologische Aspekte

Bei nuklearthermischen Raketenantrieben (s. Abb. 1-12) wird die Kernenergie in Form von Wärme auf die zu beschleunigende Teilchenmasse übertragen, d.h. das Antriebsmedium (z.B. Wasserstoff oder Helium) wird an den heißen Brennelementen des Kernreaktors erhitzt und anschließend in der Düse entspannt. Dabei sind mit Wasserstoff maximale Ausströmgeschwindigkeiten um 11 km/s erreichbar. Die Anforderungen an das eingesetzte Material sind bei dieser Antriebsform aufgrund der hohen Temperaturen jedoch weitaus höher als bei anderen Triebwerken.

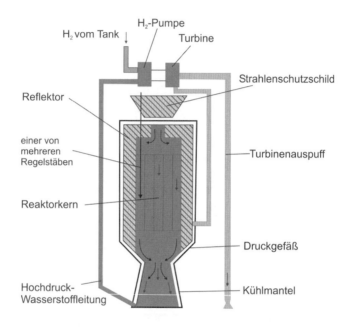

Abb. 1-12: **Schematische Darstellung eines nuklearthermischen Triebwerks**

Ein alternatives Antriebskonzept, das keinen Treibstoff benötigt, wird im Rahmen des internationalen ODISSEE-2000-SOLAR-SAIL-Projektes vom DLR zusammen mit der ESA und der INVENT GmbH entwickelt. Die Idee des Sonnensegelns im Weltraum ist relativ alt. Das Prinzip wurde bereits von dem russischen Raumfahrtpionier Konstantin Ziolkowski sowie von dem deutschen Raumfahrttheoretiker Hermann Oberth in den zwanziger Jahren vorgeschlagen. Das in Abb. 1-13 gezeigte Sonnensegel nutzt die Impulsübertragung von Photonen (Strahlungsdruck der Sonne) auf einen großflächigen Reflektor. Der Flugkörper wird dadurch zwar langsam aber gleichmäßig in Bewegung gesetzt. Das zentrale Element des Sonnensegels ist ein aufwändiger Mechanismus zur Integration und Entfaltung von aufrollbaren CFK-Masten und einer definiert gefalteten, 400 m$^2$ großen reflektierenden Polymerfolie. Damit können Missionen durchgeführt werden, die einen sehr hohen Antriebsbedarf aufweisen, wie z.B. Kometenmissionen inklusive Probenrückführung. Gleichzeitig kann die

# Technologische Aspekte

Abb. 1-13: **Entfaltetes Sonnensegel (Größe: 400 m²)**

Startmasse infolge des Verzichts auf Treibstoff gesenkt werden, wodurch auf kostengünstige Startoptionen zurückgegriffen werden kann. Ein ähnliches Projekt der Planetary Society, COSMOS 1, ist im Juli 2001 fehlgeschlagen, weil sich die letzte Raketenstufe der verwendeten WOLNA-Rakete nicht von der Sonde trennte. Ein weiterer Test ist für 2002 geplant.

Auch der Einsatz von Lasern ist in mehrfacher Hinsicht denkbar. Sonnensegel könnten ebenfalls mit einem auf der Erde installierten Laser bestrahlt werden, um einen Flugkörper zu beschleunigen. Nachteilig ist allerdings, dass relativ zum Schub eine sehr hohe Strahlungsleistung benötigt wird, die zur Zeit technisch noch nicht realisiert ist. Zudem ist aufgrund des geringen Wirkungsgrads nicht mit einem Einsatz dieses Verfahrens zu rechnen. Ebenso könnte ein Laser zum Erhitzen von Treibstoff verwendet werden, indem man den Strahl durch lichtdurchlässige Fenster (z.B. Diamant) auf einen kleinen Punkt in der Brennkammer fokussiert. Der Vorteil gegenüber der Sonne als Energiequelle ist, dass ein Laser auf einer kleinen Fläche erheblich höhere Hitze erzeugen kann. Prinzipiell kann der Laser sich auch bei dieser Variante auf der Erde befinden und über raumgestützte Umlenkspiegel in die Brennkammer gelenkt werden. Darüber hinaus wäre auch ein Einsatz als Starthilfe von der Erde aus zur Beförderung von Nutzlasten denkbar. Das zu beschleunigende Objekt muss in diesem Fall aber eine möglichst kleine Masse haben.

Zur Bewegung von Lasten könnte ebenso das Verfahren des gefesselten Satelliten (Tethered Satellite System) eingesetzt werden. Sind beispielsweise zwei Satelliten mit einem Seil verbunden, so kann der eine den anderen durch Impulsübertragung (Steinschleuderprinzip) in eine höhere Umlaufbahn befördern. Besteht die Verbindung aus einem leitfähigen Kabel, so erzeugt ein hindurchfließender Strom durch Wechselwirkung mit dem Erdmagnetfeld vorwärtsgerichtete Antriebskräfte. 1996 wurde das Steinschleuderprinzip bei einem Stromerzeugungsversuch in unbeabsichtigter Weise demonstriert. Der Fesselsatellit TSS (Tethered Satellite System) befand sich ca. 20 Kilometer über der Raumfähre Columbia und wurde von dieser mit einer für diese Bahn überhöhten Geschwindigkeit mitgeführt. Als das Kabel riss, wurde der Satellit daher in eine 140 km höhere Umlaufbahn katapultiert.

Ein neues Konzept der DARPA sieht vor, Wasser als Treibstoff einzusetzen und regelmäßig durch Tankroboter, die im Rahmen des „Orbital Express" Programms der DARPA entwickelt werden, zu ersetzen. Kernstück des „Water-Based Propulsion for Space" Programms ist eine reversible Brennstoffzelle auf Wasserbasis, die auch zur Elektrolyse eingesetzt werden kann. Ist der Raumflugkörper der Sonne ausgesetzt, so wird Wasser elektrolytisch in Wasserstoff und Sauerstoff gespalten. Die Gase werden entweder in einem Raketentriebwerk verbrannt, um schnelle Manöver durchzuführen, oder im Erdschatten über eine kalte Verbrennung im Brennstoffzellenmodus zur Stromerzeugung genutzt. Dadurch kann die Zelle relativ zu ihrem Eigengewicht mehr Energie speichern als alle Batterien, die bisher für Weltraumanwendungen eingesetzt wurden. Darüber hinaus ist geplant, langsame Manöver durch gezielten Wasserausstoß zu realisieren.

### 1.2.2.5 Bahn-/Lageregelung

Das Lageregelungssystem eines Satelliten hat die Aufgabe, dessen Lage bezüglich eines Referenzsystems (z.B. Fixsterne, Erdmagnetfeld, GPS) zu halten. Die Notwendigkeit der Lageregelung entsteht durch das Auftreten äußerer Momente, hervorgerufen durch Luftwiderstand, Strahlungsdruck, Gravitations- und Erdmagnetfeld, die zu Drehbewegungen des Satelliten und damit zu Positionsänderungen führen. Zusätzlich erzeugt die Steuerung des Satelliten selbst Momente, die eine Lageänderung bewirken.

Zur Bestimmung der aktuellen Lagewinkel wird für Bahnen im LEO und MEO bereits das US-amerikanische GPS-System eingesetzt. Im geostationären Orbit ist die Verwendung von GPS aus mehreren Gründen problematisch. Da die GPS-Signale ausschließlich in Richtung Erde abgestrahlt werden, müssen in diesem Fall GPS-Signale verwendet werden, die von der gegenüberliegenden Seite an der Erde vorbeistrahlen. Diese sind jedoch aufgrund der Abschattung durch die Erde nur begrenzt verfügbar. Für eine dreidimensionale Position müssen Entfernungsmessungen zu vier Satelliten vorgenommen werden, eine fünfte Messung wird für die Bestimmung des Empfängeruhrenfehlers benötigt. Die Nachteile liegen jedoch in der geringen Qualität sowie der eingeschränkten Verfügbarkeit der vorbeistrahlenden Signale. Durch zusätzliche Verwendung bodengestützter Sender (Pseudolites), die ein GPS-ähnliches Signal aussenden, können diese Nachteile jedoch ausgeglichen werden (größere Anzahl der Referenzpunkte, kürzere Signalwege). Darüber hinaus müssen sowohl die atmosphärische Brechung wie auch die gegebenenfalls eingeschränkte Signalgenauigkeit, vorgegeben durch das amerikanische Verteidigungsministerium, berücksichtigt werden.

Zur Bahn- und Lageregelung lässt sich eine Reihe von Verfahren anwenden. So stellt z.B. die Ausrichtung des Satelliten durch das Erdmagnetfeld eine einfache und wenig aufwändige Methode dar. Durch Anbringen eines Magneten an geeigneter Stelle kann der Satellit entlang der Feldlinien des Erdmagnetfeldes ausgerichtet werden. Ebenso einfach ist die Ausrichtung eines Satelliten am Schwerkraft-Gradienten zu realisieren. Dazu wird ein Ausleger am Satelliten befestigt, an dessen Ende sich eine Masse befindet. Da die Schwerkraft mit zunehmender Entfernung zur Erde abnimmt, richtet sich der Satellit so aus, dass der Ausleger zur Erde gerichtet ist. Ein Nachteil dieser Methode ist, dass der Ausleger aus Platzgründen erst nach dem Start ausgeklappt werden kann, und damit ein Versagen des Ausklappmechanismus eine Lagestabilisierung unmöglich macht. Dennoch wird diese Methode bei einigen kleinen Forschungssatelliten (z.B. SUNSAT) verwendet.

Bei der Spinstabilisierung wird der gesamte Satellit in Rotation versetzt. Die Antennen befinden sich in Richtung der Rotationsachse und sind damit raumfest. Auf stark elliptischen Orbits lässt sich die direkte Ausrichtung auf die Erde besonders lange ausnutzen, wenn die Antenne im Apogäum auf die Erde zeigt und sich die Rotationsachse in der Bahnebene befindet. Um dieses zu gewährleisten, muss der Satellit in der Lage sein, die Ausrichtung der Rotationsachse aktiv korrigieren zu können, z.B. durch kleine Triebwerke (Dreiachsenstabilisierung), wobei die Nutzungsdauer durch die mitgeführte Treibstoffmenge (Druckgas oder Hydrazin bei Kaltgasantrieb oder hypergole Treibstoffe) begrenzt ist.

Alternativ hierzu kann auch der so genannte Magnet-Torquer verwendet werden. Das Prinzip entspricht dem eines Gleichstrom-Elektromotors. Auf dem Satelliten befindet sich eine Anordnung elektrischer, stromdurchflossener Spulen, die ein magnetisches Feld induzieren, das mit dem Erdmagnetfeld wechselwirkt. Es bildet sich ein Drehmoment auf den Satelliten aus. Dabei ist es notwendig, die Stromflussrichtung zweimal pro Rotation zu ändern. Eine entsprechende Anordnung der Spulen ermöglicht dabei nicht nur diese elektrische Kommutierung, sondern auch die Drehmomenterzeugung um alle drei Achsen und damit die Ausrichtung der Rotationsachse im Raum. Der Vorteil bei der Verwendung von Magnet-Torquern liegt darin, dass der Spulenstrom durch Solarzellen gewonnen werden kann und damit unbeschränkt zur Verfügung steht. Nachteilig ist jedoch, dass die Effektivität dieses Verfahrens mit dem Abstand zur Erde abnimmt und eine Änderung der Orientierung aufgrund der kleinen Drehmomente einige Zeit beansprucht.

Sollen die Richtantennen oder Solarzellen immer in eine bestimmte Richtung zeigen, so ist eine Stabilisierung um alle drei Achsen notwendig. Dazu werden in der Regel Drallräder (Kreisel) verwendet. Diese werden dabei so angeordnet, dass ihre Rotationsachsen zueinander einen rechten Winkel bilden. Dadurch lässt sich der Satellit frei um alle Achsen bewegen. Aufgrund der hohen Drehmomente ist diese Lagestabilisierung nicht auf das Erdmagnetfeld angewiesen. Allerdings können äußere Störeinflüsse, wie Teilchenströme oder Gravitation, destabilisierend auf das System wirken und eine so genannte Entdrallung erforderlich machen. Konventionelle Drallräder verwenden in der Regel Kugellager mit dem Nachteil, dass das Schmiermittel unter Weltraumbedingungen entweder verdampft oder verhärtet. Die Lebensdauer solcher Drallräder beträgt daher in der Regel etwa 10 Jahre. Eine Alternative hierzu stellen magnetisch gelagerte Räder dar, die berührungslos und verschleißfrei arbeiten, aber über eine aufwändige, komplexe elektronische Steuerung verfügen müssen. Dies wurde z.B. auf dem Amateurfunksatelliten AMSAT P3-D realisiert, der im November 2000 gestartet wurde. Häufig werden Schwungräder auch in Kombination mit einer Dreiachsenstabilisierung verwendet.

### 1.2.2.6 Umgebungsbedingungen im Weltraum

Das bei Satelliten verwendete Material muss den Anforderungen der Umgebungsbedingungen des Weltraums genügen. Einflussnehmende Parameter sind Druck bzw. Vakuum, Temperatur, kosmische Strahlung, Schwerelosigkeit, Meteoroiden und Restgasteilchen. Sie sind orts- und zeitabhängig sehr unterschiedlich und müssen missionsabhängig bei der Konzeption des Satelliten berücksichtigt werden.

Vor allem während der Startphase ist ein Satellit großen mechanischen Belastungen ausgesetzt. Zusätzlich erfährt er kurzzeitige, stoßartige Belastungen durch das Ausbrennen und Absprengen von Raketenstufen sowie durch den Zündvorgang der nächsten Stufe. Für Satelliten ist daher vor jeder Mission ein Testprogramm zur Qualifizierung unter Weltraumbedingungen vorgeschrieben. Dazu gehören unter anderem die Simulation der Umgebungsbedingungen (Vakuum, Solarstrahlung, Weltraumkälte (4 K)), Schwingungsuntersuchungen oder Dichtigkeitsprüfungen.

Ebenso muss die Plattform vor starker Korrosion durch äußerst aggressive Radikale in der Exosphäre, die selbst in geringen Konzentrationen zu einer verfrühten Funktionsunfähigkeit führen können, geschützt werden. Bei der Materialwahl ist zu berücksichtigen, dass keine Werkstoffe verwendet werden, die zu Spannungsrisskorrosion neigen. Unterschiedliche Materialien dürfen nur verbunden werden, wenn sich ihre elektrochemischen Potentiale um weniger als 0,5 V unterscheiden. Die Schwerelosigkeit spielt hierbei keine Rolle, muss aber bei der Konstruktion der Mechanismen berücksichtigt werden.

Darüber hinaus ist zu beachten, dass im Vakuum Sublimation und Ausgasung von Werkstoffen nicht nur zu Materialverlusten führen, sondern auch zu einer Kontamination von Oberflächen kälterer Bauteile. Dabei können sowohl elektrische und optische als auch mechanische Materialeigenschaften verändert werden, was zu Störung oder Ausfall von Instrumenten führen kann. Beispielsweise ist Graphit nicht als Schmierstoff einsetzbar, weil seine Funktionsfähigkeit an das Vorhandensein von Feuchtigkeit gebunden ist. Stattdessen werden Schmierstoffe auf Basis von Mineralölen eingesetzt.

Metalle mit hohem Dampfdruck wie Cadmium, Zink und Magnesium unterliegen im extraterrestrischen Raum einem verstärkten Massenverlust. Stähle werden daher nicht cadmiert sondern vernickelt, um Bauteile bei der Fertigung vor Korrosion zu schützen. Zink scheidet als Konstruktionswerkstoff aus, Magnesiumlegierungen erhalten eine schützende Schicht aus Metallen mit geringerem Dampfdruck. Bei metallischen Aufdampfschichten auf optischen Gläsern oder Reflexionsflächen können bereits geringe Sublimationsverluste die Funktionsweise erheblich beeinträchtigen.

Weiterhin muss berücksichtigt werden, dass an einem Satelliten extreme Temperaturverhältnisse auftreten können: Die Wärmebelastungen sind auf der der Sonne zugewandten Seite extrem unterschiedlich gegenüber denen auf der der Sonne abgewandten Seite. Der Wärmeaustausch mit der Umgebung sowie der Wärmetransport im Innern des Satelliten erfolgen fast ausschließlich durch Strahlung (keine Konvektion). Aus diesem Grund müssen elektrische Bauteile, an denen viel Verlustleistung anfällt, möglichst wärmeleitend mit dem Gehäuse verbunden sein. Eine passive Temperaturkontrolle kann durch geeignete Oberflächenbeschichtungen realisiert werden, eine aktive Temperaturkontrolle ist z.B. durch Verwendung von mechanischen Elementen, die die elektrooptischen Eigenschaften der Oberflächenbeschichtungen ändern (z.B. Louvers = thermische Rollos), elektrische Heizer oder Kältemaschinen (Peltierelemente, Joule-Thomson-Maschine) möglich.

Die Satelliten sind zudem auf ihren Umlaufbahnen der kosmischen Strahlung, die galaktischen und solaren Ursprungs ist, ausgesetzt. Diese besteht aus Nukleonen (Protonen, Neutronen), Neutrinos, Photonen, Alphateilchen, aber auch schweren Atomkernen. Die Energien variieren zwischen einigen 100 eV bis zu $10^{20}$ eV. Bei Wechselwirkung mit Materie können abhängig von der Energie der Teilchen sowohl Kernreaktionen, die zur Bildung von radioaktiven und stabilen Restkernen führen, als auch Festkörperreaktionen stattfinden (z.B. Frenkeldefekt = Herausschlagen von Gitteratomen auf Zwischengitterplätze), die die Materialeigenschaften dauerhaft verändern. In Metallen führt dies zu Verfestigung und Versprödung besonders oberflächennaher Bereiche, in Polymeren zu einer Degradation aufgrund der Zerstörung innerer Bindungsmechanismen.

Metallische Spiegel sind gegenüber UV- und eindringender Strahlung weitgehend unempfindlich, unterliegen aber der Erosion durch Mikrometeoroiden und der Zerstäubung („Sputtern") durch hochenergetische Teilchen. Aufgrund ihrer geringen kinetischen Energie können Mikrometeoroiden Bleche von 0,1 mm Dicke zwar nicht mehr durchschlagen, sie hinterlassen aber mikroskopische Einschlagskrater und rauen die Oberflächen auf, was zu Funktionsstörungen führen kann.

Lichtdurchlässige Werkstoffe im sichtbaren Bereich sind Gläser, Quarz, Saphir und verschiedene Polymere, wie z.B. Polystyrole, Polycarbonate oder Polyvinylacetate. Bei allen transparenten Werkstoffen führt ein Teilchenbeschuss zur Zerstäubung und Erosion und zum Verlust an Transparenz. Cer-stabilisierte Gläser behalten ihre Transparenz im sichtbaren Wellenlängenbereich bis zu hohen Strahlendosen bei. Die Lebensdauer von Solarzellen kann durch Schutzfilme aus Glas, Quarz oder Saphir (selektive Absorption) bei gleichzeitiger Leistungssteigerung durch Temperaturerniedrigung wesentlich heraufgesetzt werden. Bevorzugte Schutzfilmpolymere sind Kapton® oder Mylar®. Sie weisen eine gute Beständigkeit gegen UV-Strahlung auf, bei längeren Missionen ist aber eine zusätzliche Abschirmung z.B. durch Metallbedampfung erforderlich.

Die Wechselwirkung des Satellitenmaterials mit hochenergetischen Protonen und Elektronen ist vor allem auf Umlaufbahnen im LEO nicht zu vernachlässigen, wenn die Bahnen die Van-Allen-Strahlungsgürtel, die hauptsächlich aus diesen Teilchen bestehen, schneiden. Ähnliche Strahlenbelastungen bestehen bei polaren Orbits. Bei geostationären Satelliten ist dagegen nicht mit einer Strahlenschädigung durch Protonen und Elektronen zu rechnen.

Neben dem zeitlich konstanten Sonnenwind treten in unregelmäßigem Abstand Sonneneruptionen (Solar Flares) auf, die sich in einem plötzlichen Anstieg der Intensität relativ harter Strahlung äußern, gefolgt von einem koronalen Massenauswurf. Während solcher starker magnetischer Sonnenstürme deformiert der Sonnenwind das Erdmagnetfeld, was dazu führen kann, dass Satelliten ihre Orientierung verlieren oder von der Bahn abkommen.

Eine weitere große Gefahr für Satelliten stellt der Weltraumschrott dar. So ist z.B. der Mikrosatellit CERISE 1996 mit einem Trümmerteil einer alten ARIANE-4-Rakete zusammengestoßen. Experten schätzen die Zahl der Trümmerteile größer als 1 cm in den verschiedenen Erdumlaufbahnen auf ca. 100.000. Dazu gehören ausrangierte Satelliten, Raketenstufen, missionsbezogene Trümmerteile (Bolzen, Verkleidungen, Kabel), Explosionstrümmer, Erosionsprodukte und ausgestoßene Aluminiumteilchen von Feststofftriebwerken. Orbitale Trümmer sind vor allem wegen ihrer hohen Geschwindigkeit und Durchschlagkraft eine große Gefahr. Von Radarstationen und optischen Teleskopen aus werden täglich etwa 10.000 größere Objekte im Welt-raum beobachtet, davon sind nur etwa 600 funktionierende Satelliten. In Höhen zwischen 200 und 2000 km lassen sich Teile mit einem Durchmesser von 10 cm beobachten, im geostationären Orbit Stücke von einem Meter Durchmesser. Da der größte Anteil des Mülls von Satelliten stammt, ist seine Dichte in Bereichen der Satellitenbahnen am größten; die Maxima liegen bei 850, 1.000, 1.500, 20.000 und 36.000 km Höhe.

Aus diesem Grund sollen ausgediente geostationäre Satelliten auf einen höheren „Friedhofsorbit" befördert werden, wo sie funktionierende Flugkörper nicht beeinträchtigen. Die Satelliten auf erdnahen Umlaufbahnen sollen dagegen kontrolliert zum Absturz gebracht werden und in der Erdatmosphäre verglühen. Dazu könnte an einem Satelliten ein elektrisch leitendes Seilpaket angebracht werden, das sich nach Abschluss der Mission oder bei einer Funktionsstörung entrollt und durch Wechselwirkung mit dem Erdmagnetfeld eine Bremskraft erzeugt (elektrodynamische Weltraumseil-Bremse).

Eine weitere Option zur Beseitigung größerer Bruchstücke ist der Einsatz von autonomen Nanosatelliten. Diese sollen Trümmerteile erkennen, an diese andocken, langsam abbremsen und mit ihnen in der Erdatmosphäre vollständig verglühen.

### 1.2.2.7 Allgemeine Aspekte

Die Lebensdauer von Satelliten wird entsprechend der Einsatzdauer der Nutzlasten ausgelegt. Sie ist eine Funktion sowohl des für Bahn- und Lageregelung benötigten Treibstoffs als auch der Haltbarkeit der Energiequelle (z.B. Batterie, Solarzelle). Für Kommunikationssatelliten beträgt die durchschnittliche Lebensdauer heute 10 bis 15 Jahre. Längere Lebenszeiten sind zwar technisch möglich, aber aufgrund der fortschreitenden technologischen Weiterentwicklung in der Regel als unwirtschaftlich einzuschätzen.

Multifunktionssatelliten sind in der Regel sehr groß, schwer und teuer und werden nur in beschränkter Anzahl gebaut. Der Bedarf an Satelliten verschiedenster Aufgaben ist aber zunehmend vorhanden (Wetter-, Umweltbeobachtung, Frühwarnung usw.). Allerdings ist der Kostendruck für Satellitenmissionen mittlerweile so stark, dass z.B. bei neuen wissenschaftlichen Projekten nur noch mit einer Erfolgsquote von 80 % gerechnet werden kann, da zur Einhaltung des Kostenrahmens oft höhere Risiken durch reduzierte Tests oder verminderte Redundanz eingegangen werden.

Der Trend geht daher zu einem Einsatz von Kleinsatelliten (< 500 kg) mit reduziertem Funktionsumfang. Man unterscheidet dabei zwischen Mikrosatelliten mit einer Masse zwischen 10 und 100 kg, Nanosatelliten mit 1 bis 10 kg Masse und Pikosatelliten, die weniger als 1 kg wiegen. Kleinsatelliten kosten in der Herstellung etwa die Hälfte bis ein Drittel weniger als herkömmliche Satelliten und verursachen geringere Transportkosten, da sie als Sekundärlast transportiert werden können.

Der Bau von Kleinsatelliten ist durch die Entwicklung von leichten und stabilen Materialien, aber vor allem von kleinen, leistungsfähigen elektronischen Steuersystemen sowie besseren Minisensoren möglich geworden. Siliziumcarbid wird beispielsweise für die Herstellung optischer Teleskope eingesetzt. Für eine vorgegebene Spiegelgröße beträgt die Masse etwa ein Drittel von der herkömmlicher Spiegel. Das gleiche Material kann darüber hinaus auch für den gesamten Aufbau verwendet werden. Das hat den Vorteil, dass keine thermischen Verspannungen zwischen verschiedenen Bauteilen auftreten können.

Auch die Entwicklung von mikroelektromechanischen Systemen (MEMS) und das Fortschreiten der Nanotechnologie führt zu einer Integration mehrerer Funktionen in wenigen Baugruppen. Durch die Verwendung von so genannten Multifunktions-Strukturen kann das Verhältnis von Nutzlast zu Satellitentrockenmasse erheblich vermindert werden. Auch ergeben sich Vorteile durch Minimierung der Anzahl von Schnittstellen und durch Erhöhung ihrer Kompatibilität (Verringerung der Komplexität von Satellitenplattformen).

## Technologische Aspekte

Ebenso kann die Verwendung von Massenprodukten zu einer kostengünstigen und zuverlässigen Fertigung führen.

Die NASA verfolgt in diesem Zusammenhang seit einigen Jahren die Philosophie des „faster, cheaper, better" und hat das „Discovery"-Programm ins Leben gerufen, in dem jede Mission auf ca. 150 Mio. US$ beschränkt ist. Diese Missionen nutzen erprobte Technologien, die in dem separaten „New-Millenium"-Programm entwickelt und mit Kleinsatelliten getestet wurden. Erfolgreiche Beispiele hierfür sind die DEEP-SPACE-1-Mission sowie EARTH ORBITER 1. Die Mars-Mission DEEP SPACE 2 dagegen konnte aufgrund eines Zusammenbruchs der Funkverbindung nach der Landung auf dem Mars nicht beendet werden. Derzeit wird von der NASA im Rahmen des „New-Millenium"-Programms die „Nanosat Constellation Trailblazer Mission" für einen Start im Jahr 2003 vorbereitet. Es handelt sich dabei um ein Netzwerk von drei Satelliten jeweils mit einem Durchmesser von 42 cm, einer Höhe von 20 cm und einer Masse von 21,5 kg. Im Formationsflug werden die drei Satelliten koordinierte Manöver durchführen, ein neues Kommunikationssystem testen sowie die Sonnenaktivität und ihre Auswirkungen auf die Magnetosphäre der Erde untersuchen.

Der Vorteil bei einem Einsatz mehrerer Kleinsatelliten liegt darin, dass verschiedene Experimente auf mehreren verschiedenen Satelliten installiert sind, so dass ein einfacher Zugriff auf die einzelnen Experimente möglich ist und ein geringerer Schaden bei Verlust eines einzelnen Kleinsatelliten entsteht.

Mittlerweile befinden sich mehrere hundert Minisatelliten auf Erdumlaufbahnen. Sie werden vor allem im Telekommunikationsbereich, in Zukunft aber auch verstärkt zur Erdbeobachtung eingesetzt. Der Mikrosatellit BIRD (Bispectral Infra-Red Detection), der im Oktober 2001 als Sekundärnutzlast gestartet wurde, wurde beispielsweise zur Früherkennung von Waldbränden mittels Infrarot-Sensoren konzipiert. Es handelt sich dabei um einen Würfel mit 60 cm Kantenlänge und zwei Solarpaddel. Seine Masse beträgt 94 kg. Das Bordrechnersystem ist als verteiltes, fehlertolerantes Mehrrechnersystem mit vier identischen Rechnern ausgelegt, das alle Kontroll- und Überwachungsfunktionen sowie die Kommunikation mit der Erde autonom ausführt. Die Bodeninfrastruktur ist darüber hinaus so ausgelegt, dass mehrere Kleinsatellitenmissionen gleichzeitig koordinierbar sind.

Durch Positionierung einer größeren Zahl von Kleinsatelliten über der Erde könnten auch hochauflösende Radarantennen realisiert werden. Mehrere Kleinsatelliten im Formationsflug würden einen Empfänger für Radarsignale bilden, der die gleiche Aufgabe erfüllt, wie eine einzelne große Antenne. Durch diese virtuelle Antenne ließe sich zudem eine höhere Auflösung der Radarsignale erzielen.

Ein weiteres Konzept beschäftigt sich mit der Entwicklung von Kleinsatelliten, die kontrolliert zur Erde zurückkehren können. Raumflugkörper vom Typ BREM-SAT2 werden so konzipiert, dass sie, ohne zu verglühen, in die Erdatmosphäre eintreten und dort geborgen werden können. Sie besitzen einen keramischen Hitzschild, der sich beim Wiedereintritt in die Atmosphäre wie ein Schirm entfaltet, einen Großteil der Reibungswärme aufnimmt und den Flugkörper abbremst. Die Landung erfolgt dann am Fallschirm. Der Vorteil dieser Methode liegt darin, dass Proben aus dem All zurückgeführt werden können, z.B. um Materialveränderungen durch extreme Weltraumbedingungen im Hinblick auf zukünftige Welltraummissionen untersuchen zu können.

### 1.2.3 Führungs- und Steuerungsinfrastruktur

Zum Betrieb von Satelliten, Raumsonden oder gar bemannten Raumfahrzeugen ist eine umfangreiche Infrastruktur notwendig, die den Kontakt mit ihnen, ihre Steuerung und die Durchführung ihrer Aufgaben ermöglicht. An Einrichtungen werden benötigt:

- Boden-Kontrollstation(en)
- Bodengestützte Relais- und Verfolgungsstationen
- Starteinrichtungen
- Kommunikationseinrichtungen
- evtl. raumgestützte Relais- und Kommunikationsstationen.

Diese Einrichtungen müssen zu einem funktionierenden Gesamtsystem vernetzt sein. Die Funktion dieses Gesamtsystems ist es zunächst, den Transport, die Selbsttests und Inbetriebnahmeprozeduren nach Erreichen des Orbits, sowie die Erkennung etwaiger Fehlfunktionen durchzuführen. Während des Betriebes sind Bahnverfolgung, Übermittlung und Auswertung der Telemetriedaten sowie die Übertragung von Befehlen an den Satelliten, z.B. zur Bahnkorrektur, zu bewerkstelligen. Darüber hinaus müssen auch noch die eigentlichen Missionsdaten übertragen werden, deren Übertragung bzw. Gewinnung die eigentliche Funktion des Satelliten ausmacht. Ein reibungsloses Funktionieren der Abläufe bei planmäßigem und außerplanmäßigem Verlauf der Mission kann schließlich durch Missionssimulationen optimiert werden.

Die USA unterhalten zum Betrieb ihrer in staatlicher Regie durchgeführten Weltraummissionen – zivil wie militärisch – das „Air-Force Satellite Control Network" (AFSCN). Die derzeitige Konfiguration dieses Systems fasst 22 Antennen an zehn über die Erde verteilten Standorten sowie zwei Kontrollzentren zusammen. Alle Einrichtungen liegen auf US-Territorium oder dem befreundeter Staaten (Grönland/Dänemark, Großbritannien – s. Abb. 1-14).

Die Antennenstationen (RTS = Remote Tracking Stations) verfolgen den Satelliten auf seiner Bahn. Bei den geosynchronen (GSO) Kommunikationssatelliten NATO IV wird das zudem durch ein vom Satelliten auch ohne Informationsübertragung ständig ausgesandtes Downlink-Signal (gewissermaßen als Funkfeuer) erleichtert. Weiterhin werden über die RTS die Telemetriedaten empfangen und Befehle an den Satelliten übermittelt. Über Punkt-zu-Punkt-Standleitungen, auch unter Nutzung von Satelliten-Kommunikationsverbindungen, sind die einzelnen RTS an die beiden Kontroll-Knotenpunkte in Kalifornien und Colorado angeschlossen. Gewöhnlich wird das gesamte System nur von einer die-

Technologische Aspekte

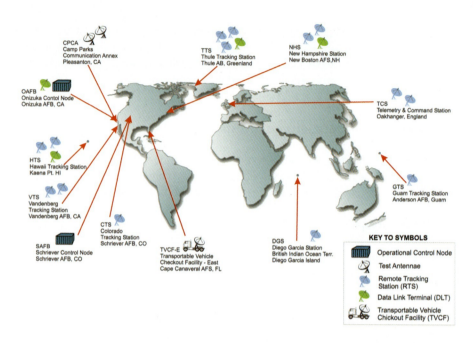

Abb. 1-14: **Installationen des US Air Force Satellite Control Network AFSCN**
Stand 2000 (basierend auf Odle)

ser Kommandozentralen gesteuert, die andere dient als Notfallreserve. Über diese zentralen Knotenpunkte, die den Betrieb des Satelliten zentral steuern, sind nun die Nutzer des Satelliten mit ihrem jeweiligen Operationszentrum angeschlossen. Zur Überprüfung der Kompatibilität des Satelliten mit dem AFSCN-Netzwerk wird eine mobile Testeinrichtung betrieben (TVCF = Transportable Vehicle Checkout Facility), die beim jeweiligen Satellitenhersteller zum Einsatz kommt (s. Abb. 1-14).

In den nächsten Jahren soll des gesamte System dezentralisiert und auf die Kommunikation über ein weltweites digitales Netzwerk (WAN = Wide Area Network – s. Abb. 1-15) umgestellt werden. Dort sind sowohl alle Bodenstationen (RTS) als auch alle Nutzer angeschlossen, und über standardisierte Protokolle kann die Verbindung Nutzer-Satellit jederzeit (und bei jeder Satellitenposition) hergestellt werden. Koordiniert wird das gesamte System von einer zentralen Kontrollstelle, die die zeitliche Planung der Kapazitäten und Aufgaben abstimmt (s. Abb. 1-15). Dabei ist auch eine Automatisierung der RTS-Bodenstationen vorgesehen.

Neben den USA verfügt nur die Europäische Weltraumagentur ESA über ein weltweites System von Bodenstationen, so dass eine Kommunikation mit den eigenen Satelliten in allen Bahnen jederzeit möglich ist. Die zehn ortsfesten Bodenstationen des so genannten ESTRACK-Netzwerkes liegen in Kourou (Frz. Guyana), Santiago de Chile (Chile), Maspalomas (Kanarische Inseln, Spanien), Villafranca (Spanien), Redu (Belgien), Kiruna

Technologische Aspekte

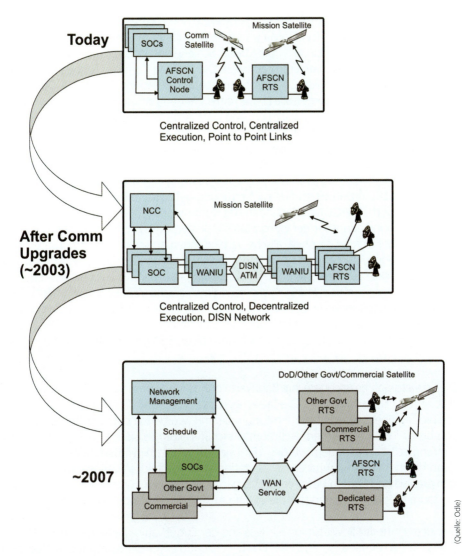

Abb. 1-15: **Angestrebte Weiterentwicklung des AFSCN der USA**
SOC = Satellite Operations Center; AFSCN = Air Force Satellite Control Network; RTS = Remote Tracking Station; NCC = Network Control Center; WAN = Wide Area Network; WANIU = WAN Interface Unit; DISN = Defense Integrated Switching Network; ATM = Asynchronous Transfer Mode

(Schweden), Malindi (Kenia), und Perth (Australien), seit 2002 auch auf Spitzbergen/Svalbard (Norwegen) und in New Norcia (Australien). Außerdem verfügt die ESA über eine mobile S-Band-Bodenstation, die über Straße, Schiene und Wasser transportiert werden kann und eine große Klimatoleranz aufweist. Die zentrale Kontrolle liegt beim Europäischen Kontrollzentrum „ESOC" (European Space Operations Centre) in Darmstadt (Deutschland). Von hier werden alle Phasen einer Weltraummission, von der „Launch and Early Orbit Phase" über die „Switch-On and Data Acqisition Phase" und die „Calibration and Validation Phase" bis zur Betriebsphase gesteuert. Das ESOC ist außerdem für Missionsplanung, Tests und Simulationen zuständig. Außerdem wird hier die standardisierte Software für alle ESA-Einrichtungen erstellt.

Zwei vom ESOC in Darmstadt aus zur Verfügung gestellte Kommunikationsnetzwerke („OPSNET" und „ESACOM") verbinden das Kontrollzentrum, die Bodenstationen und bei Bedarf Kooperationspartner wie die NASA, akademische Institutionen, Industriepartner usw. Dabei werden als physikalische Verbindungen ausschließlich von privaten Telekommunikationsunternehmen gemietete Standleitungen genutzt. Das „OPSNET" ist ausschließlich für die Satellitensteuerung und -prüfung reserviert. Es stellt Sprach- und Datenverbindungen zur Verfügung, wobei jede physikalische Verbindung mit mindestens zwei parallelen Leitungen (in der Regel je 64 kB/s) hergestellt wird. Für alle anderen Kommunikationszwecke, auch innerhalb der ESA-Einrichtungen, wird das „ESACOM"-Netzwerk betrieben. Als zivile Raumfahrteinrichtung hält die ESA kein zweites identisches Kontrollzentrum als Ausfallreserve für das ESOC vor.

Die Sowjetunion bezeichnete ihre Bahnverfolgungs- und Führungs-Bodenstationen traditionell als „Messstationen". Die Tatsache, dass ein LEO-Satellit sich nur wenige Minuten pro Tag über sowjetischem Territorium befand, wurde mit dem Ausbau einer Flotte von bis zu 16 so genannten Weltraumhilfsschiffen kompensiert, einschließlich zweier Führungsschiffe. Außerdem wurden 1974 vier luftgestützte „Messstationen" in Betrieb genommen. Weiterhin wurden „Messstationen" im Tschad, in Guinea, Mali und einigen arabischen Ländern aufgebaut. Das ganze System (KIK) wurde von einer Zentrale im Raum Moskau gesteuert, für die es eine Ausfallreserve auf der Krim gab.

Seit dem Ende der Sowjetunion ist Russland der Zugriff auf eine Reihe von Bodenstationen in der Ukraine (so auch die Ersatz-Leitzentrale auf der Krim) und in Georgien verloren gegangen. Die Flotte der Weltraumhilfsschiffe wurde von der Ukraine übernommen und steht (obwohl nicht genutzt) nicht mehr zur Verfügung. Die verbliebene Boden-Infrastruktur, deren Kommunikationsmöglichkeiten in Abb. 1-16 zu sehen sind, ist zu weniger als zwei Dritteln ausgelastet und veraltet zunehmend. Daher wird in Russland diskutiert, künftige eigene Satelliten zusätzlich zu ihrer eigentlichen Mission mit der Fähigkeit auszustatten, als Relaisstationen für die Kommunikation mit anderen Satelliten zu dienen. Längerfristig wird ein System geostationärer Relaissatelliten erwogen. Gleichzeitig soll die Bahn-/Lageregelung der Satelliten stärker autonom erfolgen, unter Nutzung der Signale der verbliebenen Navigationssatelliten des eigenen GLONASS-Systems. Der Übergang zu standardisierten Protokollen soll eine Netzwerk-

Technologische Aspekte

Abb. 1-16: **Russisches Raumfahrt-Kontrollzentrum im Jahre 1998.** Die schwarze Linie umschließt den Bereich, in dem Kommunikation mit russischen Bodenstationen möglich ist.

struktur der Bodenkontrolle ermöglichen, die mit internationalen Rechnernetzen verknüpft werden soll. Insgesamt erhofft man sich so eine Verbesserung der Führung der eigenen Satelliten bei gleichzeitigen erheblichen Mitteleinsparungen im Bereich der Bodeninfrastruktur.

Im Rahmen ihrer Anstrengungen für die bemannte Raumfahrt wird auch für die Volksrepublik China ein weltumspannendes Netz an Bodenstationen notwendig. Daher werden derzeit außerhalb Chinas chinesische Bodenstationen in Namibia (Afrika) und Kiribati (Pazifik) errichtet.

Neben der Führung des Betriebs der vielfältigen eigenen Satelliten betreiben die USA auch ein System zur Bahnverfolgung und Katalogisierung aller Objekte größer als 10 cm Durchmesser, die von Menschen in eine Erdumlaufbahn gebracht werden. Ein solches System ist insbesondere für bemannte Raumfahrtmissionen unverzichtbar. Dieses „Space Surveillance Network" besteht aus 21 weltweit verteilten bodengestützten elektrooptischen Sensoren und Radarsensoren sowie einem Satelliten (s. Abb. 1-17). Der Satellit, ursprünglich zur Sensordatengewinnung im Rahmen der Nationalen Raketenabwehr der USA gedacht (MSX = Midcourse Space Experiment), ist im LEO stationiert und trägt eine Reihe von elektrooptischen Sensoren in einem weiten Spektralbereich. Zusammengeführt werden die Daten im „Space Control Center" der US-Luftwaffe. Das „Naval Space Command" der US-Marine stellt im Bedarfsfall ein alternatives Kontrollzentrum zur Verfügung.

Technologische Aspekte

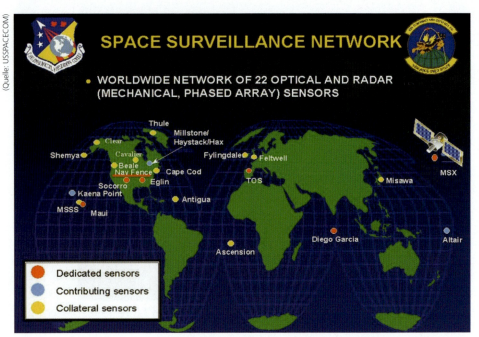

Abb. 1-17: „Space Surveillance Network" des US Space Command

Die Bahnverfolgung der Objekte geschieht nicht durch ihr permanentes Auffassen, sondern durch Vorausberechnung ihrer Bahnen und punktweises Verifizieren ihrer Position. Auf diese Weise werden derzeit etwa 9.000 Objekte ständig verfolgt. Seitens der ESA ist das Kontrollzentrum ESOC in Darmstadt für die Erfassung von Weltraumschrott zuständig. In dessen Datenbank „DISCOS" sind etwa 25.000 Objekte in der Erdumlaufbahn katalogisiert.

Die zunehmende Auslegung der Führungsstrukturen als Netzwerke, mit Verbindung zu oder unter Nutzung von anderen internationalen Datennetzen, erfordert eine ständige Weiterentwicklung der Mechanismen zur Datensicherheit. Dabei muss nicht nur sichergestellt werden, dass ausschließlich befugte Nutzer auf Satellitendaten zugreifen und Kommandos erteilen können, sondern auch, dass diesen Befugten der Zugriff jederzeit möglich ist, sie also unter keinen Umständen „ausgesperrt" bleiben. Ferner muss sichergestellt sein, dass Kommandos auf ihrem Weg durch das Netzwerk nicht verändert werden können.

Zukünftig werden die Satellitenführungsstrukturen zunehmend die Aufgabe bekommen, ganze Formationen von Satelliten steuern zu müssen. Solche „Satellitencluster" können etwa größere virtuelle Antennendurchmesser z.B. für die Erdbeobachtung darstellen, wie die für einen Start 2004 vorgesehene experimentelle Vier-Radarsatelliten-Formation TECHSAT21 der US-Luftwaffe. Durch den Ersatz großer komplexer Satelliten durch

Kleinstsatellitenschwärme erhofft man sich generell eine größere Ausfallsicherheit und geringere Kosten für den Raumtransport. Um die Bodenkontrolle mit der Steuerung solcher Formationen nicht zu überfordern, ist es nötig, dass die Satelliten einen erhöhten Grad an Autonomie erhalten. So wird derzeit am AFRL der US-Luftwaffe für TECHSAT21 eine Softwarearchitektur entwickelt und getestet, bei der die relative Bahn-/Lageregelung der einzelnen Satelliten (innerhalb eines Toleranzbereiches von 10 % des Abstandes), die Fehlersuche und -korrektur, die Aufteilung der Informationsflüsse auf die einzelnen Satelliten sowie die Optimierung gemeinsamer Aktivitäten (z.B. bezüglich des Treibstoffverbrauchs) von den Satelliten autonom bewältigt werden. Dabei funktioniert ein Satellit als „Leader", die anderen als „Followers". Da aber alle Satelliten über die gleiche Softwareausstattung verfügen, kann bei Ausfall des „Leader" ein bisheriger „Follower" dessen Rolle übernehmen. Im Ergebnis nimmt die Bodenkontrolle den Satellitenschwarm wie einen einzelnen „virtuellen" Satelliten wahr und führt ihn entsprechend.

Außer der Führungs- und Steuerungsinfrastruktur sind für den Betrieb weltraumgestützter Systeme auch Startvorrichtungen für die Raumtransportsysteme nötig. Aus Sicherheitsgründen sollten diese in dünn besiedelten Gebieten liegen. Optimal ist ein breiter Sektor in Abschussrichtung auf das offene Meer hinaus, so dass gewollte oder ungewollte Abstürze, etwa von Raketenstufen, keine Gefährdung verursachen (vgl. Kourou, Cape Canaveral). Für äquatornahe Satelliteninklinationen (insbesondere für die wichtige geostationäre Umlaufbahn) bietet eine möglichst große Nähe des Startplatzes zum Äquator ein Minimum an benötigtem Treibstoff (bzw. ein Maximum an möglicher Nutzlast). Daher ist für Russland der Verlust des Kosmodroms im kasachischen Baikonur besonders problematisch. Wegen der hohen Miete, die Russland dort zahlen muss, und Streitigkeiten mit den kasachischen Behörden über Umweltverschmutzung will Russland trotzdem ab 2005 auf Starts in Baikonur zugunsten des auszubauenden Kosmodroms in Plesetsk in Nordwest-Russland verzichten. Die größte Äquatornähe der klassischen Raumfahrtstaaten hat der Startplatz der europäischen ESA in Kourou (Frz. Guyana). Bei einem Start von Kourou kann mit demselben Trägersystem eine um mehr als 10 % höhere Nutzlast in den geostationären Orbit transportiert werden als von Cape Canaveral (Florida) aus. Ein multinationales Firmenkonsortium, das Technologie aus Russland, der Ukraine, den USA und Norwegen nutzt, bietet seit 1999 den Transport von Satelliten von einer umgebauten, angetriebenen Ölbohrplattform an, die im Pazifik unmittelbar am Äquator stationiert ist. Dabei wird die komplette Trägerrakete mit einem Spezialschiff aus Kalifornien herantransportiert und auf offener See an die Startplattform übergeben.

### 1.2.4 Schlüsseltechnologien und -fähigkeiten

Die Umgebungsbedingungen des Weltraums (Schwerelosigkeit, tiefe Temperaturen, kosmische Strahlung, usw.) definieren eine Reihe von Rahmenbedingungen, die bei der Realisierung von Weltraummissionen erfüllt werden müssen. Darüber hinaus ist die Systemfähigkeit ein wichtiger Aspekt. Diese Bedingungen erfordern die Beherrschung einer Reihe von Technologien, von denen aber nur wenige ausschließlich für Weltraummissionen Verwendung finden. Als sogenannte Schlüsseltechnologien gelten unter anderem Antrieb und Treibstoffe, Energieversorgung und Temperaturkontrolle, Strukturen und Materialen, Satellitentechnologie, Kommunikationstechnik, Sensorik, Elektronik und Computer, Mikrosystemtechnik, Optik sowie Photonik.

Aus Kostengründen wird im militärischen Bereich verstärkt dazu übergegangen, sogenannte „COTS"-Produkte (Commercial-Off-The-Shelf) vor allem im Bereich der Mikroelektronik einzusetzen, die lediglich auf ihre Raumfahrttauglichkeit hin überprüft und angepasst werden müssen.

Ebenso haben Studien gezeigt, dass nahezu 95 % der sogenannten Weltraumtechnologien in die Kategorie „Dual Use" fallen, d.h. dass kommerzielle Produkte auch militärisch eingesetzt werden. Militärisch genutzte Komponenten erfordern in der Regel aber eine bessere Strahlungshärtung als ihre kommerziellen Counterparts. Andererseits gibt es aber auch Technologiebereiche, die ausschließlich durch öffentliche Mittel finanziert werden müssen, weil sich für die Industrie kein kommerzielles Nutzungspotenzial abzeichnet. Dazu gehören unter anderem spezielle Sensoranwendungen.

Als weitere Anforderungen für zukünftige Raumfahrttechnologien und -systeme sind unter anderem Kostenreduktion, Senkung des Missionsrisikos, mehr Funktionalität sowie neue Systemkonzeptionen zu nennen.

*Antrieb und Treibstoffe*

Die für Weltraumanwendungen relevanten Antriebstechnologien gliedern sich in die drei Kategorien chemisch, elektrisch und nuklearthermisch. Elektrische Antriebe haben ein besonders hohes Anwendungspotenzial in bezug auf Bahn- und Lageregelung. Nuklearthermische Antriebe sind besonders attraktiv für hochenergetische Raketenoberstufen sowie interplanetare Raumsondenmissionen. Allerdings müssen mögliche Gefahren bei einem unplanmäßigen Wiedereintritt derart angetriebener Raumflugkörper in die Erdatmosphäre berücksichtigt werden.

Bei den (chemischen) Raketentreibstoffen wird der Aspekt der Umweltbelastung immer wichtiger, so dass verstärkt neue, umweltverträgliche Treibstoffe entwickelt werden. Wegen der zunehmenden Satellitenlebensdauer ist für die Bahn-/Lageregelung von Satelliten die Lebensdauer von Treibstoffen unter Weltraumbedingungen und damit die Funktionssicherheit der Triebwerke eine wichtige Größe geworden. Hier werden verstärkt neue einkomponentige Treibstoffe untersucht.

*Energieversorgung und Temperaturkontrolle*

Die Schlüsselmerkmale für Energiequellen von Raumfahrzeugen sind Effizienz, Leichtbauweise, lange Haltbarkeit und hohe Zuverlässigkeit. Die Technologien und Produkte in diesem Bereich sind im Allgemeinen auf dem Weltmarkt verfügbar. Zukünftige Weltraummissionen werden höhere Leistungen, längere Zeiträume und besser kontrollierte Betriebstemperaturen erfordern. Bevorzugt werden bei Letzterem passive Systeme eingesetzt, die wartungsfrei funktionieren, Wärme durch Strahlung abgeben, geringe Masse und Volumen aufweisen sowie autonom arbeiten.

Als Energieerzeugungs- und Speichersysteme werden in der Regel Batterien, Brennstoffzellen sowie Solarzellen verwendet. Durch eine Miniaturisierung könnte der Energiebedarf von Raumsystemen gesenkt und entsprechend ihre Lebensdauer verlängert werden.

*Strukturen und Materialien*

Das bei Raumflugkörpern verwendete Material muss den Anforderungen der Umgebungsbedingungen des Weltraums genügen. Die Anforderungen sind orts- und zeitabhängig sehr unterschiedlich und müssen missionsabhängig bei der Materialauswahl berücksichtigt werden. Die Entwicklung der Strukturwerkstoffe, die hohen statischen, dynamischen und mechanischen Belastungen standhalten können, führt zu leichteren Werkstoffen und steiferen Konstruktionen. Metallische Werkstoffe werden wegen ihres vergleichsweise hohen Gewichts zunehmend von Polymerwerkstoffen verdrängt. Aufgrund des besseren Schutzes vor kosmischer Strahlung sind besonders graphitverstärkte Metalle, wie z.B. Magnesium oder Aluminium für die Herstellung von Strukturbauteilen geeignet.

Weiterhin ist die Entwicklung von Nanowerkstoffen für die Raumfahrttechnik von Interesse, da hier im Bereich der Funktions- und Strukturwerkstoffe mit extremen Eigenschaften sowie in der Sensorik ein großes Potenzial gesehen wird. Dies betrifft z.B. den Einsatz von hochtemperaturfesten Nanokeramiken, nanodispersionsverstärkten Metallwerkstoffen, Aerogelen, ultraharten Schichten oder Verbundwerkstoffen aus Nanoröhren.

*Satellitentechnologie*

Speziell bei den Satelliten geht der Trend dahin, leichtere, kleinere und damit kostengünstigere Systeme zu bauen, die möglichst autonom arbeiten. In diesem Zusammenhang werden zur Zeit so genannte Nano- (Masse = 1-10 kg) und Pikosatelliten (Masse < 1 kg) entwickelt, die über ein eigenes Antriebs-, Steuerungs- und Computersystem verfügen. Dies ist durch eine fortschreitende Miniaturisierung einzelner Komponenten bzw. Subsysteme möglich.

Entwicklungen im Mikrosatellitenbereich sind hierbei von besonderem Interesse. Kurzfristig realisierbar scheint eine Miniaturisierung von existierenden Systemen, z.B. der Einsatz von kleineren, leichteren Komponenten, so dass mehr Treibstoff mitgeführt werden kann, um eine längere Lebenszeit im Orbit zu gewährleisten. Dies trägt zur Kostenreduzierung bei, z.B. können diese Satelliten als Sekundärlasten in den Orbit gebracht werden, beziehungsweise kleinere Transportsysteme eingesetzt werden.

## Technologische Aspekte

Eine Möglichkeit, das Missionsrisiko zu senken, liegt in der Verteilung von Aufgaben auf verschiedene Kleinsatelliten, wodurch unter bestimmten Bedingungen die Leistungsfähigkeit des Gesamtsystems gesteigert werden kann. Darüber hinaus muss bei einem Ausfall einzelner Komponenten nicht das gesamte System ausgetauscht werden, was die Zuverlässigkeit und Lebensdauer steigert und vor allem die Verwundbarkeit eines Satlitensystems deutlich herabsetzt. Ebenso können auf diese Weise kostengünstig neue technische Entwicklungen unter realen Bedingungen getestet werden. Ein Beispiel hierfür bildet das amerikanische „New-Millenium"-Programm.

Zur Steuerung von Satellitenformationen ist ein hoher Grad an Autonomie der einzelnen Satelliten eine wichtige Fähigkeit. So kann der ganze Satellitenschwarm wie ein einzelner Satellit vom Boden aus geführt werden, die Verteilung der Datenströme, der einzelnen Operationsbefehle und die relative Positionsregelung nehmen die Satelliten selbstständig vor.

*Kommunikationstechnik*

Derzeitige Kommunikationssatelliten funktionieren im Wesentlichen nur als Relaisstationen mit Vermittlung vom Boden aus. Da man bei militärischen Nachrichtensatelliten nicht auf verwundbare, weit entfernte Bodenstationen angewiesen sein möchte, bietet sich der Übergang zu Transpondern mit On-Board-Vermittlung an (z.B. das derzeit im Aufbau befindliche MILSTAR-System). Bei dieser aufwändigen Technik sorgt ein Computer an Bord des Satelliten für die Weiterleitung von Signalen von Satellit zu Satellit oder zum angewählten Empfänger.

Derzeit wird bei der Satellitenkommunikation der Frequenzbereich bis 20 GHz genutzt. Der Trend geht zur Erschließung höherer Frequenzen bis 50 GHz, wodurch genügend Bandbreite für breitbandige Datenübertragungen zur Verfügung steht. Ferner bietet sich der Vorteil geringerer Geräteabmessungen sowie ausgeprägter Antennenrichtcharakteristik. Durch die scharfe Strahlbündelung lassen sich die Auswirkungen der in diesem Frequenzbereich hohen Dämpfungen durch atmosphärische Einflüsse vermindern. Weitere Verbesserungen bei der Strahlbündelung und bei der bei LEO-Systemen notwendigen Strahlnachführung sind durch Weiterentwicklungen bei den phasengesteuerten Antennen zu erwarten.

Für die Intersatellitenverbindungen bieten sich sowohl der 60-GHz-Bereich als auch die optische Signalübertragung mittels Lasern an, da die hohen atmosphärischen Dämpfungen im Weltraum entfallen. Die zu wählende Lösung hängt stark von der benötigten Bandbreite ab, wobei mit optischer Signalübertragung besonders hohe Bandbreiten zu erzielen sind. Diskutiert wird die Laserkommunikation auch bei der Übertragung zwischen Boden und Satellit. Dem steht jedoch die hohe atmosphärische Dämpfung entgegen.

Neben dem technischen Aspekt der Bereitstellung von Kommunikationsverbindungen werden Maßnahmen zur Gewährleistung der Datensicherheit immer wichtiger. Durch die fortschreitende Vernetzung aller Computersysteme wächst hier eine zunehmende Gefahr für das Funktionieren und die Vermeidung des Missbrauchs eines weltraumgestützten Systems.

## Technologische Aspekte

### Sensorik

Die heute im LEO kommerziell eingesetzten elektrooptischen Sensoren erreichen ein Auflösungsvermögen zwischen ca. 1 m und 30 m. Bei den militärischen Systemen liegt dieses im Dezimeterbereich. Sämtliche Sensortechnologien haben Dual-Use-Potenzial. Beispielsweise bilden Infrarot-Sensoren ein Schlüsselelement in Systemen, die Raketenstarts detektieren sollen. Sie sind allwettertauglich, tageslichtunabhängig und geeignet für meteorologische Beobachtungen. Durch sensornahe Datenverarbeitung können in kürzeren Zeiträumen größere Datenmengen verarbeitet werden, was die Reaktionszeiten bei militärischen Anwendungen deutlich herabsetzt. In Fällen, in denen das gestreute Sonnenlicht oder die thermische Strahlung nicht ausreicht, um ein Bild mit ausreichender Auflösung und Kontrast zu erzeugen, könnte eine Ausleuchtung durch Laserlicht erfolgen. Ebenso sind Radare mit synthetischer Apertur (SAR) aufgrund ihrer Allwettertauglichkeit für Weltraumanwendungen gut geeignet.

### Elektronik und Computer

Die zuverlässige Funktion der bei einer Weltraummission verwendeten elektronischen Komponenten muss über Jahre hinweg gewährleistet sein, vor allem, weil eine Reparatur im Weltraum in der Regel nicht möglich ist. Dabei ist speziell der Einfluss der natürlichen kosmischen Strahlung zu berücksichtigen. Für militärische Anwendungen müssen sie auch gegen mögliche Waffeneinwirkung gehärtet sein (z.B. elektromagnetischer Puls, Laserwaffen, usw.). Diese Anforderungen sind begleitet durch das Bestreben, die Größe, das Gewicht und damit die Kosten eines Weltraumsystems zu verringern. Das erfordert umfangreiche Funktionstests, die für jede einzelne Anwendung unter möglichst realen Bedingungen durchgeführt werden müssen.

### Mikrosystemtechnik

Mikrotechniken und deren Integration in Fertigungstechnologien zählen zu den Schlüsseltechnologien der Zukunft. Sie finden Einsatz in unterschiedlichsten, auch für die Raumfahrt relevanten Anwendungsfeldern, z.B. in der Optik und Sensorik.

Zur weiteren Miniaturisierung raumgestützter Systeme werden mikrosystemtechnische Komponenten (z.B. Mikroelektromechanische Systeme = MEMS) benötigt. Mögliche Anwendungsfelder sind:

- Steuerungssysteme, die mittels „MEMtronics"-Logiken unter Verwendung von Mikrorelais extrem unempfindlich gegen Strahlung und Temperatur ausgeführt werden können
- Bahn-/Lageregelungssysteme mit mikrotechnischen Beschleunigungssensoren, Mikrogyroskopen sowie optischen und Magnetfeld-Sensoren
- Satellitenantriebssysteme mit mikrotechnischen Druck- und Chemosensoren, Mikro-Antriebsdüsen oder „Single-Shot Thrusters" („digitaler Antrieb")
- Laserkommunikationssysteme mit Mikrooptiken

- Radarsysteme mit niederohmigen mikromechanischen Hochfrequenzschaltern sehr großer Bandbreite mit niedrigem Stromverbrauch.

*Optik und Photonik*

Optische Komponenten sind von zentraler Bedeutung für Erderkundungs-, Wetter- und Aufklärungssatelliten. Sie können weiterhin bei Zielerfassung oder Kommunikation Verwendung finden. Zu diesen Zwecken verwendete Bauteile werden in der Regel mit hochreflektierenden, teildurchlässigen oder wellenlängenselektiven Beschichtungen versehen. Dazu müssen sowohl die Konstruktion der Optiken, als auch die verwendeten speziellen Materialien, die hochgenaue Herstellung der Komponenten (Ultrapräzisionsbearbeitung, Beschichtungsverfahren) und die dazu benötigte (Nano-) Metrologie beherrscht werden. Große, hochpräzise gefertigte und montierte Spiegel werden z.B. für Kommunikations- oder Relaissysteme, im militärischen Bereich aber auch für weltraumgestützte Laserwaffen benötigt.

Konzepte zur Herstellung oder Montage im Weltraum sollen den Einsatz optischer Komponenten ermöglichen, die zu groß, zu schwer oder zu fragil sind, um sie in betriebsfähigem Zustand in die Umlaufbahn zu transportieren.

*Bodeninfrastruktur*

Der Bodeninfrastruktur kommt eine besondere Rolle zu. Zur Ausbringung von Nutzlasten im erdnahen Raum sind Starteinrichtungen sowie für deren Kontrolle und Steuerung umfangreiche Steuerungs- und Kommunikationseinrichtungen in Boden- und Relaisstationen notwendig.

Hier spielen Kommunikationstechnologien allgemein eine Schlüsselrolle. Insbesondere Netzwerktechnologien gewinnen zunehmend an Bedeutung, denn sie gestatten ein hohes Maß an Flexibilität und Ausfallsicherheit bei gleichzeitig reduzierten Kosten. Dabei ist die Datensicherheit hier ein ganz zentraler Faktor, so dass die Verfahren zu deren Sicherstellung ständig weiterentwickelt werden müssen. Für die Bodenstationen sind Weiterentwicklungen in der Radartechnik von großer Bedeutung. Zudem wird angestrebt, diese Einrichtungen automatisch zu betreiben.

Ein erdumspannendes Netz von Bodenstationen lässt sich im Prinzip durch einige Satelliten ersetzen, die als Kommunikationsrelais sowie als Bahnvermessungsstationen dienen. Mit sinkenden Kosten für satellitengestützte Systeme allgemein werden derartige Architekturen zunehmend attraktiv.

Für Ausbildungszwecke, die Vorbereitung von Missionen, aber auch während deren Ablauf sind Simulationen ein unentbehrliches Werkzeug geworden. Hier sind insbesondere Techniken der Virtuellen Realität (neben der Verfügbarkeit hinreichend leistungsfähiger Computer-Hardware) von zentraler Bedeutung.

## 1.3 Wirtschaftliche Aspekte

Im Folgenden werden wirtschaftliche Aspekte der militärischen Nutzung des Weltraums diskutiert. Hierbei ist eine Einschränkung auf den militärischen Bereich der Raumfahrttechnik allerdings wenig sinnvoll, da in den meisten vorliegenden wirtschaftlichen Analysen im Zusammenhang mit der Raumfahrt in der Regel nicht zwischen ziviler und militärischer Raumfahrttechnik unterschieden wird. Als Begründung hierfür ist u.a. zu nennen, dass

- sowohl militärische als auch zivile Raumfahrt-F&E zu großem Anteil in staatlichem Auftrag und nach ähnlichen Beschaffungsregeln durchgeführt werden, also a priori nicht marktorientiert sind,
- Luft- und Raumfahrtprodukte für militärische und zivil-kommerzielle Auftraggeber meist in den gleichen Unternehmen mit den gleichen Maschinen und Personal gefertigt werden und daher keine eindeutige Grenze zwischen militärisch und zivil gezogen werden kann,
- F&E-Aufwendungen in der Raumfahrt z.T. sowohl zivil als auch militärisch nutzbar sind („Dual Use") und das Militär sich zunehmend kommerzieller („Commercial-off-the-Shelf" = COTS) Weltraumtechnologien bedient.

Weiterhin wird die Raumfahrt in einschlägigen Wirtschaftsstatistiken z.B. bezüglich Umsatz- und Beschäftigtenzahlen üblicherweise mit der Luftfahrt zu einem Branchenkennwert subsumiert. Beispielsweise beziehen sich die Daten des Statistischen Bundesamtes auf den Gesamtkomplex der Luft- und Raumfahrt, so dass eine systematische Differenzierung zwischen dem Luftfahrzeugbau und dem Raumfahrzeugbau hierbei nicht möglich ist. Ebenso wenig können innerhalb der amtlichen Statistiken Aussagen über den Verwendungszweck der Produkte, z.B. der militärischen oder zivilen Verwendung, getroffen werden.

### 1.3.1 Direkter wirtschaftlicher Nutzen

Unter direktem wirtschaftlichen Nutzen der Luft- und Raumfahrt sind hauptsächlich folgende vier Aspekte zu fassen:

- die volkswirtschaftlichen Erträge der Raumfahrt durch Verbesserungen öffentlicher terrestrischer Dienstleistungen in Form von Wettervorhersagen, Nachrichtenübertragung, Geodäsie, Navigationsunterstützung usw.
- das Marktvolumen kommerzieller Weltraumprodukte und -dienstleistungen
- der Umsatz der (Luft- und) Raumfahrt sowie dessen Anteil am gesamten Bruttosozialprodukt
- die Arbeitsplätze, die durch die (Luft- und) Raumfahrt geschaffen werden.

Die volkswirtschaftlichen Erträge durch die raumfahrttechnische Verbesserung öffentlicher terrestrischer Dienstleistungen (z.B. durch präzisere Wettervorhersagen,

## Wirtschaftliche Aspekte

Katastrophenwarnung und -management oder satellitengestützte Navigation von Flugzeugen, Schiffen und Automobilen) sind schwierig zu erfassen. Bislang ist noch kein Versuch einer quantitativen Analyse der gesamtwirtschaftlichen Ausbeute aller Anwendungen der Raumfahrt unternommen worden, lediglich für Einzelaspekte existieren Ansätze hierfür. So wurde beispielsweise von Nordhaus der Versuch einer Abschätzung des volkswirtschaftlichen Wertes einer verbesserten Informationslage bei Klimaveränderungen unternommen. Demnach sei der volkswirtschaftliche Nutzeneffekt, der durch ein Vorziehen der vollständigen Information über Klimaveränderungen um eine Dekade entsteht, mit ca. 50 Mrd. € zu beziffern. Unter der Annahme, dass die Raumfahrt einen wesentlichen Beitrag für eine verbesserte Informationslage liefert, sei der volkswirtschaftliche Nutzen dieser mit der Raumfahrt erzielten Informationen deutlich höher einzuschätzen als die Kosten, die für entsprechende Erdbeobachtungssatelliten aufzubringen wären. Auch wenn die Aussagekraft derartiger Modellrechnungen begrenzt ist, wird deutlich, dass der volkswirtschaftliche Nutzen raumfahrtgestützter Dienstleistungen nicht zu unterschätzen ist. Speziell im Bereich eines intelligenten verkehrsträgerübergreifenden Verkehrsmanagements zur sichereren, umweltfreundlicheren und effizienteren Gestaltung des Verkehrs werden satellitengestützte Ortungs- und Navigationssysteme immer mehr zum Schlüsselelement.

Das Weltmarktvolumen kommerzieller Weltraumprodukte und -dienstleistungen betrug nach Angaben von Euroconsult 34 Mrd. US$ im Jahr 1998. Den Hauptanteil hieran macht der Bereich der Satellitentelekommunikation aus (u.a. Bodenterminals, Leasinggebühren für Transponder und kommerzielle Satelliten), während die Bereiche Satellitennavigation und Erdbeobachtung mit weniger als 10 % zu Buche schlugen. Für die Zukunft wird mit einem starken Anstieg des Weltmarktvolumens in der Raumfahrt gerechnet, wobei z.T. recht erhebliche Abweichungen in den einzelnen Prognosen zu verzeichnen sind. So schätzt z.B. die Europäische Kommission den Anstieg des Weltmarktes bis zum Jahr 2005 für den Bereich der Satellitentelekommunikation auf 220 bis 300 Mrd. €, für den Bereich der Satellitennavigation und -ortung auf 25 bis 40 Mrd. € und für den Bereich der weltraumgestützten Erdbeobachtung auf bis zu 30 Mrd. €. Etwas weniger optimistisch fällt die Prognose des International Space Business Council aus, wonach der Weltmarkt in der Raumfahrt bis zum Jahr 2005 auf ca. 140 Mrd. US$ anwachsen wird. Als Haupttriebkraft für das Wachstum ist der Bereich der Telekommunikationssatelliten und deren Transport in den Orbit zu nennen. Breitbandige multimediale Satelliten-Telekommunikation und satellitengestützte Navigationssysteme werden sich in Zukunft zu wesentlichen Marktsegmenten und unverzichtbaren Bestandteilen globaler Informations- und Kommunikationsnetze entwickeln.

Der Umsatz der Luft- und Raumfahrtindustrie (LRI) wird in diversen Statistiken von Behörden und Wirtschaftsverbänden auf nationaler und internationaler Ebene erfasst. Problematisch für die Interpretation der Daten ist jedoch, dass diese z.T. auf unterschiedlichen Erhebungseinheiten basieren (Betrieben bzw. Unternehmen) bzw.

sich in den Abgrenzungsmodalitäten unterscheiden. So beinhalten z.B. die Statistiken des BDLI im Vergleich zum Statistischen Bundesamt eine weitergefasste Ausrüstungsindustrie, zu der sämtliche Werkstoffhersteller sowie elektrotechnische, feinmechanische und optische Ausrüster zählen. Zur Branchenzugehörigkeit ist nach BDLI-Kriterien ein einmaliger Auftrag ausreichend, während das Statistische Bundesamt nur solche Ausrüster unter Luft- und Raumfahrzeugbau subsumiert, die ihren wirtschaftlichen Schwerpunkt in der Branche haben. Trotz der Diskrepanzen in den Erhebungseinheiten und den Abgrenzungssystematiken lassen sich aus den Statistiken zumindest die Größenordnung und die volkswirtschaftliche Bedeutung der LRI ableiten. So betrug laut Angaben des Statistischen Bundesamtes der Umsatz in der deutschen Luft- und Raumfahrtindustrie im Jahr 2000 29,7 Mrd. DM, was einen Anteil von ca. 1,1 % am gesamten Verarbeitenden Gewerbe bzw. ca. 0,7 % am Bruttosozialprodukt ausmacht. Die LRI zählt in Deutschland somit eher zu den kleineren Branchen, weist jedoch vergleichsweise hohe Wachstumsraten auf. So steigerte sich der Umsatz der deutschen LRI im Zeitraum von 1995 bis 2000 insgesamt um 115 %, während im gleichen Zeitraum die durchschnittliche Steigerungsrate im Verarbeitenden Gewerbe bei ca. 24 % lag. Bezüglich der Umsatzstruktur der deutschen Luft- und Raumfahrtindustrie ist festzustellen, dass die Erzeugnisse für die zivile Luftfahrt mit ca. 62 % den größten Anteil ausmachen, während Raumfahrterzeugnisse nur etwa mit 10 % des Gesamtumsatzes zu Buche schlagen. Eine weitere Aufschlüsselung nach Erzeugnisbereichen zeigt, dass der Hauptanteil des Gesamtumsatzes von der Systemindustrie (ca. 56 %) generiert wird, gefolgt von den Bereichen Ausrüstung, Triebwerke und Werkstoffe (s. Abb. 1-18).

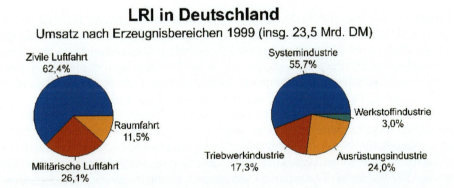

Abb. 1-18: **Umsatzstruktur der deutschen Luft- und Raumfahrtindustrie bezogen auf Mitglieder des BDLI**

Ein internationaler Vergleich bezüglich der Umsatzzahlen der LRI zeigt die führende Rolle der USA, gefolgt von der EU und mit größerem Abstand von Japan, Kanada und den sonstigen Staaten (s. Abb. 1-19).

## Wirtschaftliche Aspekte

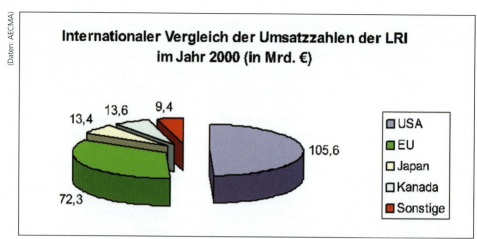

Abb. 1-19: **Umsatzzahlen der Luft- und Raumfahrtindustrie im internationalen Vergleich**

Das Verhältnis des Umsatzes der Luft- und Raumfahrtindustrie für zivile und militärische Verwendung hat sich hierbei sowohl in den USA als auch im europäischen Raum in den letzten Jahren stark in Richtung des zivilen Sektors verschoben. So schrumpfte der Umsatzanteil der Luft- und Raumfahrt für militärische Zwecke in Europa von ca. 70 % zu Beginn der 1980er Jahre auf ca. 30 % im Jahr 2000 und in den USA im gleichen Zeitraum von ca. 75 % auf 38 % (vgl. Abb. 1-20).

Ein weiterer wichtiger Aspekt des direkten wirtschaftlichen Nutzens der LRI ist die Anzahl der Beschäftigten. In Deutschland waren nach Angaben des Statistischen Bundesamtes im Jahr 2000 ca. 66.000 Personen in der LRI beschäftigt. Dies entspricht ca. 0,2 % der Gesamtzahl der Erwerbstätigen und ca. 0,5 % der Erwerbstätigen des Produzierenden Gewerbes in Deutschland. Nach Angaben des BDLI sind davon der Hauptteil mit ca. 60 % in der zivilen Luftfahrt beschäftigt, während der Anteil der Raumfahrt nur ca. 10 % beträgt. In diesen Zahlen werden allerdings die Beschäftigten in Hochschulinstituten und staatlichen Forschungseinrichtungen nicht miterfasst (z.B. DLR), die der Raumfahrt explizit zuarbeiten. Hinsichtlich der zeitlichen Entwicklung in den Beschäftigtenzahlen der LRI ist nach der ausgeprägten weltweiten Branchenkrise in der ersten Hälfte der 1990er Jahre seit 1997 wieder ein Wachstum zu verzeichnen. Im internationalen Vergleich liegen die USA mit ca. 800.000 Beschäftigten deutlich vor der EU mit ca. 430.000 Beschäftigten (s. Abb. 1-21). Innerhalb der EU nimmt Deutschland hinsichtlich der LRI-Beschäftigten nach Großbritannien und Frankreich den dritten Platz ein.

Als Fazit hinsichtlich des direkten wirtschaftlichen Nutzens der Raumfahrt ist festzustellen, dass die Raumfahrtbranche gemessen an der Beschäftigten- und Umsatzzahlen zu den kleinen Branchen in Deutschland bzw. der EU gehört. Lediglich in der führenden Raumfahrtnation USA ist der direkte wirtschaftliche Nutzen höher einzuschätzen. Für die

# Wirtschaftliche Aspekte

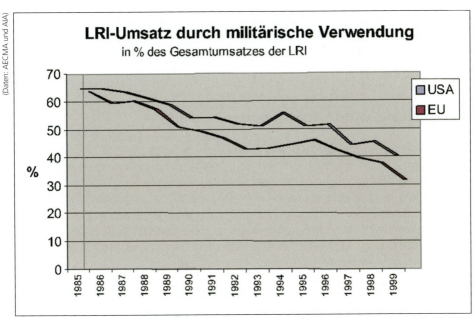

Abb. 1-20: **Anteil der militärischen Verwendung am Gesamtumsatz der LRI in den USA und der EU im Zeitraum von 1985 bis 1999**

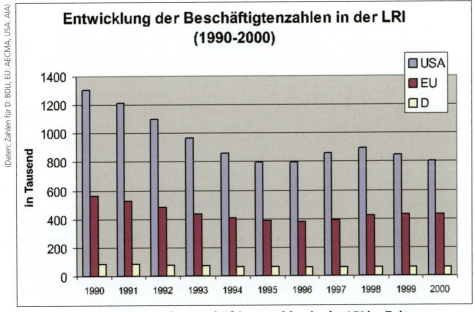

Abb. 1-21: **Entwicklung der Beschäftigtenzahlen in der LRI im Zeitraum von 1990 bis 2000.**

nächsten Jahre ist allerdings mit einem starken Wachstum des Weltmarkts raumfahrtgestützter Produkte und Dienstleistungen in den dreistelligen Mrd.-US$-Bereich zu rechnen, wobei in erster Linie die Satellitentelekommunikation und -navigation als Haupttriebkräfte zu identifizieren sind.

### 1.3.2 Indirekter wirtschaftlicher Nutzen (Spin-off)

Der indirekte wirtschaftliche Nutzen der Raumfahrt (häufig als „Spin-off" bezeichnet) ist in der Literatur nicht einheitlich definiert. Im Allgemeinen wird unter dem Spin-off der Raumfahrt die Übertragung von Ergebnissen der Raumfahrtforschung und -technik in terrestrische kommerziell-zivile Bereiche der Technik und Wirtschaft verstanden, wobei oft nicht allein das Produkt sondern der Prozess des Transfers gemeint ist. Hieran wird häufig die These geknüpft, dass die Raumfahrt aufgrund des Spin-offs die Rolle eines „Schrittmachers" oder einer „Schlüsseltechnologie" für den technischen Fortschritt sowie die internationale Wettbewerbsfähigkeit eines Staates einnimmt.

Zur Überprüfung der Spin-off-Effekte in der Raumfahrt sind seit Beginn der 1960er Jahre eine Vielzahl empirischer Untersuchungen durchgeführt worden, die u.a. von der NASA, der ESA oder in Deutschland z.B. vom damaligen BMWi beauftragt worden sind. Bei der Mehrzahl der Studien handelt es sich um qualitative Untersuchungen, bei denen Spin-off-Beispiele identifiziert und deren Transfer und Verwendung in anderen Technologiebereichen nachgezeichnet wird, häufig mittels Befragung von Experten aus Raumfahrtunternehmen. In einigen Studien wird der Versuch unternommen, die wirtschaftlichen Effekte der Raumfahrt-Spin-offs quantitativ z.B. in Form von Kosten-Nutzen-Koeffizienten zu erfassen. Als methodischer Schwachpunkt der quantitativen Studien ist zu nennen, dass die Daten in der Regel auf der subjektiven Selbsteinschätzung der befragten Unternehmen basieren, was sowohl für die Identifikation der Spin-offs als auch für deren monetäre Bewertung gilt. Insbesondere bei den NASA-Studien schien der Zweck in einer plakativ positiven Darstellung der Raumfahrt im Sinne des Auftraggebers zu liegen, so dass der quantitative Aussagewert der Studien zumindest zweifelhaft ist. Um das Problem der subjektiven Selbsteinschätzung von Unternehmen zu umgehen, wurde Anfang der 1990er Jahre vom Fraunhofer-Institut für Systemtechnik und Innovationsanalyse (ISI) ein Versuch der Quantifizierung von Spin-off-Effekten mittels Patentindikatoren unternommen. Hierbei wurden internationale Patent-Datenbanken nach Fällen durchsucht, bei denen eine Erfindung auf Vorarbeiten aus der Raumfahrt zurückgriff. Die Patente bilden hierbei eine vergleichsweise exakte Datenbasis, die quantitative Aussagen eher rechtfertigen als die in den anderen Studien durchgeführten Unternehmensbefragungen, wenngleich zu berücksichtigen ist, dass in der Raumfahrt vergleichsweise wenig patentiert wird, da die überwiegend staatlich finanzierte Grundlagenforschung in der Raumfahrt häufig nicht auf eine kommerzielle Anwendung zielt.

Ohne auf die vielfältigen, sich z.T. widersprechenden, Einzelergebnisse der Studie näher einzugehen, lassen sich folgende Ergebnisse der empirischen Spin-off-Forschung zusammenfassen:

- Die Raumfahrt hatte in den 1960er Jahren eine erhebliche Bedeutung für die Verbesserung und Diffusion einiger Schlüsseltechnologien, die allerdings durch eine Reihe äußerer Umstände begünstigt wurde, z.B. dadurch, dass das amerikanische Militär zum damaligen Zeitpunkt erhebliche Finanzmittel in die Grundlagenforschung investierte und dass die NASA Vorleistungen terrestrischer Forschung aufgriff und durch kapitalkräftige Nachfrage die Verbesserungs- und Diffusionsphase von Innovationen in Gang setzte.
- Aktuellere Studien können nur noch einen begrenzten Spin-off aus der Raumfahrt feststellen. Im Vergleich zu anderen Hightech-Sektoren ist ihre technische Ausbeute nicht überdurchschnittlich zu nennen. Die Raumfahrt ist mittlerweile zumindest in einigen Technologiebereichen, wie z.B. der Mikrolektronik, eher als Empfänger von Technologietransfer zu bezeichnen.
- Prinzipiell ist der Raumfahrt weiterhin ein beachtliches Transferpotenzial zu bescheinigen. Der Transferprozess wird seit einigen Jahren im Rahmen diverser Technologietransferprogramme auf nationaler und internationaler Ebene systematisch gefördert. In Deutschland wurde 1994 die Initiative für den Technologietransfer aus der Raumfahrt (INTRA) des DLR gestartet, mit dem Ziel, durch ein strukturiertes methodisches Vorgehen dem Technologietransfer neue Impulse zu verleihen und die Generierung von Spin-offs sowie deren breite Nutzung zu unterstützen. Entsprechende Zielsetzungen werden von der ESA im Rahmen des seit 1991 laufenden Technology-Transfer-Programms und von der NASA im Rahmen des „NASA Commercial Technology Network" verfolgt. Zur Abschätzung des ökonomischen Potenzials seien exemplarisch die Zahlen der Firma MST Aerospace genannt, die vom DLR und der ESA mit der Durchführung von Technologietransfermaßnahmen beauftragt worden ist. Nach deren Angaben wurden seit 1994 rund 90 Spin-off-Technologien vermittelt, die einen Jahresumsatz von ca. 100 Mio. € generierten.

Als Fazit der Spin-off-Diskussion lässt sich feststellen, dass der indirekte wirtschaftliche Nutzen der Raumfahrt im Vergleich mit dem direkten Anwendungsnutzen und den öffentlichen Raumfahrtaufwendungen eher als gering einzuschätzen ist.

### 1.3.3 Öffentliche (Luft- und) Raumfahrtaufwendungen

Im Zusammenhang mit den wirtschaftlichen Aspekten der Weltraumnutzung sind die öffentlichen Raumfahrtaufwendungen ein zentrales Themengebiet. Zu betrachten sind hierbei Aufwendungen sowohl für zivile als auch für militärische Verwendungszwecke (s. Abb. 1-22, Abb. 1-23). Die USA belegen hinsichtlich der öffentlichen Raumfahrtaufwendungen weltweit eindeutig die Spitzenposition, wobei die Dominanz im militärischen Bereich noch ausgeprägter ist als im zivilen Bereich. Das amerikanische Verteidigungsministerium (DoD) kann mit einem Weltraumetat von

## Wirtschaftliche Aspekte

Abb. 1-22:  Öffentliche Raumfahrtaufwendungen im zivilen Bereich in % des weltweiten Gesamtbudgets

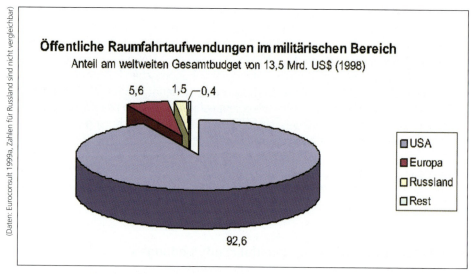

Abb. 1-23:  Öffentliche Raumfahrtaufwendungen im militärischen Bereich in % des weltweiten Gesamtbudgets

12,5 Mrd. US$ (1998) nach der NASA weltweit als zweitgrößte „Raumfahrtbehörde" bezeichnet werden. Das DoD entwickelt Raumfahrtsysteme vor allem in folgenden Anwendungsbereichen:

- Aufklärungs-/Überwachungssatelliten (Erdbeobachtung und Abhören von Nachrichten, europäische Fähigkeiten auf diesem Gebiet werden derzeit lediglich durch den HÉLIOS-Satelliten repräsentiert)
- Navigationssysteme (das amerikanische GPS-System ist immer noch das einzige voll einsatzfähige satellitengestützte Navigationssystem sowohl für militärische als auch für zivile Zwecke)
- sichere Telekommunikation (geostationäre und LEO-Telekommunikationssysteme mit ausschließlich militärischer Verwendung, in Europa verfügen Großbritannien, Frankreich und Italien über entsprechende Systeme)
- Frühwarnsysteme (Systeme zur Detektion von strategischen Raketenstarts, in Europa gibt es keine derartigen Systeme).

Die militärischen Raumfahrtaufwendungen in Europa nehmen sich mit 5,6 % (ca. 760 Mio. US$) dagegen sehr bescheiden aus. Noch geringer ist der entsprechende Anteil Russlands, der von Euroconsult mit 1,5 % (ca. 200 Mio. US$) angegeben wird. Zu erklären ist dies mit dem dramatischen Niedergang der russischen Raumfahrt, der nach Zusammenbruch der Sowjetunion sowohl im militärischen als auch im zivilen Bereich zu verzeichnen ist. Einst ein nahezu ebenbürtiger Gegenspieler der USA im Bereich der militärischen Raumfahrt ist Russland, zumindest gemessen an den öffentlichen Raumfahrtaufwendungen, mittlerweile im internationalen Vergleich deutlich abgeschlagen hinter den USA und Europa, wenngleich die technologische Raumfahrtkompetenz Russlands weiterhin als hoch einzuschätzen ist. Damit ist festzustellen, dass die militärische Nutzung des Weltraums derzeit eindeutig von den USA dominiert wird.

Betrachtet man den Anteil öffentlicher Auftraggeber am Gesamtumsatz der Luft- und Raumfahrtindustrie, ist in den letzten Jahren eine deutliche Abnahme zu verzeichnen. So sank der Anteil öffentlicher Auftraggeber im Zeitraum von 1985 bis 1997 in der EU von 58 % auf 31 % und in den USA von 78 % auf 56 % (s. Abb. 1-24). In beiden Wirtschafts-

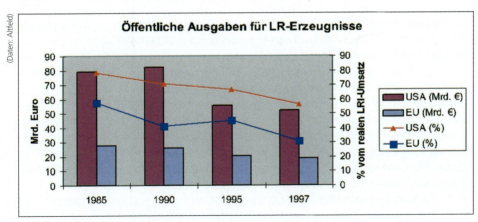

Abb. 1-24: **Entwicklung der öffentliche Ausgaben für Luft- und Raumfahrterzeugnisse in der EU und den USA in den Jahren 1985 bis 1997**

regionen ist damit eine zunehmende Marktorientierung der LRI zu beobachten. Werden die öffentlichen Ausgaben für die Luftfahrt und die Raumfahrt getrennt aufgeschlüsselt, so ist festzustellen, dass im Jahr 1997 die öffentlichen Ausgaben der USA für die Raumfahrt ca. sechsmal höher waren als in der EU (24,2 Mrd. € in den USA gegenüber 4,2 Mrd. € in der EU), im Luftfahrtbereich hingegen nur etwas mehr als doppelt so hoch (24,6 Mrd. € in den USA gegenüber 10,3 Mrd. € in der EU). Wie bereits oben ausgeführt, haben hierbei die militärischen Aufwendungen einen wesentlichen Anteil an den öffentlichen Ausgaben der USA im Raumfahrtbereich.

### 1.3.4 Wettbewerbsverzerrung durch staatliche Subventionierung

Die Raumfahrtindustrie profitiert wie fast keine andere Branche von staatlichen Aufträgen. Dass dadurch für die beteiligten Unternehmen Wettbewerbsvorteile entstehen, lässt sich u.a. anhand folgender Argumente begründen:

- Durch öffentliche Großaufträge lassen sich größenabhängige Skaleneffekte („Economics of Scale") im Fertigungs- und Beschaffungsbereich realisieren, was zu reduzierten Kosten für kommerzielle Produkte führt.
- In öffentlichen Aufträgen entwickeltes Know-how wird in der Regel für eigene kommerzielle Aktivitäten genutzt. So wurde beispielsweise festgestellt, dass 85 % aller Technologietransfers in der Raumfahrt unternehmensintern stattfinden, d.h. sie flossen in dasselbe Unternehmen ein.
- Die Entwicklung von Raumfahrtsystemen z.B. im Trägerbereich ist häufig mit sehr hohen Kosten verbunden. Durch öffentliche Aufträge wird die Entwicklung derartiger Systeme zu großem Teil mitfinanziert, wodurch das Marktzutrittsrisiko für Unternehmen deutlich reduziert wird. Im Fall der privaten Finanzierung müssten die Entwicklungskosten vom Unternehmen als „Sunk Cost" abgeschrieben werden.

Eine Sonderstellung nehmen hierbei öffentliche militärische Aufträge ein, da für militärische Verwendungszwecke entwickelte Technologien aus Sicherheitsgründen vom internationalen Wettbewerb ausgeschlossen werden können. Nach Ende des kalten Krieges wurde seitens der US-Regierung zunehmend eine Lockerung der sicherheitspolitischen Restriktionen betrieben und damit eine kommerzielle Nutzung militärischer Weltraumtechnologie ermöglicht, u.a. im Bereich der Erdbeobachtung durch Überwachungssatelliten. So gründeten beispielsweise die amerikanischen Weltraum- und Rüstungskonzerne Lockheed-Martin und Raytheon 1994 die Firma Space Imaging, die Satellitenfotos des Überwachungssatelliten IKONOS kommerziell vertreibt. IKONOS liefert Aufnahmen der Erdoberfläche mit einer Auflösung von ca. 1 m und ist damit nach amerikanischen Militär-Spionagesatelliten das weltweit leistungsfähigste System. Die USA geben damit ihren durch u.a. weltraumtechnologische Überlegenheit erlangten „Informationsvorsprung" z.T. zur kommerziellen Nutzung frei und verschaffen amerikanischen Firmen dadurch eindeutige Wettbewerbsvorteile. Durch diese Übertragung militärischer Raumfahrttechnik in den zivilen Bereich entstehen z.T. monopolartige Strukturen, wie das beispielsweise beim Satellitennavigationssystem GPS der Fall ist, das für das amerikanische Militär entwickelt wurde. Weiterhin ist die dominierende Stellung der USA im Bereich der Satellitentechnik nicht zuletzt auf die enormen F&E-Aufwendungen des amerikanischen Verteidigungsministeriums zurückzuführen, die in einigen Raumfahrtbereichen (z.B. Satellitenkommunikation und Erdbeobachtung) deutlich über denen der NASA und der amerikanischen Raumfahrtindustrie lagen.

### 1.3.5 Raumfahrttechnisch beeinflusste Zukunftsmärkte

Die Nutzung des Weltraums wandelt sich in zunehmenden Maße von einem Hightech-Nischenmarkt zu einem Massenmarkt. Treibende Kraft hierbei ist vor allem der Telekommunikationssektor, in dem satellitengestützte Dienste wie FSS (Fixed Satellite Service), MSS (Mobile Satellite Services), DARS (Digital Audio Radio System), VSAT (Very-Small-Aperture Terminal), DTH (Direct-To-Home Service), Internet usw. eine zunehmende Verbreitung finden. Zu weiteren wichtigen Marktsegmenten werden sich satellitengestützte Navigations- und GIS-Dienste (Geographic Information Services) entwickeln.

Prinzipiell lassen sich im Raumfahrtbereich die beiden Marktsegmente Infrastruktur und Applikationen unterscheiden. Infrastruktur wird dabei sowohl im Weltraum (z.B. Satelliten, ISS), als auch am Boden (z.B. Terminals) und für den Raumtransport (z.B. ARIANE, SPACE SHUTTLE) benötigt. Zu den Applikationen zählen die Telekommunikation (FSS, MSS, DARS, Internet, VSAT), die Nutzung von Daten, die im Weltraum generiert werden (z.B. GIS, GPS, Fernerkundung), sowie die Nutzung von Weltrauminfrastruktur (z.B. Mikrogravitationsexperimente).

Eine Marktstudie des International Space Business Council prognostiziert für das Jahr 2005 einen Anstieg des Marktvolumens im Bereich der Raumfahrtinfrastruktur auf ca. 70 Mrd. US$ und im Bereich der Applikationen auf ca. 80 Mrd. US$. Abb. 1-25 zeigt eine Aufschlüsselung der Marktvolumina nach Teilbereichen.

Über einen langfristigen Zeithorizont könnte sich auch der Bereich des Weltraumtourismus über derzeitige Ansätze hinaus zu einem lukrativen Markt entwickeln. Nach einer Prognose von Collins könnte das Weltmarktvolumen im Bereich des Raumfahrttourismus bis zum Jahr 2030 auf 100 Mrd. US$ ansteigen, vorausgesetzt, dass die öffentliche Hand einen Teil ihrer Budgets in die Entwicklung entsprechender Transportsysteme und Weltrauminfrastruktur investiert. Sollte es infolge neuer technologischer Konzeptionen und größenabhängiger Skaleneffekte gelingen, die Raumtransportkosten von derzeit 10.000 bis 30.000 €/kg deutlich zu senken, werden weitere kommerzielle Nutzungen des Weltraums wirtschaftlich betrieben werden können. Als eine dieser potenziellen Anwendungen ist die Energieerzeugung mittels satellitengestützter Solarkraftwerke (Solar-Power Satellites SPS) im Weltraum zu nennen, bei der die durch großflächige Solarkollektoren im Weltraum erzeugte Energie mittels Mikrowellenstrahlung zur Erde übertragen wird. Dieser Anwendung wird langfristig ein ähnliches ökonomisches Potenzial

## Wirtschaftliche Aspekte

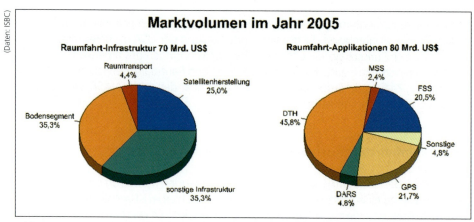

Abb. 1-25: **Prognostiziertes Marktvolumen für Raumfahrtprodukte und -dienstleistungen**

zugeschrieben wie dem Weltraumtourismus. Bei der Ausschöpfung der künftigen Marktpotenziale werden die Unternehmen deutliche Wettbewerbsvorteile erlangen, die die Systemführerschaft bei der Entwicklung und Herstellung der benötigten Raumfahrtinfrastruktur erlangen, wobei öffentliche Investitionen eine wesentliche Rolle spielen werden.

### 1.3.6 Zusammenfassende Bewertung

Bezüglich der wirtschaftlichen Aspekte der militärischen Nutzung des Weltraums lassen sich zusammenfassend folgende Aussagen treffen:

- Die volkswirtschaftliche Bedeutung der Raumfahrtbranche ist gemessen an Mitarbeiter- und Umsatzzahlen eher gering, ebenso wie der indirekte Nutzen (Spin-off) im Verhältnis zu den öffentlichen Raumfahrtaufwendungen.
- Öffentliche Aufwendungen spielen in der Raumfahrt weiterhin eine wichtige Rolle, auch wenn ihr Anteil am Gesamtumsatz der Raumfahrtbranche in den letzten Jahren gesunken ist. Kommerzielle Raumfahrtprodukte und -dienstleistungen entwickeln sich zunehmend von einem Hightech-Nischenmarkt zu einem Massenmarkt vor allem im Bereich der Satelliten-Telekommunikation aber auch der satellitengestützten Navigation und Erdbeobachtung. Die kostenintensive Entwicklung neuartiger Raumfahrt- und Trägersysteme wird jedoch weiterhin stark von staatlichen Investitionen abhängen.
- Die militärische Nutzung des Weltraums wird eindeutig von den USA dominiert. Die nach Ende des Kalten Krieges zunehmende Anwendung militärischer Raumfahrttechnik im zivilen Bereich führt zu Wettbewerbsvorteilen amerikanischer Firmen im kommerziellen Raumfahrtsegment. Hierin liegt die Führungsrolle amerikanischer

## Wirtschaftliche Aspekte

Firmen in der Satellitentechnik, der Satellitennavigation und der Erdbeobachtung mitbegründet. Um eine langfristige technologische Unterlegenheit und wirtschaftliche Abhängigkeit Europas gegenüber den USA im Raumfahrtbereich zu vermeiden, sind von europäischer Seite verstärkte Anstrengungen der öffentlichen Hand im zivilen Bereich zur Entwicklung eigener konkurrenzfähiger Träger- und Satellitensysteme geplant, z.B. in Form des europäischen Satellitennavigationssystems GALILEO. Von hoher Bedeutung wird in diesem Zusammenhang allerdings ein verstärktes privatwirtschaftliches Engagement zur Kommerzialisierung der Weltraumtechnik sein, um die Gefahr eines Subventionswettlaufes zwischen Europa und den USA im Raumfahrtbereich zu mindern.

## 1.4 Institutionelle Aspekte: Akteure der Raumfahrttechnik

Derzeit gibt es ca. 30 Einzelstaaten und mehrere internationale Organisationen, die eigene Kapazitäten im Bereich der Raumfahrt besitzen und sich mehr oder weniger intensiv mit Fragen der Nutzung des Weltraums für wissenschaftliche, kommerzielle und militärische Anwendungen befassen. Hierbei lassen sich grob folgende Gruppen von Akteuren unterscheiden:

- die klassischen Weltraummächte USA sowie Russland und die Ukraine als Nachfolgestaaten der Sowjetunion
- einige „Mittelmächte" mit technologisch ausgereiften Raumfahrtkapazitäten, dies sind Europa (ESA), Japan und China
- Staaten mit bereits nachgewiesenen Fähigkeiten zum Transport von Nutzlasten in den Orbit oder zum Betrieb von Satelliten, wie Indien, Israel oder Brasilien
- Staaten, die über ballistische Raketen größerer Reichweite verfügen und aus militärischen Gründen versuchen, eigene Raumfahrtkapazitäten aufzubauen.

Darüber hinaus gibt es eine große Zahl weiterer Staaten, die nur mittelbar über z.B. bei kommerziellen Firmen angemietete oder im Ausland gekaufte Systeme als Weltraumnutzer auftreten. Dabei handelt es sich zumeist um Kommunikationssatelliten. Generell wird erwartet, dass sich die Zahl der eigenständigen Weltraumnutzer in den nächsten Jahren stark erhöhen wird.

### 1.4.1 Klassische Weltraummächte

#### 1.4.1.1 USA

Die USA sind die führende Nation in der Erkundung und Nutzung des Weltraums. Das Raumfahrtprogramm dient der nationalen Sicherheit, der Außenpolitik, dem wirtschaftlichen Wachstum, der Umweltüberwachung und dem Voranbringen von Wissenschaft und Technik. Der Zugang zum Weltraum und seine Nutzung werden als essentiell für die Wahrung des Friedens und den Schutz der nationalen Sicherheit angesehen. Die USA geben im internationalen Vergleich mit Abstand die meisten Mittel für Raumfahrt aus und nehmen in fast allen technologischen Bereichen die Spitzenstellung ein (vgl. Abb. 1-22, Abb. 1-23). Zum langfristigen Erhalt dieser Position werden auch weit in die Zukunft weisende Technologieentwicklungen gefördert.

Die zivile Luft- und Raumfahrtbehörde der USA ist die „National Aeronautics and Space Administration" (NASA). Die Verteilung des NASA-Budgets auf die einzelnen Wissenschafts- und Technologiebereiche zeigt Tab. 1-2. Aus der Tabelle ist ersichtlich, dass etwa die Hälfte des

## Institutionelle Aspekte

(Quelle: NASA)

| Category | Budget | | | | | |
|---|---|---|---|---|---|---|
| | Dollars (Millions) | | | Percent | | |
| | FY 1999 | FY 2000 | FY 2001 | FY 1999 | FY 2000 | FY 2001 |
| Space Science | 2,119 | 2,524 | 2,607 | 16 | 19 | 18 |
| Earth Science | 1,414 | 1,690 | 1,762 | 10 | 12 | 12 |
| Biological and Physical Research | 264 | 340 | 362 | 2 | 3 | 3 |
| Human Exploration and Development of Space | 6,045 | 7,011 | 7,106 | 44 | 52 | 50 |
| Aerospace Technology | 1,339 | 1,834 | 2,213 | 10 | 13 | 16 |
| Other* | 2,472 | 202 | 203 | 18 | 1 | 1 |
| **Total Budget** | **13,653** | **13,602** | **14,253** | **100** | **100** | **100** |

* For FY 1999, the „Other" category includes research and program management, academic programs, facilities construction, the Office of Inspector General, and safety and mission assurance. For FY 2000 and FY 2001, this category includes only academic programs, the Office of Inspector General, and safety and mission assurance.

Tab. 1-2: **Budget der NASA**

Budgets für die bemannte Erkundung des Weltraums ausgegeben wird. Darunter fallen das SPACE SHUTTLE, die ISS, aber auch unbemannte Planetenerkundungsmissionen als Wegbereiter für zukünftig mögliche bemannte Missionen. Raumfahrtaktivitäten, die primär oder ausschließlich der Entwicklung von Waffensystemen, militärischen Operationen oder der Verteidigung dienen, liegen in der Verantwortung des Verteidigungsministeriums. Dessen auf den Weltraum bezogene Aufgabenbereiche beschreibt Tab. 1-3.

## Institutionelle Aspekte

| Mission Area | Scope |
|---|---|
| Space Transportation | Launch and delivery of payloads to orbit and on-orbit maneuver thereafter |
| Satellite Operations | Control of launch and early orbital operations, and on-orbit spacecraft telemetry, tracking and commanding (TT&C) functions |
| Positioning, Navigation, and Timing (PNT) | Continuous three-dimensional positioning data and a precision timing source for users worldwide |
| Command, Control and Communications (C3) | Connection and management of all operational and support missions |
| Intelligence, Surveillance, and Reconnaissance (ISR) | Collection of data from subsurface to space environments, and processing it into information for timely use by a wide range of users and population of national security databases |
| Environmental Monitoring | Observation, knowledge and prediction of the terrestrial and space environment |
| Space Control | Freedom and security of space operations, plus ability to deny its use to others |
| Force Application | Support from space for defensive or offensive military operations |

Tab. 1-3: **Weltraumaktivitäten des US-amerikanischen Verteidigungsministeriums**

Die USA besitzen die bei weitem größte Zahl an Satelliten, eine Reihe von Raketenstartplätzen in den USA (inkl. Alaska und Hawaii), und mit dem SPACE SHUTTLE sind sie der einzige Betreiber eines wiederverwendbaren Raumtransporters. Eine Reihe von Projekten wird auch mit anderen Staaten durchgeführt, das größte internationale Projekt ist die Internationale Raumstation ISS.

Zu den bedeutendsten Firmen der US-amerikanischen Raumfahrtindustrie gehören Lockheed Martin, McDonnell Douglas, Orbital Sciences, Boeing, Hughes Electronics, Rockwell International, Raytheon, Honeywell, TRW und United Technologies.

#### 1.4.1.2 Nachfolgestaaten der Sowjetunion

Über mehr als 30 Jahre war die UdSSR der produktivste Hersteller und Starter von Satelliten. Aus dieser Zeit stammt eine sehr komplexe Infrastruktur mit einer Vielzahl von Organisationen. Russland ist rechtlicher Nachfolger der UdSSR in Bezug auf alle Raumfahrtaktivitäten mit anderen Staaten. Von den Nachfolgestaaten der Sowjetunion haben nur Russland und die Ukraine bedeutende Raumfahrtkapazitäten. Das russische Kosmodrom Baikonur liegt auf dem Gebiet von Kasachstan.

*Russland*

Die Raumfahrtagentur Russlands „Rosaviakosmos", auch bekannt unter „Russian Aviation and Space Agency" (RASA) oder „Russian Space Agency" (RSA), ist verantwortlich für die Lösung von Aufgaben für Wissenschaft und Ökonomie wie Satellitenkommunikation, Fernsehübertragung, Umweltbeobachtung, Studium natürlicher Ressourcen, Wetterbeobachtung, Grundlagenforschung in Planetologie, Geophysik und Astrophysik sowie bemannte Raumfahrt.

Russland hat umfangreiche Erfahrungen im Bau von Trägerraketen, in der Konstruktion einer wiederverwendbaren Raumfähre (BURAN), in der bemannten Raumfahrt und beim Bau von Satelliten für Kommunikation, Erdbeobachtung, Navigation, Meteorologie und Wissenschaft. Derzeit arbeitet man am Konzept für ein unbemanntes Mehrzweckraumschiff (ATV = Automated Transfer Vehicle), das an Bord wissenschaftliche Experimente mit sich führt und die ISS zu Reparaturen und zum Austausch von Nutzlasten anfliegt.

Russland hat derzeit etwa 85 militärische und zivile Satelliten im Orbit, viele davon haben aber bereits ihre geplante Lebensdauer überschritten. Für den Ersatz fehlen die finanziellen Mittel. Höchste Priorität hat derzeit der Ersatz der Navigationssatelliten, da die Zahl funktionsfähiger GLONASS-Satelliten schon seit Jahren nicht mehr ausreichend ist.

Für die militärische Raumfahrt sind die Weltraumstreitkräfte (VKS = Wojenno Kosmitscheskije Sily) Russlands, ein seit 2001 wieder unabhängiger Bereich des Militärs, zuständig. Zu ihnen gehören Startplätze und die Flotte militärischer Aufklärungs-, Kommunikations-, Navigations- und Frühwarnsatelliten.

*Ukraine*

Die ukrainische Raumfahrtindustrie wird von der staatlichen „National Space Agency of Ukraine" (NSAU) gesteuert. Die größten Industrieunternehmen sind das staatliche

Yuzhnoye NPO und die Maschinenfabrik Yuzhmash. Dort wurden bereits mehrere hundert zivile und militärische Satelliten gebaut. Weitere Produkte sind Trägerraketen vom Typ ZIKLON, SENIT und SS-18K. Eine Reihe weiterer staatlicher und privater Firmen stellt diverse Komponenten und Werkstoffe her. Die russische und die ukrainische Industrie sind wegen der historisch entstandenen Arbeitsteilung eng miteinander verwoben. In der Ukraine liegen das „Yevpatorlya Deep Space Control Center" und diverse weitere Einrichtungen aus der Sowjet-Ära. Auf ukrainischem Gebiet fehlt ein Startplatz, derzeit ist man auf das russische Kosmodrom Plesetsk und das kasachisch-russische Kosmodrom Baikonur angewiesen. Außerdem ist man zum Start von Satelliten in den geostationären Orbit an dem kommerziellen Projekt „Sea Launch" zu Raketenstarts von einer umgebauten Bohrplattform im Pazifik mit einer erweiterten SENIT-Rakete beteiligt.

### 1.4.2 Weltraum-Mittelmächte

Die Mittelmächte mit technologisch ausgereiften Raumfahrtkapazitäten sind Europa, China, und Japan. Unter Europa ist im Wesentlichen der Zusammenschluss der meisten westeuropäischen Staaten in der ESA zu verstehen, wobei sich die einzelnen Staaten in ihren Kapazitäten sehr unterscheiden. Die übrigen osteuropäischen Staaten spielen keine große Rolle, es gibt aber durchaus Kooperationen wie z.B. zwischen der ESA und Polen, das schon diverse Instrumente für Höhenforschungsraketen, Satelliten und interplanetare Sonden geliefert hat.

#### 1.4.2.1 Europa (ESA)

In der „European Space Agency" (ESA) haben sich 15 westeuropäische Nationen zusammengeschlossen. Sie vertritt die europäischen Raumfahrtinteressen nach außen und organisiert weltweite Kooperationen. So spielt sie eine große Rolle bei der Internationalen Raumstation ISS, an der außerdem die USA, Brasilien, Russland, Kanada und Japan beteiligt sind. Innerhalb Europas koordiniert die ESA die Zusammenarbeit der nationalen Weltraumagenturen und der Luft- und Raumfahrtindustrie.

Das größte Raumfahrtunternehmen Europas ist Astrium. Astrium entstand im Jahr 2000 durch Zusammenlegung der Raumfahrtaktivitäten von Matra Marconi Space (Frankreich/Großbritannien) und DaimlerChrysler Aerospace (Deutschland) und ist jetzt ein multinationales Gemeinschaftsunternehmen der führenden Luft- und Raumfahrtunternehmen Europas, EADS (75 %) und BAE Systems (25 %). Die Aktivitäten von Astrium decken den gesamten Raumfahrtsektor ab: Erdbeobachtung, Telekommunikation, Bodenstationen, Navigation, Trägerraketen, orbitale Infrastruktur und militärische Programme.

Im folgenden werden die 15 Staaten der ESA hinsichtlich ihrer Raumfahrtaktivitäten dargestellt.

Institutionelle Aspekte

*Deutschland*

Das „Deutsche Zentrum für Luft- und Raumfahrt e.V." (DLR) ist die zentrale nationale Einrichtung für die Koordination der Weltraumaktivitäten und gleichzeitig Forschungseinrichtung im Bereich Raumfahrt. Das DLR führt die deutschen Raumfahrtprogramme und -aktivitäten durch und vertritt die Interessen der deutschen Raumfahrt im internationalen Rahmen. In Kooperation und Arbeitsteilung mit einer Vielzahl von Partnern aus Industrie und Wissenschaft sowie den verschiedenen Nutzern hat das DLR im Raumfahrtsektor folgende Schwerpunkte:

- Entwicklung neuer Trägertechnologien, insbesondere neuer Antriebs- und Transportsysteme
- Betrieb und Nutzung der Internationalen Raumstation (ISS)
- multidisziplinäre Forschung in Mikrogravitation
- Erkundung des Sonnensystems und des Weltraums mittels Sonden und Satelliten
- Entwicklung und Nutzung satellitengestützter Systeme zur Fernerkundung der Erde
- Förderung der kommerziellen Nutzung der Raumfahrt, insbesondere in den Bereichen
- Kommunikation und Navigation
- Entwicklung zukunftsweisender Technologien wie Robotik und Telemedizin zum Einsatz in der Raumfahrt und in terrestrischen Anwendungen.

Deutschland beteiligt sich an einer Vielzahl von Projekten der ESA und an der ISS. Es gibt seit längerem Erfahrungen in der bemannten Raumfahrt, das europäische Astronautenausbildungszentrum (European Astronaut Centre = EAC) ist beim DLR in Köln untergebracht.

Von den etwa 120 Mitgliedsunternehmen im Bundesverband der Deutschen Luft- und Raumfahrtindustrie e.V. (BDLI) werden die Folgenden im Zusammenhang mit Raumfahrtprogrammen genannt: Aerotech Peissenberg, Astrium, Böhler Uddeholm Deutschland, Bosch SatCom, Deutsches Zentrum für Luft- und Raumfahrt e.V. (DLR), DIEHL Munitionssysteme, Doncasters Precision Castings-Bochum, Dräger Aerospace, Erwin Kayser-Threde, ESG Elektroniksystem- u. Logistik, GKN Aerospace, Honsel, IABG Industrieanlagen-Betriebsgesellschaft, Labinal Aero & Defense Systems, Leistritz Turbomaschinen Technik, Orbitale Hochtechnologie Bremen System, Otto Fuchs Metallwerke, Pfalz-Flugzeugwerke, Röder Präzision, SFIM Industries Deutschland GmbH, Test-Fuchs, Thales ATM Navigation, Thales Electron Devices, Titan-Aluminium-Feinguß, T-Systems debis Systemhaus Industry, W.L. Gore Associates. Weitere wichtige Firmen sind MAN Technologie (Subsysteme für ARIANE 4 und 5, Startanlagen, Strukturbauteile usw.) und Siemens (Kommunikation, Subsysteme).

## Frankreich

Frankreich ist bei einer Vielzahl nationaler, bilateraler und von der ESA koordinierter Programme aktiv. Die zivilen Aktivitäten werden vom „Centre National d'Études Spatiales" (CNES) koordiniert. CNES unterhält vier Hauptzentren, das größte ist das Raumfahrtzentrum in Tolouse, von dem aus die Satelliten verfolgt und gesteuert werden. Das Zentrum in Kourou (Französisch Guyana) bietet den Service für die ARIANE-Starts der ESA.

Nationale Vertreter der französischen Raumfahrtindustrie sind Dassault Aviation (bemannte Raumfahrzeuge), Intespace (Tests unter Raumfahrtbedingungen), SEP (Startraketen und Raumfahrtantriebe) und Thomson-CSF (Kommunikationstechnologie, Weltraumtechnologie, Unterstützung am Boden).

Zu den militärischen Projekten gehören die elektrooptischen Aufklärungssatelliten der HÉLIOS-Serie (in Zusammenarbeit mit Spanien und Italien) und SIGINT-Satelliten.

## Großbritannien

Die britische Raumfahrtagentur ist das „British National Space Centre". Dort konzentriert man sich auf die Beratung staatlicher Stellen und die Koordinierung von Programmen mit den Schwerpunkten Erdbeobachtung, Satellitenkommunikation, Transport und Wissenschaft. Großbritannien ist Mitglied der ESA und an der ISS beteiligt. Ziele sind das Voranbringen innovativer Technologien, ihre Anwendung und kommerzielle Nutzung, das Betreiben von raumgestützter astronomischer Forschung und Weltraumwissenschaft sowie die Verbesserung des Verständnisses der Vorgänge auf der Erde und ihrer natürlichen Ressourcen.

Großbritannien verfügt nicht zuletzt durch die Anteile an Astrium über umfangreiche industrielle Kapazitäten auf allen Gebieten. Mit Surrey Satellite Technology gibt es auch ein auf die Herstellung kleiner und kleinster Satelliten spezialisiertes Unternehmen. Bereits seit den 1970er Jahren betreibt man militärische Kommunikationssatelliten. Das Konzept des einstufigen wiederverwendbaren Raumtransporters (HOTOL = Horizontal Take-Off and Landing) wurde nicht verwirklicht.

## Italien

Aufgabe der nationalen italienischen Raumfahrtagentur „Agenzia Spaziale Italiana" (ASI), ist die Koordinierung und Förderung nationaler, bi- und multilateraler Kooperationsprogramme und die Einbringung wissenschaftlicher und wirtschaftlicher Kapazitäten in Programme der ESA. Italien besitzt eigene Kommunikationssatelliten und kooperiert bei Forschungssatelliten mit den USA, den Niederlanden und Argentinien. Neben der Beteiligung an der ARIANE 5 werden Studien zu einem nationalen Transportsystem für kleine Satelliten durchgeführt (VEGA) und mit IRIS (Italian Research Interim Stage) ist eine obere Stufe im Einsatz, die im Verbund mit dem SPACE SHUTTLE zum Transport von Lasten bis zu 400 kg in den Geotransfer-Orbit genutzt wird. Zu den weiteren Aktivitäten gehören die Beteiligung an der ISS (Logistikmodul LEONARDO) und die Entwicklung einer Konstellation aus vielen kleinen Erdbeobachtungssatelliten.

Hauptakteur auf Industrieseite ist Alenia Spazio. Diese Firma bestreitet etwa 70 % der italienischen Weltraumaktivitäten. Zu den weitgefächerten Aktivitäten im Rahmen italienischer und europäischer Programme gehören Raumsysteme, Subsysteme, Bodenstationen und zugehörige Software. BPD Difesa E Spazio ist Italiens führende Firma im Bereich von Startraketen und Raumfahrzeugantrieben.

*Spanien*

Die spanischen Raumfahrtaktivitäten werden vom „Instituto Nacional de Técnica Aeroespacial" (INTA) koordiniert, das dem Verteidigungsministerium untersteht. Das Institut widmet sich der Luft- und Raumfahrttechnik und der Weltraumforschung. Forschungs- und Entwicklungsprogramme werden gefördert und technische/wissenschaftliche Unterstützung für andere Einrichtungen sowie spanische und internationale Industrieunternehmen gegeben. Spanien ist Mitglied der ESA und an der ISS beteiligt. In Spanien hat man Erfahrungen mit Kommunikationssatelliten, dem Bau von Minisatelliten und mit optischen Sensoren und SAR-Sensoren für militärische und zivile Erdbeobachtungsaufgaben.

Es gibt eine Reihe im Bereich Raumfahrt tätiger Unternehmen. Dazu gehören das größte spanische Luftfahrtunternehmen CASA, das als Bestandteil von EADS mit Astrium in Verbindung steht, und eine Reihe kleinerer Firmen.

*Belgien*

Zuständig für Raumfahrtaktivitäten ist BELSPO (Föderale Dienste für Wissenschaftliche, Technische und Kulturelle Angelegenheiten). Belgien hat Anteile an den Erdbeobachtungssatelliten der SPOT-Serie, die von der französischen Weltraumagentur entwickelt wurden. So befindet sich in Belgien das Auswertezentrum (CTIV, Centre de Traitement de l'Imagerie VÉGÉTATION) für die Daten des Vegetationssensors an Bord der Satelliten SPOT 4 und SPOT 5. Belgien ist auch an EUMETSAT (European Organisation for the Exploitation of Meteorological Satellites) beteiligt, einer multinationalen Kooperation zum Betrieb meteorologischer Satelliten. 23 belgische Unternehmen im Bereich Luft- und Raumfahrt sind im VRI (Vlaamse Ruimtevaart Industriëlen) organisiert.

*Dänemark*

Das „Danish Space Research Institute" (DSRI) ist in Dänemark für Weltraumforschung, Weltraumtechnologie und Weltrauminstrumente zuständig. Der militärische Wetterdienst ist Bestandteil des „Danmarks Meteorologiske Institut" (DMI). Dänemark besitzt einen eigenen Satelliten zur Erkundung des Erdmagnetfeldes und arbeitet in der Nachfolge an einem Projekt für mehrere kleine Satelliten zur weiteren Erkundung des Erdmagnetfeldes und für astronomische Untersuchungen. Als Mitglied der ESA nimmt Dänemark an einer Reihe weiterer internationaler Projekte teil.

*Finnland*

„Teknologian Kehittämiskeskus" (Tekes), die nationale finnische Technologieagentur, finanziert die meisten Forschungs- und Entwicklungsaktivitäten im Bereich der Weltraumforschung. Finnland beteiligt sich über die ESA-Programme hinaus auch an bilateralen Aktivitäten und führt nationale Programme durch. Ziel ist die Verbesserung der Konkurrenzfähigkeit finnischer Raumfahrttechnologie und die Erhöhung der Beteiligung an ESA-Aktivitäten.

Die technologischen Beiträge Finnlands liegen vor allem in den Bereichen Elektronik, Sensorik, Datenverarbeitung. So stammt das Messgerät GOMOS zur Messung von Ozon und anderen Atmosphärengasen an Bord des kürzlich gestarteten Satelliten ESA-Satelliten ENVISAT aus Finnland.

*Irland*

Das zum Ministerium für Wissenschaft, Technologie und Handel gehörende „Office of Science and Technology" (OST) ist im Bereich Raumfahrt für Budgetplanung zuständig, „Enterprise Ireland" ist verantwortlich für technologische Fragen, Durchführung von Programmen und Kontakte zur Industrie. Die irischen Weltraumaktivitäten umfassen wissenschaftlich-technologische Aktivitäten wie Software, Elektronik, Werkstoffe, mechanische Präzisionskomponenten und Telekommunikation.

*Niederlande*

Das „Nederlands Instituut voor Vliegtuigontwikkeling en Ruimtevaart" (NIVR) unterstützt Industrie und Institutionen im Aufbau technologischer Expertise durch Mitfinanzierung im Rahmen seiner technologischen Programme, die oft im Verbund mit der ESA durchgeführt werden.

Das „Nationaal Lucht- en Ruimtevaartlaboratorium" (NLR) ist ein Non-Profit-Dienstleister im Bereich Forschung und Technologie für Luft- und Raumfahrt. Zu den Aktivitäten gehören Erdbeobachtung, Kommunikation, Navigation, die Entwicklung von Startsystemen und Satelliten, oft im Auftrag der ESA. Zu den militärischen Aufgaben gehört die Generierung geografischer Daten aus der Erdbeobachtung, um diese für Simulations- und Trainingszwecke bei der Vorbereitung für Auslandseinsätze zu nutzen.

*Norwegen*

Die nationale Raumfahrtagentur ist das „Norsk Romsenter" (Norwegian Space Center, NSC). Seine Aufgaben sind die Entwicklung, Koordination und Evaluation norwegischer

Raumfahrtaktivitäten und die Kooperation mit den Raumfahrtorganisationen anderer Staaten. Norwegen ist auch an der ISS beteiligt. Außerdem betreibt man die „Andøya Rocket Range AS" für Höhenforschungsraketen. Der Standort (69° N) ist ideal für die Erforschung der oberen arktischen Atmosphäre. Es gab auch Bestrebungen, von dort Satelliten auf polare Bahnen zu schießen, dies ist aber bislang nicht realisiert worden.

Norwegen besitzt einige eigene und Anteile an weiteren Satelliten, das Interesse gilt vor allem Kommunikations- und Navigationssystemen. Außerdem nutzt man Daten von Radarsatelliten zur Beobachtung von Ölfreisetzungen auf See, zur Detektion von Schiffen und zur Kartierung der Eisverhältnisse.

Zu den an Raumfahrtaktivitäten beteiligten norwegischen Firmen gehören Kongsberg Defence & Aerospace (Funktions- und Strukturteile für Raketen und Satelliten, elektrooptische Systeme) und Raufoss Technology (Ventile).

*Österreich*

Die nationale Koordination übernimmt die „Österreichische Gesellschaft für Weltraumfragen" (ASA, Austrian Space Agency). Österreich nimmt innerhalb der ESA u.a. an Programmen in Bereichen der Telekommunikation und Erdbeobachtung und am ARIANE-5-Programm teil. Mit der Austrian Aerospace, Bestandteil der Saab Ericsson Space Group, bestehen Kapazitäten zur Herstellung von Satellitenkomponenten (Bordelektronik, Bordmechanik, thermische Isolation, Ausrüstung für die Bodenkontrolle).

*Portugal*

Portugal ist seit 1999 Mitglied der ESA und besitzt noch keine eigene Raumfahrtagentur, an deren Aufbau aber gearbeitet wird („Agência Espacial Portuguesa"). Die Koordination internationaler wissenschaftlich-technologischer Kooperationen obliegt dem ICCTI (Institute for International Scientific and Technological Co-operation), das dem Ministerium für Wissenschaft und Technologie untersteht. Portugals erster Satellit, PoSAT-1, wurde in England gebaut und 1993 in den LEO gestartet. Es handelte sich um einen Erdbeobachtungssatelliten, der unter anderem zwei CCD-Kameras und ein Experiment zur On-Board-Datenverarbeitung und Datenkompression als Nutzlast mit sich führte. Vor allem im Bereich der Softwareentwicklung beteiligen sich portugiesische Firmen an Programmen der ESA.

*Schweden*

„Rymdstyrelsen" („Swedish National Space Board") ist in Schweden für nationale und internationale Weltraumvorhaben vor allem im Bereich Forschung und Entwicklung zuständig. Die technische Umsetzung der nationalen Programme wird im Wesentlichen von der staatseigenenen Swedish Space Corporation (SSC) und deren Tochterorganisationen vorgenommen. Dazu gehören auch der Höhenforschungsraketenbetrieb, die Operation von Satelliten sowie die Aufbereitung und Weitergabe von Erdbeobachtungsdaten.

Der größere Teil der schwedischen Weltraumaktivitäten wird im Rahmen der ESA durchgeführt. Es gibt eine Reihe weiterer bi- und multilateraler Projekte, so z.B. mit Frankreich bei den Erdbeobachtungssatelliten der SPOT-Serie und mit Kanada, Frankreich und Finnland beim Betrieb des in Schweden entwickelten Forschungssatelliten ODIN.

Zu den in der Raumfahrt tätigen Unternehmen gehören Satellus, Saab Ericsson Space (z.B. Zentralcomputer für alle ARIANE-Raketen, Satellitenantennen), VolvoAero Corporation (Brennkammern und Düsen für Raketenmotoren), FFV Aerotech, Saab Tech, ACR Electronics und Omnisys Instruments.

*Schweiz*

Das „Swiss Space Office" (SSO) administriert die schweizerischen Raumfahrtaktivitäten. Es gibt kein nationales Raumfahrtprogramm, praktisch alle Aktivitäten finden im Rahmen von ESA-Programmen statt. Weltraumforschung findet in diversen Laboratorien von Universitäten, staatlichen Instituten und in der Industrie statt. Die Schweiz beteiligt sich an Programmen zur Erdbeobachtung, Mikrogravitationsforschung, Kleinsatellitenentwicklung, Telekommunikation, Navigation, Trägerraketen und zur bemannten Raumfahrt.

### 1.4.2.2 China

Die „China Aerospace Corporation" (CASC) und die „China National Space Administration" (CNSA) sind die zentralen Organisationen des chinesischen Raumfahrtprogramms. Unter ihnen stehen Institutionen wie die „China Academy of Launch Vehicle Technology" (CALT), die die Raketenfamilie LANGER MARSCH (CHANG ZHENG, CZ) mit der Fähigkeit, Nutzlasten verschiedener Größen bis in den GEO zu bringen, entwickelt hat, die „Chinese Academy of Space Technology" (CAST), die eine Reihe von Kommunikations- und Wetterbeobachtungssatelliten gebaut hat und die „Great Wall Industrial Corporation", die für die Vermarktung der chinesischen Startkapazitäten zuständig ist. China arbeitet systematisch an einem Programm zur bemannten Raumfahrt mit dem Raumschiff SHENZHOU („Gottesschiff"). Dazu gehört auch der Bau von Bodenstationen außerhalb Chinas (Namibia, Kiribati).

China führt seit 1975 satellitengestützte Fotoaufklärung durch und hat wahrscheinlich auch Erfahrung mit SIGINT- (Signal-Intelligence-) Satelliten.

### 1.4.2.3 Japan

Japan besitzt zwei voneinander relativ unabhängige Raumfahrtorganisationen. Für anwendungsorientierte Vorhaben wie auch die ISS ist die „National Space Development Agency" (NASDA) zuständig. Dort werden Kommunikations-, Erdbeobachtungs- und Wettersatelliten entwickelt sowie die Trägerraketen der H-Klasse. Das „Institute of

Space and Aeronautical Science" (ISAS) beschäftigt sich mit Weltraumforschung, interplanetaren Sonden und ebenfalls mit Satelliten und Trägerraketen. Mit den Trägerraketen vom Typ M5 können Nutzlasten bis 1,8 t in den LEO gebracht und interplanetare Sonden gestartet werden.

In Japan beschäftigt man sich mit dem SSTO- (Single-Stage-to-Orbit-) SPACEPLANE. Dieser Transporter soll schwere Nutzlasten in den LEO bringen und wieder aufnehmen können. Im Rahmen dieses Programms sollen die nötigen Technologien entwickelt werden. Das Konzept ist in einem frühen Stadium und wird unter Federführung des „National Aerospace Laboratory" entwickelt, angestrebt wird der Bau um das Jahr 2020.

Japan profitiert von dem großen Interesse der Großkonzerne an Raumfahrtaktivitäten, die auch für sehr langfristige Projekte erhebliche Summen investieren. Mitsubishi Heavy Industries und Nissan Motor Company sind die Hersteller der Trägerraketen, Mitsubishi Electric, Nippon Electric und Toshiba sind Hauptvertragspartner für Satellitensysteme. Fuji Heavy Industries und IHI Company unterstützen die Entwicklung wiederverwendbarer Raumtransporter und des japanischen Labormoduls für die ISS.

Seit Mitte der 1990er Jahre und vor allem seit dem Start einer nordkoreanischen ballistischen Rakete im August 1998, die Japan überflog, ist in Japan das Interesse an eigenen Aufklärungssatelliten mit elektrooptischen Sensoren und SAR (Radar mit synthetischer Apertur) gewachsen.

### 1.4.3 Staaten mit Kapazitäten in Teilbereichen der Raumfahrt

Eine Reihe von Staaten außer den bisher behandelten beschäftigt sich zumindest zum Teil mit zivilen Weltraumvorhaben und verfügt über fortgeschrittene technologische Fähigkeiten. Diese Fähigkeiten liegen zum Teil über denen einiger westeuropäischer Staaten, die wegen ihrer Angehörigkeit zur ESA aber bei den Mittelmächten erwähnt wurden.

*Argentinien*

Argentinien betreibt vier Satelliten, drei zur Erdbeobachtung, einen für astronomische Zwecke. Man arbeitet bei den Satellitenprogrammen mit Brasilien, den USA, Spanien und Italien zusammen. Die Raumfahrtaktivitäten werden von der „Comisión Nacional de Actividades Espaciales" (CONAE), koordiniert. Das argentinische Raumfahrtprogramm sieht in der nächsten Zukunft den Ausbau des Bodensegments und der Fähigkeiten zur Erdbeobachtung vor. Dies soll auch in Kooperation mit anderen Betreibern solcher Satelliten geschehen.

Mit CONDOR 1 und CONDOR 2 verfolgte Argentinien auch Programme zur Entwicklung ballistischer Raketen mittlerer Reichweite, die aber inzwischen beendet wurden.

## Australien

Es gibt in Australien das „Cooperative Research Centre for Satellite Systems" (CRCSS), das der „Commonwealth Scientific and Industrial Research Organization" (CSIRO) angeschlossen ist. Das CRCSS betreut die Firmen, Universitäten und Behörden, die sich mit kleinen Satelliten befassen. Es gibt aber keine koordinierende Raumfahrtbehörde. Das nichtkommerzielle „Australian Space Research Institute" fördert die Entwicklung der australischen Weltraumaktivitäten durch die Durchführung, Ermutigung und Bekanntmachung von Forschungsarbeiten im Bereich der Raumfahrttechnik und der Weltraumwissenschaften. In Australien arbeitet man an Satelliten, vor allem Mikrosatelliten, einem Transportsystem für Mikrosatelliten und dem Scramjet-Antrieb.

## Brasilien

Bedingt durch die geografische Ausdehnung Brasiliens hat man sich dort bereits sehr früh mit der Nutzung des Weltraums befasst. Zentrale Einrichtung ist das „Instituto Nacional de Pesquisas Espaciais" (INPE). Heute hat Brasilien eine Reihe von Wetter-, Erdbeobachtungs- und Kommunikationssatelliten sowie die dazugehörige Infrastruktur am Boden. Brasilien strebt in strategisch wichtigen Bereichen der Raumfahrttechnik eine zunehmende Autonomie an, so konstruiert man bereits eigene Satelliten. Brasiliens fortgeschrittene Rolle wird auch dadurch deutlich, dass Brasilien zu den 16 Betreibernationen der ISS zählt.

Brasilien kooperiert mit Russland bezüglich der Nutzung der Startanlagen in Alcantara für russische Trägersysteme und mit China im Bereich der Erderkundung mit den Satelliten CBERS-1 (China-Brazil Earth Resources Satellite, 1999 gestartet) und CBERS-2 (Start für 2002 geplant).

## Indien

Trotz der limitierten Ressourcen betreibt Indien ein breit gefächertes Raumfahrtprogramm mit eigenen Trägerraketen, Satelliten, Kontrollstationen und Datenverarbeitung. Indien hat bereits umfangreiche Erfahrungen mit Erdbeobachtungs-, Kommunikations- und Wetterbeobachtungssatelliten. Mit den eigenen Trägerraketen kann Indien bereits Satelliten in einen polaren sonnensynchronen Orbit bringen, mit dem Geosynchronous Satellite Launch Vehicle (GSLV) befindet sich eine Trägerrakete für den GEO in der Entwicklung, deren erster Testflug 2001 stattfand.

Die meisten Raumfahrtaktivitäten werden von der „Indian Space Research Organization" (ISRO) durchgeführt. Die „National Remote Sensing Agency" (NRSA) beschäftigt sich speziell mit der Aufnahme, Verarbeitung und Verbreitung von Fernerkundungsdaten. Indien kooperiert bei seinen Weltraumprojekten mit einer Vielzahl von Staaten.

In Indien verfolgt man mit AVATAR (Aerobic Vehicle for Hypersonic Aerospace Transportation bzw. Aerobic Vehicle for Advanced Trans-Atmospheric Research bzw. Sanskrit: „Wiedergeburt") das Konzept für eine wiederverwendbare Raumfähre, die eine Tonne Nutzlast oder Passagiere in den LEO befördern können soll. AVATAR soll horizontal starten und mit einer Kombination aus Turbojet-, Ramjet- und Scramjetantrieb eine Höhe von 10 km und eine Geschwindigkeit von Mach 7 erreichen. Das Projekt wird von Indiens „Defense Research Development Organization" (DRDO) in Zusammenarbeit mit anderen indischen Forschungseinrichtungen durchgeführt. Man geht allerdings davon aus, dass zur Realisierung finanzielle und technologische internationale Hilfe nötig sein wird.

Indien hat mehrere Typen ballistische Lenkflugkörper unterschiedlicher Reichweiten entwickelt.

*Israel*

Israel ist mit seinen Transportraketen des SHAVIT-Programms von Israel Aircraft Industries (IAI) in der Lage, Satelliten bis zu 500 kg in den LEO und bis zu 400 kg in den polaren Orbit zu bringen. Mit OFEQ 3 und OFEQ 5 („Horizont") hat Israel 1995 und 2002 auch Satelliten für elektrooptische Aufklärung aus eigener Produktion gestartet. Dieser ist Prototyp für die sechs bis acht Aufklärungssatelliten des EROS-Programms (Earth Resources Observation Satellite), von denen der erste im Dezember 2000 von Russland aus gestartet wurde. Weitere EROS-Satelliten sollen ab 2002 folgen. In Zusammenarbeit mit der DASA und Alcatel wurde 1996 ein Kommunikationssatellit gebaut und mit einer ARIANE-Rakete in eine geostationäre Umlaufbahn gebracht. Es gibt mit der Israel Space Agency (ISA) eine staatliche Firma, in der Satellitensysteme hergestellt werden, und mit Elbit Systems eine nichtstaatliche Rüstungsfirma, in der Aufklärungssensoren für Satelliten hergestellt werden.

Israel bekam in der Mitte der 1970er Jahre aus den USA ballistische Raketen vom Typ LANCE mit 130 km Reichweite. Später beschaffte man mit JERICHO I französische Raketen, die weiterentwickelt wurden.

*Kanada*

Die staatliche kanadische Raumfahrtagentur „Canadian Space Agency/Agence Spatiale Canadienne" (CSA/ASC), hat die Aufgabe, die friedliche Nutzung des Weltraums und die Weltraumwissenschaften voranzutreiben sowie die Fortschritte in Wissenschaft und Technologie zum sozialen und ökonomischen Nutzen Kanadas zu verwerten. Kanada besitzt bereits seit den 1970er Jahren Kommunikationssatelliten und heute außerdem Satelliten zur Erdbeobachtung und Astronomie. Kanada gehört zu den Betreibern der Raumstation ISS und lieferte den Roboterarm der ISS und diverse wissenschaftliche Experimente. Die kanadische Raumfahrtindustrie wächst und liefert u.a. Satelliten für Kommunikation und Erderkundung sowie robotische Systeme. Im Rahmen der wissenschaftlichen Aktivitäten arbeitet Kanada mit Russland, Japan, den USA, Schweden und anderen Mitgliedern der ESA zusammen.

Institutionelle Aspekte

*Pakistan*

Die nationale Raumfahrtbehörde Pakistans ist die „Pakistan Space & Upper Atmosphere Research Commission" (SUPARCO). Sie ist für die Durchführung aller technischen und wissenschaftlichen Programme zuständig. In Pakistan hat man bereits Erfahrung im Bau von Höhenforschungsraketen, von Bodenstationen zum Empfang und zur Auswertung von Satellitendaten und von ersten Testsatelliten. So wurde 2001 der zweite von SUPARCO (in Zusammenarbeit mit Space Innovations/Großbritannien) hergestellte Satellit mit Strahlungsmessern und CCD-Kamera an Bord von einer russischen Trägerrakete in den LEO befördert.

Zu den Zielen des pakistanischen Weltraumprogramms gehört neben der Durchführung diverser wissenschaftlicher Programme langfristig auch die Fähigkeit, Satelliten selbst in den LEO (Erdbeobachtungssatelliten) und GEO (Kommunikationssatelliten) befördern zu können.

Die strategische Gegnerschaft zu Indien hat in Pakistan zur Entwicklung eigener Raketen wie auch zum Import bzw. zumindest zum Test von Systemen aus China und Nordkorea geführt. Die bereits getesteten Raketen vom Typ GHAURI sollen eine Reichweite von über tausend Kilometern haben.

*Südkorea*

Mit den drei in den Jahren von 1992 bis 1999 gestarteten Satelliten des KITSAT-Programms hat Südkorea, unterstützt durch Großbritannien, begonnen, Erfahrungen mit dem Bau von Satelliten zu sammeln. Diese Aktivitäten zur Entwicklung und Erprobung einer eigenen kleinen Satellitenplattform und der dazugehörigen Nutzlasten werden mit STSAT-1 (Science and Technology Satellite-1) und STSAT-2 weitergeführt. Für den 1999 gestarteten KOMPSAT-1 (Korea Multi-Purpose Satellite) entwickelte man die elektrooptische Kamera. In Südkorea arbeitet man am Aufbau eines Raumfahrtzentrums mit Startplatz, Bodenkontrollstation, Testeinrichtungen und anderen Anlagen, um in Zukunft nicht mehr auf andere Dienstleister beim Start von Satelliten angewiesen zu sein, um eigene Forschungsraketen starten zu können und um Südkoreas Eintritt ins Raumfahrtzeitalter zu demonstrieren. Die meisten Raumfahrtaktivitäten werden vom „Korea Aerospace Research Institute" durchgeführt.

Vor allem die Unternehmen Hyundai Electronics und Daewoo Telecom sind auf dem Weltraumsektor aktiv.

*Taiwan*

Das 1991 gegründete „National Space Program Office" koordiniert das Satellitenprogramm und andere Raumfahrtaktivitäten. Strategisches Ziel ist die Entwicklung der technischen Fähigkeiten zum Bau von Satelliten, Bodenstationen und Komponenten in Taiwan. In enger Kooperation mit den USA werden die Satelliten ROCSAT 1 (Republic of China Satellite; vor allem Nutzlast zur Kommunikation), ROCSAT 2 (zusätzlich Nutzlast zur Beobachtung der Landmasse und der Gewässer Taiwans) und ROCSAT 3 (Meteorologie, Klima, Ionosphäre) gebaut. Ziel ist dabei die Entwicklung der Schlüsselkomponenten in Taiwan selbst. Die Satelliten sollen Nutzlasten für diverse wissenschaftliche Experimente und zur Erd- und Wetterbeobachtung tragen. Anhand der kontinuierlichen Beobachtung des 1999 gestarteten ROCSAT 1 soll die Technologie entwickelt und die Erfahrung zur Bodenkontrolle gesammelt werden, die für den Betrieb zukünftiger Satelliten notwendig ist.

Taiwan hat Anfang der 1980er Jahre die Arbeiten an der auf amerikanisch-israelischer Technik basierenden ballistischen Rakete SKY HORSE, in deren Reichweite das chinesische Festland gelegen hätte, eingestellt.

### 1.4.4 Sonstige Staaten mit verfügbarer ballistischer Raketentechnologie

Für eine Vielzahl von Staaten hat der Besitz von ballistischen Raketen einen sehr hohen Stellenwert. Dies liegt nicht nur an dem militärischen Nutzen, der darin besteht, Gefechtsköpfe über Entfernungen von mehreren hundert Kilometern zu verbringen oder dies zumindest anzudrohen. Militärische Raketen können außerdem für Weltraumanwendungen genutzt werden, sowohl für den Start von Satelliten als auch zum Angriff auf feindliche Satelliten. Dies setzt allerdings eine hohe Genauigkeit voraus. Darüber hinaus gelten ballistische Raketen als eine Art erster Schritt zum Weltmachtstatus. Viele Staaten setzen Weltraum- und Raketentechnik gleich. Oftmals dienen zivile Projekte nur der Verschleierung militärischer Aktivitäten.

Der rein militärische Wert ist sicherlich nicht die einzige Motivation zur Entwicklung bzw. zum Kauf von ballistischen Raketen. Dazu sind sie vielfach zu ineffektiv, denn ihre Entwicklung orientiert sich zumeist nicht an den Maßstäben, wie sie in den USA oder der Sowjetunion angewandt wurden. Für ihre Rolle, das Erzeugen von Angst und Terror beim Gegner, sind aber auch nicht dieselben Ansprüche an Treffgenauigkeit, Zuverlässigkeit und Sicherheit nötig. Durch die mögliche Bestückung mit Massenvernichtungswaffen besitzen sie eine ausgesprochene psychologische Wirkung.

Völlig eigenständige Entwicklungen scheint es auf dem Raketensektor unter den hier betrachteten Staaten nicht zu geben. Stattdessen wird die Technologie von Staat zu Staat weiterverkauft. Dies wird durch die globale Verbreitung der SCUD B illustriert, die in den 1950er Jahren in der UdSSR entwickelt wurde. Heute findet man diesen Raketentyp neben den Staaten des Warschauer Paktes und deren Nachfolgern (Aserbaidschan, Bulgarien, Georgien, Kasachstan, Polen, Rumänien, Russland, Slowakei, Tschechische Republik, Ukraine, Ungarn, Weißrussland) in verschiedenen Variationen in einer Vielzahl weiterer Staaten (Afghanistan, Ägypten, Algerien, Irak, Iran, Jemen, Kongo, Libyen, Nordkorea, Pakistan, Serbien, Syrien, Vereinigte Arabische Emirate, Vietnam). Das umfangreiche irakische Raketenprogramm basierte auf SCUD-Technologie und die Weiterentwicklungen wurden erst durch den Transfer von Technologie und Ausrüstung aus den Industrienationen ermöglicht. Heute hat vor allem Nordkorea großen Anteil an der Weiterentwicklung der SCUD B und der Verbreitung von SCUD B, SCUD C und NO DONG. Auf ähnliche Art und Weise sind auch Raketenfamilien entstanden, deren Wurzeln in China und den USA liegen. So hat Saudi-Arabien von China Raketen vom Typ CSS-2 mit 3000 km Reichweite gekauft.

Südafrika hat Raketentechnologie aus Israel importiert. Diese basiert auf in den 1970er Jahren von den USA an Israel gelieferten ballistischen Raketen mit 130 km Reichweite vom Typ LANCE. Das Projekt mit der ballistischen Rakete ARNISTON, der eine Reichweite von 1450 km zugeschrieben wurde, ist inzwischen gestoppt worden.

Es ist damit zu rechnen, dass die Staaten mit ballistischen Lenkflugkörpern mit der Zeit die Reichweite, Zuverlässigkeit und Treffgenauigkeit ihrer Systeme erhöhen werden. Dieser Trend wird durch Proliferation von Technologien, vor allem aus Russland, China und Nordkorea unterstützt. Damit gewinnt die Bedrohung durch diese Waffen an Bedeutung.

## 1.5 Rechtliche Aspekte

Die militärische Nutzung des Weltraums ist durch völkerrechtliche Verträge eingeschränkt. Derzeit liegen fünf wichtige Abkommen vor:

- Vertrag über die Grundsätze zur Regelung der Tätigkeit von Staaten bei der Erforschung und Nutzung des Weltraums einschließlich des Mondes und anderer Himmelskörper (Weltraumvertrag) vom 27. Januar 1967
- Übereinkommen über die Rettung und Rückführung sowie die Rückgabe von in den Weltraum gestarteten Gegenständen (Weltraumrettungsabkommen) vom 22. April 1968
- Übereinkommen über die völkerrechtliche Haftung für Schäden durch Weltraumgegenstände (Weltraumhaftungsabkommen) vom 29. März 1972
- Übereinkommen über die Registrierung von in den Weltraum gestarteten Gegenständen (Weltraumregistrierungsabkommen) vom 14. Januar 1975
- Übereinkommen zur Regelung der Tätigkeiten von Staaten auf dem Mond und anderen Himmelskörpern (Mondvertrag) vom 18. Dezember 1979.

Mit Ausnahme des Mondvertrages und der zwischen den USA und der ehemaligen Sowjetunion geschlossenen Verträge ist die Bundesrepublik Deutschland den aufgeführten Abkommen beigetreten und hat die Vertragswerke zwischenzeitlich ratifiziert. Von besonderer Bedeutung sind die Bestimmungen des Weltraum- und des Mondvertrages.

Auf der Grundlage seiner Präambel, in der u.a. das gemeinsame Interesse der Menschheit an der fortschreitenden Erforschung und Nutzung des Weltraumes zu friedlichen Zwecken anerkannt wird, regelt der Weltraumvertrag u.a. in Art. IV die friedliche Nutzung des Weltraumes sowie des Mondes und anderer Himmelskörper. Ähnliche oder gleichlautende Formulierungen finden sich unter anderem auch in Art. XI des Weltraumvertrages sowie in den Präambeln des Weltraumrettungsabkommens, des Weltraumhaftungsabkommens, des Weltraumregistrierungsabkommens und auch das Übereinkommens zur Gründung einer Europäischen Weltraumorganisation (European Space Agency = ESA) vom 30. Mai 1975.

Danach dürfen keine Gegenstände, die Kernwaffen oder andere Massenvernichtungswaffen tragen, in eine Erdumlaufbahn gebracht werden. Die Bestückung von Himmelskörpern mit derartigen Waffen sowie die Stationierung solcher Waffen im Weltraum sind unzulässig. Der Mond und die anderen Himmelskörper sind von allen Vertragsstaaten ausschließlich zu friedlichen Zwecken zu nutzen. Die Errichtung militärischer Stützpunkte, Anlagen und Befestigungen ist ebenso verboten wie das Erproben von Waffen jeglicher Art und die Durchführung militärischer Übungen auf Himmelskörpern.

Der Einsatz von Militärpersonal für die wissenschaftliche Forschung oder andere friedliche Zwecke ist dagegen nicht untersagt. Ausrüstung oder Anlagen, die für die friedliche

Erforschung des Mondes und anderer Himmelskörper notwendig sind, dürfen von diesem Personenkreis genutzt werden.

Das wesentliche Ziel des Mondvertrages findet sich in seiner Präambel. Es soll verhindert werden, dass der Mond Schauplatz internationaler Konflikte wird. Weitere zentrale Regelungen enthält Art. 3 des Vertrages. Danach darf der Mond von allen Vertragsstaaten ausschließlich zu friedlichen Zwecken genutzt werden. Jede Androhung oder Anwendung von Gewalt oder jede andere feindselige Handlung oder Androhung einer feindseligen Handlung auf dem Mond hat zu unterbleiben. Weiterhin ist untersagt, den Mond zur Begehung einer solchen Handlung oder zur Vornahme einer solchen Bedrohung in Bezug auf die Erde, den Mond, Raumfahrzeuge, die Besatzung von Raumfahrzeugen oder von Menschenhand geschaffene Weltraumgegenstände zu benutzen.

Die Vertragsstaaten dürfen keine Gegenstände, die Kernwaffen oder andere Massenvernichtungswaffen tragen, in eine Mondumlaufbahn oder in eine andere Flugbahn zum Mond oder um den Mond bringen. Sie verzichten auch darauf, solche Waffen auf der Mondoberfläche oder im Mondinneren anzubringen und dort zu verwenden. Die Errichtung militärischer Stützpunkte, Einrichtungen und Befestigungen sowie das Erproben von Waffen jeglicher Art und die Durchführung militärischer Übungen auf dem Mond sind verboten. Die Regelungen zum Einsatz von Militärpersonal entsprechen denen des Weltraumvertrages.

Trotz der umfangreichen und teilweise auch sehr speziellen Regelungen in den genannten Verträgen ist dennoch eine Reihe von Fragen offen geblieben. Da eine verbindliche Definition des Begriffs der „friedlichen Nutzung" fehlt, haben sich zunächst Meinungsunterschiede dahingehend ergeben, ob „friedlich" als „nicht militärisch" oder als „nicht aggressiv" zu verstehen ist. Für die Auffassung, „friedlich" lediglich als „nicht aggressiv" zu verstehen, sprechen allerdings die Formulierungen in Art. IV des Weltraumvertrages und Art. 3 Abs. 4 des Mondvertrages. Ihre Auslegung ergibt, dass bestimmte, von Militärpersonen ausgeübte Tätigkeiten als friedlich anzusehen sind.

Probleme bereitet auch die Interpretation von Art. IV Satz 2 des Weltraumvertrages. Danach dürfen der Mond und die anderen Himmelskörper von allen Vertragsstaaten ausschließlich zu „friedlichen Zwecken" benutzt werden. Mit dieser Regelung verbindet sich die weitergehende Frage, ob dies auch für den übrigen Weltraum gilt. Dagegen könnte der Wortlaut des Art. IV Satz 1 des Weltraumvertrages sprechen, wonach die Vertragsstaaten sich lediglich zu einer teilweisen, auf Kern- und Massenvernichtungswaffen bezogenen Entmilitarisierung des Weltraums verpflichtet haben. Andererseits ist in der Vertragspräambel die Anerkennung des gemeinsamen Interesses der gesamten Menschheit an der fortschreitenden Erforschung und Nutzung des Weltraums zu friedlichen Zwecken festgeschrieben. Daraus dürfte zu schließen sein, dass die Verpflichtung, den gesamten Weltraum ausschließlich zu friedlichen Zwecken zu nutzen, nicht relativiert werden sollte. Eine generelle Pflicht zur ausschließlich nicht-militärischen Nutzung wäre aber zu weitgehend. Erlaubt bleibt beispielsweise der Einsatz von Satelliten zur Kriegsführung, wenn er im Rahmen kollektiver Selbstverteidigung gemäß Art. 51

der Charta der Vereinten Nationen völkerrechtsgemäß und folglich nicht-aggressiv erfolgt, da in Art. III des Weltraumvertrages geregelt ist, dass die Erforschung und Nutzung des Weltraums und der Himmelskörper in Übereinstimmung mit dem Völkerrecht einschließlich der Charta der Vereinten Nationen zu erfolgen hat.

Es lässt sich daher festhalten, dass der Weltraumvertrag im Hinblick auf den gesamten Weltraum im Gegensatz zum Mondvertrag hinsichtlich des Mondes und der anderen Himmelskörper keine ausdrückliche Demilitarisierungsverpflichtung enthält.

Es gibt daneben auch keine rechtlich verbindliche Definition des Begriffs „Massenvernichtungswaffe" im Weltraumvertrag, im Mondvertrag oder an anderer Stelle. Das Fehlen einer solchen Definition hatte bislang jedoch keine praktischen Auswirkungen, da bisher keine anderen als die vom Vertragstext ohnehin ausdrücklich erfassten Nuklearwaffen für eine Stationierung im Weltraum konzipiert wurden. Als vom Vertragstext erfasste Massenvernichtungswaffen kommen theoretisch aber auch biologische und chemische Waffen in Betracht.

Offene Interpretationen erlaubt Art. IV des Vertrages schließlich auch im Hinblick auf die Verwendung des Begriffs „Erdumlaufbahn". Aufgrund seiner inhaltlichen Gleichsetzung mit einem Vollorbit ist es nicht verboten, Kernwaffen durch den Weltraum auf terrestrische Ziele zu lenken, sofern sie vorher die Erde nicht vollständig umkreist haben. Darüber hinaus befinden sich ballistische Raketen aufgrund ihrer ballistischen Flugkurve ohnehin zu keinem Zeitpunkt auch nur partiell in einer Erdumlaufbahn. Regelungen zur Zulässigkeit von ballistischen, atomwaffentragenden Mittel- und Langstreckenraketen im Hinblick auf deren Weltraumdurchflug wurden folglich bewusst nicht in den Weltraumvertrag aufgenommen, sondern bilateralen Rüstungskontrollvereinbarungen vorbehalten.

Vor diesem Hintergrund ist die Vielzahl von Verträgen bzw. Vereinbarungen zur Abrüstung und Rüstungskontrolle zu sehen, die überwiegend zwischen den Vereinigten Staaten und der ehemaligen Sowjetunion abgeschlossen worden sind und zumindest in Teilbereichen auch weltraumspezifischen Charakter haben. Hier sind zu nennen:

- der Vertrag über die Begrenzung der Systeme zur Abwehr ballistischer Flugkörper vom 26. Mai 1972 mit Zusatzprotokoll vom 03. Juli 1974 (ABM-Vertrag), mit dem sich die beiden Staaten verpflichteten, keine see-, luft- oder weltraumgestützten Raketenabwehrsysteme sowie keine mobilen landgestützten Systeme zu entwickeln, zu erproben oder zu stationieren (stationäre landgestützte Systeme wurden begrenzt erlaubt, s.u.)
- der Vertrag über das Verbot von Kernwaffenversuchen in der Atmosphäre, im Weltraum und unter Wasser (Partieller-Teststopp-Vertrag) vom 5. August 1963
- der SALT-I-Vertrag vom 26. Mai 1972, in dem die USA und die Sowjetunion vereinbarten, nach dem 1. Juli 1972 keine von festen Rampen aus startbaren Fernraketen mehr zu produzieren und von U-Booten aus startbare ballistische Raketenwaffen sowie die U-Boot-Träger selbst auf die bei Vertragsabschluss vorhandene Zahl zu begrenzen

## Rechtliche Aspekte

- der SALT-II-Vertrag vom 18. Juli 1979, der strategische Raketenwaffen zahlenmäßig begrenzen sollte und mangels Ratifizierung seitens der USA nicht in Kraft getreten ist
- die Vereinbarung zwischen den Vereinigten Staaten von Amerika und der Sowjetunion zur Aufnahme neuer Verhandlungen über Kernwaffen und Weltraumwaffen vom 8. Januar 1985
- der INF-Vertrag vom 8. Dezember 1987 zur weltweiten Beseitigung aller landgestützten Flugkörper mit einer Reichweite von 500 bis 5.500 km (Mittelstreckenraketen)
- der START-I-Vertrag, der im Juli 1991 von den USA und der damaligen Sowjetunion unterzeichnet wurde und innerhalb von sieben Jahren die Reduzierung der strategischen Nuklearwaffensysteme der USA und Russlands auf maximal 1.600 Trägersysteme und 6.000 Gefechtsköpfe vorsah
- der START-II-Vertrag vom 3. Januar 1993 mit einer vorgesehenen weiteren Reduzierung auf maximal 3.500 Gefechtsköpfe pro Seite und dem Verbot aller landgestützten strategischen Nuklearwaffen mit Mehrfachsprengköpfen (bislang nicht in Kraft getreten).

Wegen der Pläne der USA, ein landesweites Raketenabwehrsystem mit weltraumgestützten Komponenten zu entwickeln, hat der ABM-Vertrag mit dem Verbot der Entwicklung, Erprobung und Stationierung see-, luft- oder weltraumgestützter Raketenabwehrsysteme einen besonders ausgeprägten Weltraumbezug.

Allerdings durften nach dem ABM-Vertrag beide Staaten zunächst zwei Raketenabwehrkomplexe mit je 100 Abwehrraketen errichten, um die jeweilige Hauptstadt und jeweils ein Angriffsraketenfeld zu schützen. Im Jahr 1974 wurde dann vereinbart, dass jede Seite nur noch eine Abwehrstellung mit je 100 Abfangraketen besitzen durfte und zudem wählen musste, ob damit die Hauptstadt oder ein Raketenfeld geschützt werden sollte.

Dem ABM-Vertrag lag der Gedanke der „gesicherten gegenseitigen Zerstörung" zugrunde. Das bedeutete, dass zugunsten der strategischen Stabilität sowie der Begrenzung der nuklearen Rüstungskonkurrenz keine Seite die Fähigkeit besitzen sollte, einen nuklearen Erstschlag durchführen zu können, ohne mit der sicheren eigenen Zerstörung im Zuge der Vergeltung der Gegenseite rechnen zu müssen.

Eine klare Abgrenzung zwischen strategischen und taktischen Fähigkeiten zur Abwehr von Flugkörpern war in dem Vertrag nicht enthalten. Im Jahr 1997 war allerdings zwischen den Vertragsparteien eine Einigung dahingehend erzielt worden, dass Abwehrsysteme bzw. -raketen für Zwecke der taktischen Flugkörperabwehr dann zulässig sind, wenn die Geschwindigkeit der Abwehrflugkörper 3 km/s und die der fliegenden Ziele 5 km/s nicht überschreitet. Als maximal zulässige Reichweite der Abwehrraketen wurden 3.500 km festgelegt. Tests von Abwehrsystemen waren in diesen Grenzen fortan zulässig. Diese Vereinbarungen bedeuteten bereits ein partielles Abrücken von den Regelungen des ABM-Vertrags.

Zwischenzeitlich haben die USA jedoch durch eine entsprechende Erklärung von Präsident George W. Bush am 13. Dezember 2001 ihren Rücktritt vom ABM-Vertrag bekannt gegeben. Die rechtliche Möglichkeit zum Rücktritt eröffnet Art. XV des ABM-Vertrags, wonach jede Partei von dem an sich unbefristeten Vertrag zurücktreten kann, wenn „durch außergewöhnliche Umstände im Bezug auf die Vertragsmaterie eine Gefährdung ihrer höchsten Interessen eingetreten ist". Dieser Rücktritt führt allerdings erst nach sechs Monaten, d.h. Mitte des Jahres 2002, zur endgültigen Beendigung des Vertrages, da nach Art. XV des ABM-Vertrags die Entscheidung, vom Vertrag zurückzutreten, der anderen Partei sechs Monate vor dem eigentlichen Rückzug aus dem Vertrag mitgeteilt werden soll.

Die Gefährdung der nationalen Interessen der USA, die zum Rücktritt geführt habe, begründete Präsident Bush in seiner Erklärung vom 13. Dezember 2001 damit, dass der Vertrag veraltet sei und die Fähigkeit der Regierung behindere, die USA vor Angriffen durch Terroristen oder „Schurkenstaaten" (wie z.B. Iran, Irak oder Nordkorea) zu schützen. Der Vertrag sei zu einer anderen Zeit in einer anderen Welt unterzeichnet worden. Einen der Unterzeichnerstaaten, die Sowjetunion, gebe es nicht mehr. Auch die damalige Feindseligkeit zwischen beiden Staaten existiere nicht mehr. Wie die Ereignisse des 11. September 2001 gezeigt hätten, komme heute die größte Bedrohung für beide Länder nicht vom jeweils anderen Land oder anderen Großmächten, sondern von Terroristen, die ohne Warnung zuschlügen, oder „Schurkenstaaten", die den Besitz von Massenvernichtungswaffen anstrebten. Dagegen müsse eine effektive Verteidigung entwickelt werden, was der ABM-Vertrag verhindert habe.

Durch den Wegfall der Beschränkungen des ABM-Vertrags ist es den USA nunmehr möglich, ein landesweites Raketenabwehrsystem (National Missile Defense = NMD) zu entwickeln, da für dieses – wie oben ausgeführt – auch keine anderen weltraumrechtlichen Einschränkungen, insbesondere nicht durch den Weltraumvertrag oder den Mondvertrag, bestehen. Dabei muss allerdings beachtet werden, dass je nach künftiger tatsächlicher Ausgestaltung eines Raketenabwehrsystems im Weltraum ein Verstoß gegen Art. II des Weltraumvertrages vorliegen könnte, wonach der Weltraum keinerlei nationalen Aneignung durch Beanspruchung der Hoheitsgewalt, durch Benutzung oder Okkupation oder andere Mittel unterliegt. Ein solcher Verstoß könnte dann gegeben sein, wenn es durch Ausdehnung, Dauerhaftigkeit und Ausschließungswirkung eines Raketenabwehrsystems bzw. durch Sperrzonen im Weltraum zum Schutz der einzelnen Systemkomponenten einer Raketenabwehr zu einer faktischen Ausübung staatlicher Hoheitsbefugnisse im erdnahen Weltraum kommen würde.

In der Sache ablehnend, im Ton aber milde und zurückhaltend haben sich Russland und China zum „Ausstieg" der USA aus dem ABM-Vertrag geäußert. Befürchtet werden insbesondere ein neues nukleares Wettrüsten sowie eine zunehmende Militarisierung des Weltraums als Folge des geplanten Raketenabwehrsystems der USA.

Zwischenzeitlich laufen die Abrüstungsverhandlungen zwischen den USA und Russland jedoch weiter. Bereits im Vorfeld der Kündigung des ABM-Vertrags durch die USA wur-

## Rechtliche Aspekte

den im Juli 2001 in Genua Gespräche über eine mögliche weitere Reduzierung der strategischen Offensivsysteme geführt. Auf dem Moskauer Gipfeltreffen vom 24. Mai 2002 vereinbarten die Präsidenten Bush und Putin eine Erweiterung des START-I-Abkommens mit einer weiteren Reduzierung der strategischen Sprengköpfe auf 1.700 bis 2.200.

## 2 Militärische Raumfahrttechnik

### 2.1 Sicherheitspolitische und strategische Aspekte der militärischen Nutzung des erdnahen Weltraums

Die Nutzung des Weltraums war (wie auch die Entwicklung der dafür nötigen Raketentechnologie) von Anfang an immer auch militärisch motiviert. Die USA und die UdSSR nutzten militärische Institutionen und Anlagen, um überhaupt Raumfahrt betreiben zu können. Der nach dem zweiten Weltkrieg vorherrschende Antagonismus der beiden Supermächte führte zu großen Anstrengungen, den Weltraum nutzbar zu machen, und zwar sowohl aus Prestigegründen wie auch zu militärischen Zwecken. Mit der Entwicklung von militärischen Unterstützungssystemen im Weltraum, wie Aufklärungs- oder Navigationssatelliten, wurden zeitgleich auch Systeme zu deren Bekämpfung (ASAT = Anti-Satelliten-Systeme) entwickelt. So fand der erste ASAT-Test der USA 1959 schon eineinhalb Jahre nach dem Start des ersten US-Satelliten überhaupt und bereits ein Jahr vor dem Start des ersten US-Aufklärungssatelliten und drei Jahre vor dem Einsatz des ersten sowjetischen Aufklärungssatelliten statt.

Auch die bemannte Raumfahrt war von Anfang an von militärischen Interessen geprägt. Die sowjetischen bemannten Raumstationen SALJUT 2, 3 und 5 waren Mitte der 1970er Jahre im Rahmen des militärischen ALMAS-Programms („Diamant") für die Aufklärung gestartet worden. Sie waren zum Selbstschutz mit einer rückstoßfreien Kanone bewaffnet. Parallel zu der US-amerikanischen Strategischen Verteidigungsinitiative (SDI) mit Plänen zu einer massenhaften Stationierung von Waffensystemen im Orbit entstanden sowjetische Pläne zu Kampfsatelliten, Kampf-Raumstationen und -Raumgleitern.

Die 1981 eingeführte US-amerikanische Raumfähre (SPACE SHUTTLE) hatte von Anfang an auch militärische Aufgaben. Ihre neue Fähigkeit, dank der verschließbaren Ladebucht und des Greifarms Satelliten einfangen und zur Erde zurückholen zu können, führte zu Befürchtungen in der Sowjetunion, sie sei eigens zum Einfangen sowjetischer Satelliten konstruiert worden. Es wurde auch eine Bewaffnung des SPACE SHUTTLE mit Laserwaffen oder Flugkörpern gegen Weltraumziele sowie mit Massenvernichtungswaffen gegen Bodenziele befürchtet, ferner eine zentrale Rolle beim Aufbau eines SDI-Raketenabwehrsystems. Die UdSSR reagierte mit der Entwicklung eines eigenen Raumgleiters (BURAN – „Schneesturm"), um (bei gleichzeitiger Ver-

## Sicherheitspolitische und strategische Aspekte

besserung der Raumtransportfähigkeit) die gleiche Fähigkeit entgegensetzen zu können, sowie eines kleineren Kampf-Raumgleiters (URAGAN – „Orkan"), der mit zwei Mann Besatzung und einer rückstoßfreien Kanone ausgestattet sein sollte. Beide Programme wurden dank der sicherheitspolitischen Entspannung zwischen den Supermächten und aus Kostengründen 1993 bzw. 1987 eingestellt.

Eine weltraumbasierte Aufklärungsfähigkeit hat sich als Grundvoraussetzung für strategisches Gleichgewicht sowie für Rüstungsbegrenzung, Abrüstung und Verifikation erwiesen. Mehrere Alarmsituationen während des kalten Krieges, wo ein Raketenangriff der anderen Seite angenommen wurde, konnten z.B. mittels Satellitendaten entschärft werden. In dieser Hinsicht hat die Militarisierung des Weltraums bis heute also durchaus eine stabilisierende Wirkung gezeigt. Die Fähigkeit Russlands zur globalen Detektion von Raketenstarts ist aus finanziellen Gründen derzeit jedoch eingeschränkt. Dem soll das gemeinsame Projekt RAMOS (Russian-American Observation Satellite) Rechnung getragen werden, das ein Paar von Satelliten (samt Bodeninfrastruktur) umfasst, die ab 2004/05 in „Dual-Use"-Funktion sowohl zur Erd- und Wetterbeobachtung als auch zur Detektion und Vermessung von Raketenstarts dienen sollen.

Für die USA hat der zweite Golfkrieg 1991 die zentrale Rolle militärischer Installationen im Weltraum klar bestätigt. In diesem Krieg war die Unterstützung durch weltraumbasierte Systeme zum ersten Mal eine unverzichtbare Komponente der Kriegführung. Auch im zivilen Bereich spielten in diesem Konflikt raumgestützte Systeme eine wichtige Rolle, da die Massenmedien durch die Nutzung von Satellitentelefonen unmittelbar und ohne Zeitverzögerung berichten konnten.

Für die von den USA angestrebte absolute Informationsdominanz („Information Superiority") in jeder militärischen Auseinandersetzung reichen die rein militärischen Weltraumsysteme jedoch nicht aus. Daher ziehen die USA kommerzielle Satellitenkapazitäten für militärische Aufgaben mit hinzu. Diese sind aber nicht gegen eine erhöhte Strahlung im LEO gehärtet, wie sie bei einer Kernwaffendetonation in großer Höhe vorkommt, und sind daher leichter verwundbar. Daher wird in den USA darüber nachgedacht, kommerzielle Firmen zu bewegen, ihre Satelliten stärker gegen Strahlung zu härten. Auch zivile Bodenstationen sind meist nicht im gleichen Maße z.B. gegen Sabotageakte geschützt, wie dies für militärische Anlagen gilt.

Die hohen Investitionen in Satelliten und die hohe Abhängigkeit von diesen bezüglich einer weltweiten militärischen Handlungsfähigkeit und der allgemeinen, auch zivilen, „Informationsarchitektur" erfordern aus Sicht der USA einen Schutz dieser Installationen vor möglichen Gegnern. Die genannten Abhängigkeiten machen es für Gegner, vor allem der USA, Russlands und der westlichen Industriestaaten, sehr attraktiv, durch Einwirken auf diese (noch recht wenig geschützten) Systeme empfindlichen Schaden anzurichten. US-Planspiele ergaben das globale Navigationssystem GPS als vorrangiges Ziel eines Gegners. Daher rechnen die USA mit einem möglichen Gefechtsfeld Weltraum, der entsprechend auch als „Area of Responsibility (AOR)" bezeichnet wird.

## Sicherheitspolitische und strategische Aspekte

Als militärische Operationsräume werden von den USA daher inzwischen die fünf Bereiche Land, See, Luft, Weltraum und Informationsraum angesehen. Um die militärische Dominanz in den beiden letztgenannten Operationsräumen unter Zusammenführung der Fähigkeiten der Teilstreitkräfte sicherzustellen, wurde 1985 das US Space Command (USSPACECOM) gegründet. Durch die Zusammenfassung der Operationsräume Luft und Weltraum zum so genannten „Aerospace" versucht die US-Luftwaffe, hier eine exklusive Zuständigkeit zu etablieren. Aufgabe der US-Weltraumstreitkräfte ist es, die Sicherstellung der Überlegenheit im gesamten Spektrum militärischer Auseinandersetzungen („Full Spectrum Dominance") zu erreichen durch

- die Herrschaft über den Weltraum („Control of Space"),
- die Fähigkeit zu weltweiter Waffenwirkung aus dem, durch den und in den Weltraum („Global Engagement"),
- die Integration aller Teilstreitkräfte („Full Force Integration"),
- sowie weltweite Partnerschaften („Global Partnerships").

„Herrschaft über den Weltraum" (inzwischen etwas abgemildert auch als „Überlegenheit im Weltraum – Space Superiority" bezeichnet) umfasst dabei

- Weltraumüberwachung,
- zuverlässige und schnelle Raumtransportfähigkeit,
- den Schutz der eigenen Systeme gegen Zerstörung, Übernahme oder Auswertung durch einen potenziellen Gegner
- und das Verhindern der Weltraumnutzung eines Gegners einschließlich eventueller Zerstörung seiner Systeme.

Eine Stationierung von Waffensystemen im Weltraum wird in der 2000 erschienenen „America's Air Force Vision 2020" der US-Luftwaffe jedoch nicht vor dem Jahr 2020 erwartet.

Die Informationskriegsführung über Computernetzwerke wird als so eng mit den weltraumgestützten Installationen verknüpft angesehen, dass auch sie zur Zuständigkeit des USSPACECOM zählt. Dabei wird sowohl die Rolle von Computernetzwerken für den Betrieb militärischer Satellitensysteme als auch die Bedeutung von Satellitenkommunikationsverbindungen für Funktion und Sicherheit von Computernetzen berücksichtigt.

In der Russischen Föderation wurden die Weltraumstreitkräfte (VKS = Wojenno Kosmitscheskije Sily) 1992 als Nachfolgeorganisation der Weltraumeinheiten des sowjetischen Verteidigungsministeriums (1981-1991) gegründet. 1997 wurden sie in die Strategischen Raketenstreitkräfte (RVSN = Raketnije Wojska Strategitscheskogo Nasnatschenija) eingegliedert, jedoch 2001 wieder ausgegliedert, nachdem die dringend notwendige Modernisierung der militärischen Weltraumsysteme von den RVSN zugunsten der wirtschaftlich profitableren Vermarktung von Startkapazität für kommerzielle Zwecke vernachlässigt worden war.

## Sicherheitspolitische und strategische Aspekte

In den Staaten mit verfügbarer Raketentechnologie, die noch nicht Weltraummächte sind, wie z.B. Indien, Pakistan und Israel, ist bei den Trägersystemen eine Doppelentwicklung zu beobachten, wie sie auch in der UdSSR und den USA stattgefunden hat. Ballistische Raketen werden gleichzeitig als Satellitentransportsysteme entwickelt und oft auch ausschließlich als solche deklariert. Da der Zugang zum Weltraum keiner Nation verwehrt werden kann (insbesondere auch nach Art. I des Weltraumvertrages), ergeben sich aus dieser Doppelrolle rüstungskontrollpolitische Komplikationen.

Nicht nur für die Trägersysteme, sondern auch für die meisten Satellitenfunktionen gilt eine ausgeprägte „Dual-Use"-Eigenschaft; sie können ebenso zu zivilen wie zu militärischen Zwecken genutzt werden. Insbesondere kommerziell betriebene Erderkundungs- und Kommunikationssysteme können für militärische Aufgaben herangezogen werden, auch von Staaten, die selbst keine eigenen Raumfahrtkapazitäten unterhalten. Dadurch können zivile Satellitensysteme, auch solche neutraler Staaten und multinationaler Firmen, zu möglichen Zielen einer Weltraumkriegführung werden. Bereits allein die wirtschaftliche Bedeutung der satellitengestützten Infrastrukturdienste für die hochentwickelten Industrienationen macht sie zu einem lohnenden Ziel eines militärischen Gegners.

Da Satelliten unbemannte, teure und wichtige Installationen sind, ergibt sich ein neues Problem für militärische Strategien. Beim Abschuss, dem Blenden bzw. Außer-Funktion-Setzen oder dem „Entführen" eines Satelliten entstehen keine menschlichen Verluste, jedoch große indirekte Auswirkungen auf die strategische Stabilität, auf die Fähigkeit zur Lagebeurteilung und die Fähigkeit zur Kriegführung. Es stellt sich die Frage, wie auf solche Attacken angemessen reagiert werden kann, zumal, wenn möglicherweise beide Seiten im Besitz von Massenvernichtungswaffen sind. Im Falle einer nuklearen Explosion in 120-250 km Höhe ist noch nicht einmal eindeutig feststellbar, wer durch den Angriff eigentlich geschädigt werden soll, denn es werden (binnen einiger Wochen) alle nicht besonders strahlungsgehärteten LEO-Satelliten ausgeschaltet. Dazu kommt noch die Schwierigkeit, dass eine Attacke auf einen Satelliten bisher kaum vom Ausfallen des Satelliten durch Umwelteinflüsse, Systemfehlfunktionen (auch der Bodeninfrastruktur) oder ungewollter (z.B. elektronischer) Einwirkung zu unterscheiden ist. Militärisch sensible Satelliten könnten mit speziellen Radar- und Laserwarnsensoren ausgestattet werden, um z.B. die Annäherung von ASAT-Systemen zu detektieren, was auch die Auslösung von Selbstverteidigungsmaßnahmen des Satelliten ermöglichen würde. Es sind allerdings vielfältige Mechanismen (auch nicht-offensichtliche) möglich, mit denen Satelliten geschädigt werden. Geschieht ein Angriff z.B. durch Informationsoperationen, also das Eindringen in die Computernetzwerke der Führungs- und Steuerungsstruktur, dann können Sensoren nicht helfen, den Angriff festzustellen.

Viele Satelliten gehören multinationalen Konsortien, daher ist es möglicherweise nicht opportun, sie zu beschädigen, da dadurch möglicherweise weitere Staaten in einen Konflikt hineingezogen würden. Um solche Satelliten außer Funktion zu setzen, bietet sich vorübergehendes Blenden oder Stören oder das Einfangen z.B. mit dem SPACE SHUTTLE mit späterer Rückgabe an den Eigentümer an.

## Sicherheitspolitische und strategische Aspekte

Durch die immer intensivere militärische Nutzung des erdnahen Weltraums wird die Asymmetrie der militärischen Möglichkeiten zwischen der Supermacht USA (sowie evtl. wenigen Weltraum-Großmächten) und den anderen Staaten verstärkt. Die Weltraummächte erhalten die Möglichkeit weltweiter Aufklärung, Kommunikation sowie in Zukunft auch Waffenwirkung, ohne über Basen in der jeweiligen Region verfügen zu müssen („Global Presence"). Das macht insbesondere die USA zunehmend militärisch unabhängig von Verbündeten. Eine Weltraummacht hat auch ein genaueres Bild der Randbedingungen militärischer Aktionen wie Wetter und Weltraumwetter, daher ist eine genauere/detailliertere Vorbereitung möglich (einschließlich Simulationen). Militärische Überraschungen können so weitgehend ausgeschlossen werden.

Eine weltweite Fähigkeit zur weltraumgestützten Abwehr ballistischer Raketen in der Antriebs- oder „Midcourse"-Phase, ohne räumliche Nähe eigener Basen, Schiffe oder Flugzeuge, könnte die USA in die Lage versetzen, Angriffe einer begrenzten Zahl von Interkontinentalraketen (ICBM) vollständig abzuwehren. Bei den beiden anderen strategischen Raketenmächte Russland und China besteht die Befürchtung, dass sie dadurch ihre Fähigkeit zu einem atomaren Vergeltungsschlag und damit die Fähigkeit zur atomaren Abschreckung insgesamt verlieren könnten. Im Falle Russlands sind zwar so große Stückzahlen strategischer Raketen vorhanden, dass diese kaum vollständig aus dem Weltraum abgewehrt werden könnten, wenn aber ein Erstschlag der USA mit (möglicherweise konventionell bewaffneten) Präzisionswaffen vorausginge, könnte die Zahl der noch startenden ICBMs überschaubar sein. Diese Befürchtungen bewogen Russland, lange Zeit auf einer unveränderten Einhaltung des ABM-Vertrages durch die USA zu bestehen, und China, 2001 ein generelles Verbot weltraumgestützter Waffensysteme (sowie bodengestützter ASAT-Systeme) vorzuschlagen. Außerdem will Russland seine Gegenschlagfähigkeit durch den Erhalt einer Flotte von mindestens zwölf mit strategischen Raketen ausgerüsteten U-Booten sicherstellen.

## 2.2 Unterstützungssysteme

### 2.2.1 Militärische Aspekte/Anforderungen

Wichtigste Aufgabe von raumbasierten militärischen Unterstützungssystemen ist die zeitgerechte Bereitstellung von Informationen über potenzielle Gegner und Konfliktgebiete und die rechtzeitige Vorwarnung vor von ihnen ausgehender Bedrohung. Zunehmend kommen dafür satellitengestützte Systeme zum Einsatz, da nur solche Systeme auch über größere Entfernungen und ohne in fremde Hoheitsgebiete einzudringen, diese Aufgabe erfüllen können. Besondere Bedeutung haben Satelliten als Frühwarnsysteme vor Raketenangriffen.

Ebenfalls zu diesen Unterstützungssystemen gehören alle Systeme zur Sicherstellung der Führbarkeit der eigenen Kräfte im Konfliktfall und deren optimaler Einsetzbarkeit. Insbesondere sind dies Mittel und Systeme zur Kommunikation und Navigation. Auch die Ermittlung der geografischen und meteorologischen Einsatzbedingungen gehört dazu. Damit wachsen militärische und zivile Satellitentechnik immer mehr zusammen. Unterstützungssysteme sind derzeit die einzigen operationellen militärischen Systeme im Weltraum.

Wichtige allgemeine Systemparameter für raumbasierte Unterstützungssysteme sind die nur durch Gravitation und Himmelsmechanik vorgegebenen Bahnparameter wie Höhe, Umlaufzeit, Bahnform und Inklination. Damit und durch die technische Ausrüstung der Satelliten sind die Eigenschaften militärischer Missionen bereits weitgehend festgelegt.

Eine herausragende Stellung zur Stationierung von Satelliten nehmen geostationäre Orbits (GEO) ein, da nur von diesen Positionen aus mit einer kleinen Zahl von Satelliten eine kontinuierliche Beobachtung fast des gesamten Erdballs oder eine Unterstützung bei der globalen Kommunikation möglich ist. Für eine mit Ausnahme der Polkappen globale Abdeckung benötigt man mindestens drei Satelliten. Nachteilig für die Erdbeobachtung ist die große Höhe von ca. 36.000 km, die eine relativ schlechte geometrische Auflösung im Kilometerbereich nach sich zieht. Es ist daher nur die Beobachtung und Überwachung großräumiger Phänomene wie Wolken- und Windfelder möglich. Für Wettersatelliten ist der GEO deshalb gut geeignet. Aber auch Raketenstarts mit ihren großen Abgassignaturen können entdeckt werden, so dass der GEO ebenfalls eine gute Position für strategische Frühwarnsatelliten ist.

Weitere ausgezeichnete Orbits sind die sonnensynchronen Orbits, die polnah (Inklination ca. 98°) in ca. 600 bis 1000 km Höhe verlaufen. Die Umlaufzeiten liegen in der Größenordnung von 100 Minuten. Diese spezielle Bahngeometrie bietet den besonderen Vorteil, dass alle Punkte auf der Erde bei gleichem Winkel zur Sonne und damit gleichen tageszeitbedingten Beleuchtungsverhältnissen überflogen werden können. Daher sind sie besonders für optische Aufklärungs- und Erderkundungssatelliten geeignet, da dann Bilder von verschiedenen Überflügen sehr gut verglichen werden können, um irgendwelche Veränderungen zu detektieren. Die Wiederholzeit für feste Punkte unter der Bahn hängt von den genauen Bahnparametern ab und reicht von Stunden, Tagen bis zu Wochen. Die aus dieser Bahnhöhe erreichbaren geometrischen Auflösungen liegen bereits im Dezimeterbereich. Damit sind außer militärischer Aufklärung vor allem auch kartografische oder geologische Erkundungen möglich.

Noch höhere Auflösungen im Submeterbereich zur Detailaufklärung besonders interessierender Gebiete und Objekte sind aus noch niedrigeren Orbits (niedriger LEO: 100 bis 500 km Höhe) erzielbar. Auch die Funkaufklärung profitiert hier von den erheblich günstigeren Empfangsverhältnissen für terrestrischen Funkverkehr. Nachteilig ist jedoch die stärker spürbare Restatmosphäre, die eine Abbremsung der Satelliten verursacht und daher deren Lebensdauer begrenzt oder einen höheren Treibstoffbedarf nach sich zieht. Trotzdem wird dieser Orbit, wie Tab. 2-1 zeigt, von vielen Systemen genutzt.

Für Spezialaufgaben kommen auch noch andere Orbits zum Einsatz wie der MEO für die Navigationssatelliten auf 12-Stunden-Bahnen. Völlig andere Bahntypen sind spezielle hochelliptische Bahnen (so genannte MOLNIJA-Bahnen im HEO), die so eingerichtet werden können, dass sie auch polnahe Gebiete, die schlecht oder gar nicht von geostationären Positionen aus beobachtet werden können, längere Zeit im Gesichtsfeld haben.

Die mit der Bedeutung raumbasierter Unterstützungssysteme wachsende Abhängigkeit von der Verfügbarkeit dieser Systeme zieht als generellen Nachteil eine neue Art von Verwundbarkeit nach sich, der Rechnung zu tragen ist. Dies kann einmal rein passiv durch eine geeignete Härtung der Satelliten insbesondere der Sensoren und Elektronik gegen Hochfrequenzstrahlung, erhöhte ionisierende Strahlung und Laserblendung erfolgen oder durch redundante Mehrfachstrukturen bis hin zur Erhöhung der Satellitenzahl im Orbit. Zur Aufwandsbegrenzung könnten darunter auch preiswertere Scheinsysteme sein, die in den relevanten Signaturen für den Angreifer ununterscheidbar von den echten Zielen sein müssten. Auch die Positionierung von Stand-by-Satelliten in einem Parkorbit oder eine möglichst schnelle Startmöglichkeit (Launch on Demand) für am Boden bereit gehaltene Ersatzsatelliten sind denkbare Optionen. Als aktive Maßnahmen kommen dagegen auch das Fliegen von Ausweichmanövern und Veränderungen der Umlaufbahn in Frage. Dies setzt allerdings die rechtzeitige Detektion eines bevorstehenden Angriffs voraus.

Ein für raumgestützte Systeme typisches und bisher noch nicht zufriedenstellend gelöstes Problem ist die Feststellung der genauen Schadens- bzw. Ausfallursache. Ohne diese Kenntnis ist es schwierig, zwischen einem natürlichen Unfall, wie etwa der Kollision mit Kleinstmeteoroiden oder Weltraumschrott, oder einem gezielten Angriff zu unterscheiden. Dafür müssen zusätzliche Radar-Detektoren und Wärmesensoren zum Feststellen eines Angriffes auf dem Satelliten installiert werden, die auch zur Auslösung von aktiven Gegenmaßnahmen dienen können. Auch bei Ausfall der Elektronik oder anderer Bordsysteme müsste zwischen natürlichen Ursachen wie z.B. besonders intensivem Sonnenwind und künstlicher Bestrahlung unterschieden werden, etwa durch Ermittlung der Richtung, aus der die Strahlung kommt. Diese Aufgaben könnten alle auch von getrennten Systemen wie spezialisierten Verteidigungssatelliten (DSAT) wahrgenommen werden, die in einem Verbund mit den Anwendungssatelliten operieren.

Die Gesamtzahl der seit 1957 erfolgreich gestarteten Satelliten ist größer als 5000. Für eine Abschätzung, wie viele davon noch operationell sind, müssen neben den gut bekannten Startdaten der Satelliten auch ihre weniger gut bekannten Lebensdauern berücksichtigt werden. Eine Analyse vom Oktober 2001 (Aviation Now) berücksichtigt alle Starts seit 1980 und kommt zu dem Ergebnis, dass ca. 600 bis 610 Satelliten aller Art noch operationell sind. Davon sind nach der folgenden vierteiligen Liste (Tab. 2-1) mit ca. 100 nur ein relativ kleiner Teil für rein militärische Aufgaben vorgesehen. Die Liste enthält nach Betreiber sortiert neben Angaben zum Verwendungszweck der Satelliten auch Informationen über charakteristische Eigenschaften, den Orbit sowie die geplante Lebensdauer. Nicht enthalten in der Liste sind militärische Forschungssatelliten und zivile Kommunikations- und Fernerkundungssatelliten, die militärisch mitbenutzt werden. Ebenfalls nicht mitgezählt sind dabei die in der Liste als militärisch eingestuften Navigationssatelliten (NAVSTAR GPS/USA und GLONASS/Russland), da diese zunehmend zivil genutzt werden und nicht mehr rein militärisch sind.

Die Zahl 100 ist nur als ungefähre Größenordnung zu bewerten, da einerseits ältere Satelliten, deren geplante Lebensdauer bereits überschritten ist (z.B. FLEETSATCOM FSC 4/USA) als auch sehr kurzlebige Satelliten (z.B. Generation 3 SENIT RESURS-F/Russland), die periodisch je nach Bedarf gestartet werden, in der Liste mit aufgeführt werden. Sie ist eher eine Maßzahl für verfügbare und nicht für im Orbit stationierte Systeme. Mehr als die Hälfte dieser Satelliten (55) sind im GEO stationiert, was die hohe Bedeutung dieser Orbits auch für Militärsatelliten ausweist. Die weitaus meisten militärischen Satelliten werden von den USA und Russland mit je ca. 40 Systemen betrieben. Neben der multinationalen NATO mit drei Kommunikationssatelliten sind noch Großbritannien (UK) mit drei, Frankreich und China mit je zwei und Israel mit einem System aufgelistet (s. Tab. 2-1).

Neuere bzw. noch geplante europäische militärische Satellitensysteme, die z.T. mehrere Einzelsatelliten umfassen, zeigt Tab. 2-2. Es sind zwei optische Aufklärungssysteme, ein Radarsatellitensystem im LEO und vier Kommunikationssysteme im GEO. Neben Frankreich als alleinigem Betreiber oder gemeinsam mit Italien oder Spanien sowie Großbritannien (UK) sind noch Italien und Deutschland aufgeführt. Die verstärkten Bemühungen der europäischen Staaten, auch bei militärischen Satelliten stärker in Erscheinung zu treten, sind eine Reaktion auf die restriktive Handhabung von Aufklärungsergebnissen der USA während des Balkankonfliktes. So haben die USA keine Originalbilder oder -informationen weitergegeben, sondern nur bereits bearbeitete Bilder und Ergebnisse abgeschlossener Ermittlungen. Die Europäer streben eine größere Unabhängigkeit in diesem Bereich an, um auf Basis eigener Erkenntnisse Entscheidungen treffen zu können.

Die Weiterentwicklung bei den militärischen Satelliten seit 1998 zeigt Tab. 2-3, in der mit Stand Januar 2002 alle militärischen Satelliten nach Aufgabengebiet sortiert dargestellt

Unterstützungssysteme

| | Designation/Name Launch Date | Purpose/ Operator | Capabilities | Orbit/ Lifetime | Remarks |
|---|---|---|---|---|---|
| United States | *Leasat 5* Jan 1990 | Comms Navy | UHF band 240–400 MHz; SHF band 7,250–7,500 MHz and 7,975–8,025 MHz | GEO 7 years | Last satellite in *Leasat* series, also known as *Syncom IV*; to replace and supplement *Fleetsatcom* |
| | *Fleetsatcom (FSC) 4* Oct 1980 | Comms Navy | 23 channels in UHF band 244–263 MHz: 10 Navy, 12 Air Force, 1 US National Command | | Likely to provide command and control of Navy nuclear forces into late 1990s; to be replaced by UFO system (see below) |
| | *Fleetsatcom 7* Dec 1986 *Fleetsatcom 8* Sep 1989 | Air Force | FSC 7 and 8 carry additional EHF equipment | GEO 10 years | |
| | Ultra-high Frequency Follow-On (UFO) Communications Satellite UFO 2 Sep 1993 | | 39 channels: 21 narrow band, 17 relay, 1 fleet broadcast | | To replace US Navy's Fleet Satellite Communications System (FLTSAT) |
| | UFO 3 Jun 1994 UFO 4 Jan 1995 UFO 5 May 1995 UFO 6 Oct 1995 UFO 7 Jul 1996 | Comms Navy | Enhanced anti-jamming and hardening against electromagnetic pulse UHF uplink and downlink, SHF anti-jamming command link, and S-band | GEO 14 years | Full system to consist of nine satellites; UFO 8, 9 and 10 scheduled for launch to 1999 |
| | Defense Space Communications Satellite System (DSCS) II-16 Sep 1989 | Comms Army Navy Air Force | Some tactical voice and data communications 7/8 GHz X-band, up/down; 1,300 duplex voice channels or 100Mbit/s of data | GEO 7.5 years | DCSC II-16 is probably the only remaining operational DSCS II, but will be replaced by DSCSIII |
| | DSCS III-2 Oct 1985 DSCS III-3 Oct 1985 DSCS III-4 Sep 1989 DSCS III-5 Feb 1982 DSCS III-6 Jul 1992 DSCS III-7 Jul 1993 DSCS III-8 Nov 1993 | | 1,300 duplex voice channels, hardening against EMPs, X-rays, and gamma rays; can detect jamming attempts and determine location of jammer; six SHF up/down channels | GEO 10 years | DSCS III constellation will eventually consist of 14 satellites |

(Quelle: IISS, 1997)

Tab. 2-1:    **Militärische Satelliten**, Stand Mai 1997

## Unterstützungssysteme

| Designation/Name Launch Date | Purpose/ Operator | Capabilities | Orbit/ Lifetime | Remarks |
|---|---|---|---|---|
| **United States continued** | | | | |
| DSCS III-9 Jul 1995 | | | | Launch of DSCS-III 10 expected late 1997 or 1998 |
| NAVSTAR (Block 2) GPS 13, 14, 15, 16, 17, 18, 19, 20, 21 Feb 1989–Oct 1990 | Nav Air Force | System can fix military users to 16m, but is downgraded for civil users | MEO 7.5 years | The more advanced Block 2R system with an accuracy of 1m will replace expired satellites; they will have improved stability and survivability, and 180 days' service without ground control; will also have improved atomic clocks. First Block 2R launched Jul 1997 |
| NAVSTAR (Block 2A) GPS 22, 23, 24, 25, 26, 27, 28, 29, 31, 33, 34, 35, 36, 37, 38, 39, 40 Nov 1990–Sep 1996 | Nav | | | Sensors to detect and evaluate nuclear detonations deployed in NAVSTAR system |
| Defense Support Program (DSP) I DSP-F14 (DSP 3-2) Jun 1989 DSP-F15 (DSP 3-3) Nov 1990 DSP-F16 (DSP 3-4) Nov 1991 DSP-F17 (DSP 3-5) Dec 1994 DSP-F18 (DSP 3-6) Feb 1997 | EW/Intel Air Force | Wide-field IR sensor senses at two wavelengths; detects missile launches, nuclear detonations, aircraft in afterburner, spacecraft and terrestrial infra-red events | GEO 5–9 years | Ten DSP-1 satellites planned; 4 more to be launched before programme termination. To be succeeded by Space-Based Infra-red System in GEOSY, highly elliptical and low-earth orbits |
| Orion (formerly *Magnum*) Nov 1989 | SIGINT NRO, CIA | Intercepts and relays communications and missile telemetric signals | GEOSY 7–9 years | Programmes at or near end of life; only 2 built, first launched 1985 |
| Name unknown Aug 1994, May 1995 Apr 1996 | SIGINT NRO, NSA, CIA | Intercepts and relays communications and missile telemetric signals | GEOSY | Indicates that the three launches correspond to 2 GEOSY programmes |
| *Jumpseat* May 1994, Jul 1995, Apr 1996 | SIGINT NSA | Capabilities not known | | |
| Trumpet May 1994, July 1995 | SIGINT NSA | Intercepts coomunications and perhaps electronic signals | Highly elliptical (*Molniya*) orbit | Successor to *Jumpseat*. Programme reportedly terminated after initial order of 3; third launch due in 1997 |
| Defense Meteorological Satellite Program (DMSP) DMSP B5D2 7 (S11) Nov 1991 DMSP B5D2 8 (S12) Apr 1995 DMSP B5D2 9 (S13) Mar 1995 | Met | Operational Linescan Imaging System, Microwave Imager, Microwave temperature sounder, IR temperature/ moisture sounder; 0.5km resolution, 2,960km scan width | LEO, Sun-Synch 4–5 years | Next generation, DMSP 5D3, planned to launch summer 1997 To be followed by DMSP 6 in 2004–5 |

Tab. 2-1: **Militärische Satelliten**, Stand Mai 1997, (Fortsetzung), EW = Early Warning

(Quelle: IISS, 1997)

## Unterstützungssysteme

(Quelle: IISS, 1997)

| | Designation/Name Launch Date | Purpose/ Operator | Capabilities | Orbit/ Lifetime | Remarks |
|---|---|---|---|---|---|
| **US continued** | *Lacrosse* (formerly *Indigo*) Dec 1988, Nov 1991 | Radar Imaging NRO | All-weather, 24-hour imaging capability; resolution 1–2m | LEO | Originally developed to give US capability to monitor events in cloud-covered eastern Europe and Soviet Union; most recent codename may be *Vega* |
| | *Improved Crystal* advanced KH-11 Nov 1992, Dec 1995 Dec 1996 | Photo Recce NRO, CIA | Visible light and infra-red imagery | LEO 8 years | Real-time return; 6-inch resolution; replaced KH-11 |
| **NATO** | **NATO 3D** Nov 1984 | Comms | Secure communications within Europe and US; three X-band channels | GEO 7 years | NATO 3D remains as back-up system |
| | **NATO 4A** Jan 1991 | | Four channels of 60–135 MHz two UHF transponders with 25 KHz channel | GEO 7 years | NATO 4A and B are almost identical to UK's *Skynet* 4 |
| | **NATO 4B** Dec 1993 | | Anti-jamming features | | |
| **CIS/Russia** | *Molniya*-I periodic (2–4 annually) | Comms | X-band transponder at 1.0/0.8 GHz up/down | GEO 2 years | Eight-satellite constellation for secure government/military communications |
| | *Strela-2* Dec 1994 | | | LEO 1.5 years | For long-range military communications using small, low-power, perhaps clandestine transmitters; stores data and sends to CIS receiving station during pass |
| | *Strela-3* Feb 1996, Feb 1997 | | | LEO 2 years | Tactical communications, six-satellite constellation also known as *Locsyst*; provides communication between military units, ships, bases, etc. |
| | *Glonass* 41, 46, 47, 48, 49, 52, 53, 54, 55, 56, 57, 58, 59, 60, 61, 62, 63, 64, 65, 66, 67, 68, 69, 70, 71 Dec 1990–Dec 1995 | Nav | Horizontal position accuracy of 60m, vertical position accuracy of 75m for civil users; transmits spread spectrum signals at 1.2 and 1.6 GHz; Channel High Accuracy (CHA) available to authorised users | MEO 3 years | Full constellation consists of 24 satellites in three orbital planes; full complement of satellites began operation in January 1996; similar to US GPS NAVSTAR system |
| | *Parus* Feb 1993, Apr 1993, Mar 1995, Jan 1996, Apr 1997 | Nav | 80–100m positioning for naval vessels; VHF and UHF broadcast at approximately 150 and 400 MHz | LEO 2 years | Six-satellite constellation on planes spaced by 30 degrees; *Tsikada/Nadezhda* is civilian counterpart |
| | *Prognoz* Dec 1992 | EW | S-band capacity | GEO | |
| | *Oko* Oct 1992–May 1997 | EW | | GEO/Ellip | Nine-satellite missile and nuclear-test monitoring Early Warning constellation |
| | Electronic Ocean Reconnaissance Satellite Surveillance (EORSAT) Jun 1995, Dec 1995, Dec 1996 | Ocean | | LEO 1.5 years | Passive electronic detection of radio/radar transmission frequencies from foreign ships |

Tab. 2-1: **Militärische Satelliten**, Stand Mai 1997, (Fortsetzung), EW = Early Warning, Recce = Reconnaissance

## Unterstützungssysteme

| | Designation/Name Launch Date | Purpose/ Operator | Capabilities | Orbit/ Lifetime | Remarks |
|---|---|---|---|---|---|
| CIS/Russia continued | Generation 3 Zenit Resurs-F Periodic | | Remote Sensing | LEO ± 30 days | |
| | Generation 4 Yantar Kometa Periodic | EW/Recce Photo Recce | Cameras, film-return capsule; topographic capability with 10m resolution | LEO 44 days 2 months | |
| | Generation 5 Periodic | Remote Sensing | Panchromatic, 3m resolution | LEO ± 300 days | |
| | Generation 6/7 Periodic | Remote Sensing | | LEO 6–8 weeks | |
| | Tselina-2 Mar 1993–May 1997 | Elint/ Sigint | | LEO 3 years | |
| | Tselina-D Nov–Dec 1992 | Elint/ Sigint | | LEO | |
| France | Hélios I Jul 1995 | Remote Sensing | 1m multispectral resolution; revisit time 48hrs for 1 sat | LEO 5 years | With Ge, It and Sp |
| | Cerise Jul 1995 | EW/ Recce | | LEO 2.5 years | Military research satellite |
| China | Fanhui Shi Weixing (FSW) 1, 2 Periodic: short mission durations | Remote Sensing | | LEO FSW 1: 7–10 days FSW 2: 15–18 days | — |
| UK | Skynet 4A Jan 1990 | Comms | As Skynet 4B | GEO 7 years | |
| | Skynet 4B Dec 1988 | | 3 X-band 7.25–8.40 GHz; 4 SHF channels; 2 UHF 305–315/250–260 MHz up/down transponders; hardened against EMP; has anti-jamming devices | | |
| | Skynet 4C Aug 1990 | | As Skynet 4B | | |
| Israel | Offeq 3 Apr 1995 | EW/Recce | Resolution 2m | LEO 2 years | |

(Quelle: IISS, 1997)

Tab. 2-1   **Militärische Satelliten**, Stand Mai 1997, (Fortsetzung):
EW = Early Warning, Recce = Reconnaissance

sind. Neben den Systemnamen und Betreiberorganisationen enthält die Liste noch zusätzliche Angaben zu den Satelliten wie Startgewichte, -raketen und -daten sowie Stationierungsorbits. Es sind hier nur solche Satelliten erfasst worden, die noch nicht in obigen Listen (Tab. 2-1 und Tab. 2-2) enthalten sind. Von den aufgeführten 37 Satelliten entfallen 22 auf die USA, 13 auf Russland sowie zwei auf Großbritannien. Es zeigt sich, dass der Wettlauf der Weltraumgroßmächte fast unvermindert weiter geht. Nahezu die Hälfte der Systeme sind Kommunikationssatelliten im GEO, der Rest überwiegend Aufklärungs- bzw. Frühwarnsatelliten.

(Quelle: IISS, 2000)

# European satellites

| System | Country | Type |
|---|---|---|

**Helios 1**     France with Italy and Spain     **Optical reconnaissance**
*operational since 1995, constellation of 2 satellites in polar low earth orbit, mass 2.5 t, visible-spectrum imager with panchromatic (1.5 m resolution) and multispectral modes, daily revisit rate*

**Helios 2**     France with Spain     **Optical reconnaissance**
*in production for launch in 2002, constellation of 2 satellites in polar low earth orbit, dual visible-spectrum and infrared imagers (0.8 m maximum resolution), improved revisit rate*

**SARLupe**     Germany     **Radar reconnaissance**
*in development for launch in 2004, constellation of 4 – 6 satellites in high-inclination low earth orbit in two spheres at 90 degrees angle, mass 600 kg, X-band synthetic apertur radar with passive parabolic antenna, 0.5 m maximum resolution, 12 h revisit rate*

**Skynet 4**     UK     **Communications**
*operational since 1989, constellation of 3 satellites in geostationary orbit, launch mass: 1.5 t, UHF and X-band/SHF transponders*

**Skynet 5**     UK (private)     **Communications**
*planned for 2005, provision of transponders in geostationary orbit*

**Syracuse 3**     France     **Communications**
*in design for launch in 2003, constellation of 3 satellites in geostationary orbit, X-Band/SHF and EHF transponders*

**Sicral**     Italy     **Communications**
*in production for launch in 2001 in geostationary orbit, launch mass 2.5 t, UHF, X-band/SHF and EHF transponder*

Tab. 2-2:     **Europäische militärische Satelliten**

# Unterstützungssysteme

| SPACECRAFT NAME | CONTRACTOR/ USER | LAUNCH WEIGHT (LB.) | LAUNCH VEHICLE | ORBIT | REMARKS |
|---|---|---|---|---|---|
| **Communications** | | | | | |
| DSCS 3 -F10, -F11, -F12 | Lockheed Martin Missiles & Space/ US Air Force (USA) | 2,574 (-F10,-F11)/ 2,710 (-F12) | Atlas 2A (all) | GEO | Launched 10/25/97,1/21/00,10/20/00; design lifetime, 10 yrs. |
| Geyser | Applied Mechanics/ Russian Ministry of Defense (Russia) | 5,280 | Proton K | GEO | Launched 7/5/00; design lifetime, unknown. |
| Globus 1 | Applied Mechanics/ Russian Ministry of Defense (Russia) | — | Proton K | GEO | Launched 8/27/00; design lifetime, 5 yrs. |
| MILSTAR 1-F1, -F2 | Lockheed Martin Missiles & Space/ US Air Force (USA) | 10,300 (each) | Titan 4A (both) | GEO | Launched 2/7/94; 11/6/95; design lifetime, 10 yrs. |
| MILSTAR 2-F2 | Lockheed Martin Missiles & Space/ US Air Force (USA) | 10,300 | Titan 4B | GEO | Launched 2/27/01; design lifetime, 12 yrs. |
| Raduga 37 | Applied Mechanics/ Russian Ministry of Defense (Russia) | 4,323 | Proton K | GEO | Launched 2/28/99; design lifetime, 3–5 yrs. |
| SDS 8 | Boeing Satellite Systems/ US Air Force (USA) | 1,555 | Titan 4A | GEO | Launched 7/2/96; design lifetime, 7–10 yrs. |
| Skynet 4E, 4F | Astrium/ British Ministry of Defense (UK) | 3,267 (4E, 4F) | Ariane 44L (4E, 4F) | GEO | Launched 2/26/99, 2/7/01; design lifetime,10 yrs. (4E, 4F). |
| Strela 3 series (6) | Polyot/ Russian Ministry of Defense (Russia) | 500 (each) | Tsyklon 3 (all) | LEO, Sun-sync | Launched 12/28/00; design lifetime, 3 yrs. |
| UFO 8, 9, 10 | Boeing Satellite Systems/ US Air Force (USA) | 6,345 (8, 9)/ 6,644 (10) | Atlas 2A (8, 9, 10) | GEO | Launched 3/16/98, 10/19/98, 11/22/99; design lifetime, 4 yrs. |
| **Early Warning** | | | | | |
| Cosmos 2361 | Lavochkin / Russian Ministry of Defense (Russia) | — | Molniya M | Elliptical | Launched 9/30/98. |
| DSP –20, -21 | TRW Space & Electronics/ US Air Force (USA) | 5,200 (each) | Titan 4B (all) | GEO | Launched 5/8/00, 8/6/01; design lifetime, 7–9 yrs. |
| Oko 37, 38 | Lavochkin/ Russian Ministry of Defense (Russia) | 4,222 (37)/ 4,180 (38) | Molniya M (all) | Elliptical | Launched 5/7/98, 12/27/99; design lifetime, 3–5 yrs. |

Tab. 2-3: **Zwischen Mai 1997 und Januar 2002 gestartete militärische Satelliten** (basierend auf: Aerospace Source Book)

Unterstützungssysteme

| SPACECRAFT NAME | CONTRACTOR/ USER | LAUNCH WEIGHT (LB.) | LAUNCH VEHICLE | ORBIT | REMARKS |
|---|---|---|---|---|---|
| **Reconnaissance** | | | | | |
| — | Lockheed Martin Astronautics/ National Reconnaissance Office (USA) | — | Atlas 2AS (both) | LEO, Sun-sync | Launched 12/5/00, 9/8/01; design lifetime, 2–3 yrs. |
| Cosmos 2366 | Photon/ Russian Ministry of Defense (Russia) | — | Soyuz U | LEO, Sun-sync | Launched 8/18/99; design lifetime, unknown. |
| Cosmos 2367 | Arsenal Design Bureau/ Russian Ministry of Defense (Russia) | 6,930 | Tsyklon 2 | LEO, Sun-sync | Launched 12/24/99; design lifetime, 5 yrs. |
| Cosmos 2369 (Tselina-2) | Yuzhnoye/ Russian Ministry of Defense (Russia) | 7,150 | Zenit 2 | LEO, Sun-sync | Launched 2/3/00; design lifetime, 3 yrs. |
| Cosmos 2370, 2383 | Photon/ Russian Ministry of Defense (Russia) | 14,740 (both) | Soyuz U (both) | LEO, Sun-sync | Launched 5/3/00, 5/29/01; design lifetime, 3–5 yrs. |
| E-300-F2 (EIS) | Lockheed Martin Astronautics/ National Reconnaissance Office (USA) | 31,900 | Titan 4B | LEO, Sun-sync | Launched 7/31/00, design lifetime, 2–3 yrs. |
| Lacrosse 4 | Lockheed Martin Astronautics/ National Reconnaissance Office (USA) | 31,900 | Titan 4B | LEO, Sun-sync | Launched 5/22/99; design lifetime, unknown. |
| Lacrosse Onyx | Lockheed Martin Astronautics/ National Reconnaissance Office (USA) | 31,933 | Titan 4B | LEO, Sun-sync | Launched 8/17/00, design lifetime, 2–3 yrs. |
| Orion (Magnum) | TRW Space & Electronics/ National Reconnaissance Office (USA) | 13,200 | Titan 4B | GEO | Launched 5/8/98; design lifetime, unknown. |
| **Weather** | | | | | |
| DMSP 38, 39, 40 | Lockheed Martin Missiles & Space/ US Air Force (USA) | 2,500 (38)/ 2,539 (39, 40) | Titan 23G (38, 39) Titan 2 (40) | LEO, Sun-sync | Launched 4/4/97; 12/12/99, late 2001; design lifetime, 5 yrs. |
| **Earth Observation** | | | | | |
| GFO 1 | Ball Aerospace/ US Navy (USA) | 770 | Taurus | LEO, Sun-sync | Launched 2/10/98; design lifetime, 8 yrs. |
| Okean-O 1 | Yuzhnoye/ Russian Ministry of Defense (Russia) | 14,000 | Zenit 2 | LEO, Sun-sync | Launched 7/17/99; design lifetime, 3 yrs. |

Tab. 2-3    (Fortsetzung): **Zwischen Mai 1997 und Januar 2002 gestartete militärische Satelliten** (basierend auf: Aerospace Source Book)

Unterstützungssysteme

## 2.2.2 Aufklärung/Überwachung

Die strategische Aufklärung und Überwachung mit raumgestützten Systemen ist bereits seit langem etabliert und eine wichtige Komponente strategischer Verteidigungskonzepte. Sie liefert langfristig Wissen über das Können und die Absichten des Gegners. In der interkontinentalen Ost-West-Konfrontation stellten Frühwarnsatelliten ein wichtiges Stabilisierungselement dar, da sie die Warnung vor einem nuklearen Überraschungsangriff mit Interkontinentalraketen verbesserten. Sie können aus großer Höhe mit Hilfe von IR-Sensoren die heißen Abgase startender Interkontinentalraketen erfassen. Dadurch wird eine Verlängerung der Vorwarnzeit von 15 auf 30 Minuten erreicht. Mit speziellen Ozeanüberwachungssatelliten kann durch Radargeräte eine kontinuierliche weltweite Kontrolle aller Schiffsbewegungen geleistet werden und auch dadurch, insbesondere aus Sicht der USA, das Überraschungsmoment eines Angriffes gemindert werden.

Der Einsatz raumgestützter Systeme bei der operativ-taktischen Aufklärung ist dagegen noch nicht so weit verbreitet. Bereits zu Beginn krisenhafter Entwicklungen, in unmittelbaren Krisensituationen und im Krieg sind politische Entscheidungen, Vorbereitungen von Einsatzoptionen sowie teilstreitkraftgemeinsame Operationen durch ein möglichst umfassendes, aktuelles Bild der Lage zu unterstützen. Dies setzt eine wirksame, das voraussichtliche Operationsgebiet aller Teilstreitkräfte möglichst vollständig abdeckende Boden-, Luft- und Seeüberwachung voraus, was durch raumgestützte Aufklärungssysteme geleistet werden kann.

Die neue weltpolitische Lage hat auf die Satellitenaufklärung unmittelbare Auswirkungen. Während in der früheren eher statischen Gegenüberstellung der möglichen Gegner zwei bis drei Bilder pro Tag vom gegnerischen Territorium ausreichend waren, um größere Truppenbewegungen oder andere Veränderungen aufzuklären, erfordert die neue Situation die Fähigkeit zu dynamischeren Reaktionen. Der zukünftige Schwerpunkt für neue Aufklärungssatelliten wird daher bei der kontinuierlichen Überwachung gesehen. Dies hat vor allem Einfluss auf ihre Anzahl und ihre Bahnen.

In der Vergangenheit wurde eine kleine Zahl von Aufklärungssatelliten im LEO im Wesentlichen zur Beobachtung der gegnerischen Streitkräfte genutzt und als ausreichend erachtet. Heute wird eine umfassende, kontinuierliche, wetterunabhängige Beobachtung und Information in Echtzeit verlangt. Dies soll künftig z.B. durch den Einsatz einer größeren Zahl kleinerer Satelliten erreicht werden, wobei stets mindestens ein Satellit das aktuelle Krisen- oder Kriegsgebiet erfasst. Damit wird die praktisch lückenlose Verfolgung von Truppenbewegungen möglich.

Eine größere Zahl von Satelliten verringert außerdem die Verwundbarkeit eines Überwachungssystems durch Ausfälle einzelner Satelliten, mit denen man besonders beim Einsatz von Antisatellitenwaffen zu rechnen hat. Solche Kleinsatelliten haben jedoch wegen ihres eingeschränkten Bodenauflösungsvermögens nicht die hohe Klassifikationsfähigkeit großer Satelliten. Dadurch wird insbesondere die Identifikation kleinerer hochmobiler Ziele wie z.B. Kampfpanzer schwierig.

Nachteilig für die taktische Lageaufklärung ist, dass Satelliten die Aufklärungsergebnisse eines bestimmten Erdpunktes nicht beliebig oft am Tag und nur in einem festen Zeitraster gewinnen können. Das Beobachtungsraster kann nach dem Start nicht mehr wesentlich verändert werden. Die Ergebnisübertragung erfolgt in der Regel zeitversetzt, wenn der Satellit wieder im Kontakt zu seiner Bodenstation steht. Damit ist es schwierig, den Bedarf an signalerfassender Aufklärung oder an ausreichender abbildender Aufklärung zu decken. Insbesondere in Szenarien, in denen sich schnelle und viele Änderungen ergeben oder in denen kurzfristig aktuelle Lageinformationen benötigt werden, sind einzelne Satelliten nicht geeignet. Sinnvoll sind dagegen Kombinationen von Satelliten zur schnellen echtzeitnahen Großraumüberwachung mit weiteren Systemen zur detaillierteren Aufklärung von besonders interessierenden Gebieten. Hinsichtlich flexibler Einsatzformen sind im rein taktisch-operativen Einsatz jedoch andere Sensorträgersysteme wie z.B. unbemannte Luftfahrzeuge (UAVs) den raumgestützten Systemen überlegen.

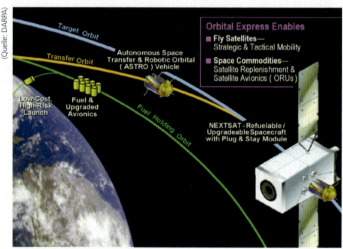

Abb. 2-1: **DARPA-Projekt für ein autonomes Tank- und Service-Raumfahrzeug (ASTRO = Autonomous Space Transporter and Robotic Orbiter)**

Eine längere Nutzungsdauer, die nicht durch den verfügbaren Treibstoff sondern ausschließlich durch die zu erfüllende Mission bestimmt wird, ist insbesondere für Aufklärungssatelliten, die entweder kontinuierliche Überwachungsaufgaben haben oder situationsbezogen eingesetzt werden, von hoher Bedeutung. Dazu können alle Aufklärungssatellitentypen grundsätzlich mit einem zusätzlichen Treibstoffvorrat ausgestattet oder eventuell sogar wiederbetankt werden. Sie wären dann auch in der Lage, häufiger die Umlaufbahn zu wechseln, um in eine für die Beobachtung eines bestimmten Objektes günstigere Position zu gelangen oder das Beobachtungsraster öfter zu wechseln. In dem US-amerikanischen DARPA-Projekt ORBITAL EXPRESS wird ein autonomes Tank- und Serviceraumfahrzeug (ASTRO = Autonomous Space Transporter and Robotic Orbiter, s. Abb. 2-1) entwickelt, das zwischen den Anwendungssatelliten im Zielorbit und einem Treibstoff- und Ersatzteillager in einem Parkorbit (Fuel Holding Orbit), das mit möglichst preiswerten Missionen (Low-Cost High-Risk Launch) gefüllt wird, pendeln kann. Ziel ist ein Fahrzeug, das permanent im Orbit stationiert bleibt. Die kontinuierliche Treibstoffversorgung macht die Satelliten nicht nur manövrierfähiger, sondern verlängert auch die Lebensdauer beträchtlich. Dies gilt um so mehr, wenn die Elektronik und andere ausfallgefährdete Komponenten des Satelliten so modular aufgebaut sind, dass fehlerhafte oder veraltete Teile bei den Tankmanövern ausgetauscht werden können. Nach derzeitiger Planung soll 2005/2006 ein Demonstrator gestartet werden. Grundsätzlich sollen alle interessierenden Orbits (LEO, MEO, GEO, Lagrange-Punkte) versorgt werden können.

Für eine schnelle Übertragung der Daten vom Aufklärungssatelliten zur Bodenstation für eine möglichst echtzeitnahe Auswertung, welche sowohl im Bereich abbildender wie auch signalerfassender Aufklärung hohe Kapazitätsanforderungen stellt, sind in der Regel im GEO zu stationierende Relaissatelliten erforderlich. Wegen deren begrenzter Übertragungskapazität erfolgt an Bord des Aufklärungssatelliten eine Vorauswertung und Kompression der Daten. Hier sind im Zuge der rapiden Leistungssteigerung der Bordrechner und -datenspeicher noch erhebliche Fortschritte zu erwarten. Große Bandbreiten und damit verbundene hohe Übertragungsleistungen sind mit hohen Frequenzen erreichbar, die wegen der fehlenden atmosphärischen Dämpfung für Intersatellitenkommunikation geeignet sind. Neben der 60-GHz-Kommunikation kommt auch Laserkommunikation zum Einsatz, mit der frequenzbedingt besonders hohe Übertragungsleistungen erzielbar sind. Für die Übertragung vom Relaissatelliten zur Bodenstation muss i.d.R. dann jedoch wieder auf Mikrowellen zurückgegriffen werden.

### 2.2.2.1 Strategische Frühwarnsatelliten

Frühwarnsatelliten haben die Aufgabe, vor möglichen Angriffen von ballistischen Raketen, die außerhalb der Sichtweite terrestrischer Überwachungsradare gestartet werden, zu warnen. Dafür müssen alle Starts überwacht werden, um festzustellen, ob ein Satellit oder ein Flugkörper gestartet wurde. Es muss auch zwischen Testflügen und realen Angriffen unterschieden werden. Diese Beobachtung muss kontinuierlich und mit globaler Abdeckung geschehen. Dazu werden Frühwarnsatelliten bevorzugt in geostationären Bahnen (GEO) eingesetzt. Insbesondere die bekannten Startorte der gegnerischen Interkontinentalraketen (ICBMs) mussten während des Kalten Krieges sowohl von den USA als auch von der Sowjetunion permanent überwacht werden.

Zur besseren Abdeckung polnäherer Gebiete, die vom GEO aus nicht oder nur schlecht eingesehen werden können, kommen auch hochelliptische Orbits (HEO) in Frage. Ein weiterer Vorteil dieser Bahnen ist, dass sie bei vergleichbarer Apogäumshöhe energetisch einfacher zu erreichen sind als eine geostationäre Bahn. Ein großer Nachteil ist jedoch, dass für eine kontinuierliche Überwachung, auch eines festen Gebietes, mehrere Satelliten notwendig sind.

Startende Raketen mit ihrem ausgedehnten Abgasstrahl und größere Explosionen (z.B. von Kernwaffen) haben eine ausgeprägte IR-Signatur und bieten insbesondere vor dem

Hintergrund des Weltraums einen hohen Kontrast. Deshalb kommen bei Frühwarnsatelliten vorrangig IR-Sensoren zur Anwendung. Im GEO haben sie wegen der großen Bahnhöhe aber ein etwa hundertfach schlechteres Bodenauflösungsvermögen (ca. 100 m bei optischen Satelliten) als Satelliten in erdnahen Flugbahnen (LEO) und können deshalb kleinere militärische Objekte nicht erkennen oder identifizieren. Neuere Systeme werden dank weiterentwickelter Sensoren und On-Board-Datenverarbeitung auch zur Detektion von startenden taktischen ballistischen Raketen (TBMs) und der unmittelbaren Voreinweisung von Aufklärungssatelliten im LEO für eine anschließende Detailaufklärung besser geeignet sein. Auch eine direkte Alarmierung der Abwehr durch Frühwarnsatelliten könnte möglich werden.

Im Folgenden werden die wichtigsten vorhandenen bzw. geplanten Systeme zur Frühwarnung beschrieben.

*USA*

Die aktuellen US-amerikanischen Frühwarnsatelliten sind Bestandteil des „Defense Support Program" (DSP), das seit Anfang der 1970er Jahre für eine ununterbrochene Aufrechterhaltung der Frühwarnfähigkeit gesorgt hat. Die letzten erfolgreichen Starts und die jeweilige geplante Lebensdauer sind in Tab. 2-4 aufgelistet. Die genauen Bahndaten wie die geografische Position auf dem GEO werden nicht veröffentlicht. Die Masse hat im Laufe der Zeit von anfänglich 900 kg auf 2.400 kg zugenommen. Die Abmessungen im Orbit sind 10 m Höhe und 6,7 m im Durchmesser. Auch die von den Solarzellen zur Verfügung zu stellende elektrische Leistung wurde ständig gesteigert bis auf derzeit 1,5 kW.

| Name | Startdatum | Masse | Auslegungslebensdauer |
|---|---|---|---|
| DSP-18 | 22. Februar 1997 | 2.350 kg | 5 Jahre |
| DSP-20 | 8. Mai 2000 | 2.360 kg | 7-9 Jahre |
| DSP-21 | 6. August 2001 | 2.360 kg | 7-9 Jahre |

Tab. 2-4: **Zuletzt gestartete DSP-Frühwarnsatelliten**
(Ergänzung zu Tab. 2-1, basierend auf Aerospace Source Book)

Die DSP-Frühwarnsatelliten (s. Abb. 2-2) sind alle im GSO stationiert und mit Breitband-IR-Sensoren für zwei Wellenlängenbereiche ausgestattet. Ihre Hauptaufgabe ist die Entdeckung von Raketenstarts, die wegen der heißen Abgase in der Antriebsphase eine gute IR-Signatur bieten. Die Empfindlichkeit der IR-Sensoren reicht auch zur Detektion von Flugzeugen, die mit eingeschalteten Nachbrennern fliegen, oder von anderen Raumfahrzeugen in tieferen Orbits. Auch größere terrestrische IR-Ereignisse wie Explosionen oder Brände werden registriert.

Unterstützungssysteme

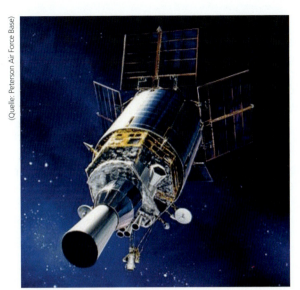
(Quelle: Peterson Air Force Base)

Abb. 2-2: **Frühwarnsatellit aus dem US-amerikanischen Defense Support Program (DSP)**

Im Jahr 1995 wurde mit Einführung des ALERT-Systems (Attack and Launch Early Reporting to Theater) die Vorwarnung vor Angriffen mit Flugkörpern kurzer Reichweite verbessert. Die letzten Änderungen betrafen die Vergrößerung des Abdeckungsbereichs auf die volle Hemisphäre, die Erhöhung des Auflösungsvermögens der Sensoren sowie die On-Board-Signalverarbeitung zur besseren Störungsunterdrückung (Clutter).

Mit einem zusätzlichen Sensorpaket (NDS = Nuclear-Detonation Detection System), bestehend aus optischen Sensoren sowie Röntgen-, Neutronen- und Gammastrahlendetektoren, können endo- und exoatmospärische Nukleardetonation entdeckt und lokalisiert werden. Gleichzeitig wird auch der natürliche Strahlungshintergrund registriert. Dieses Sensorpaket wird auch auf anderen US-Satelliten wie z.B. den GPS-Satelliten als Zusatzladung mitgeführt, um die Überlebensfähigkeit dieses Überwachungssystem noch weiter zu erhöhen.

Zur Verbesserung des Frühwarnsystems sind als Ergänzung zu den DSP-Satelliten im Rahmen des SBIRS-Programms (SBIRS = Space-Based Infrared System) weitere Satelliten mit verbesserter IR-Sensorik als so genanntes INCREMENT 2 – SBIRS-HIGH geplant. Vorgesehen sind vier Satelliten im GEO und zwei im HEO. Im Hinblick auf die verstärkte Notwendigkeit zur Entdeckung von Flugkörpern mittlerer (MRBM) und kurzer Reichweite (SRBM) werden als weiterer Ausbauschritt (INCREMENT 3 – SBIRS-LOW) weitere Ergänzungssysteme auch in tieferen Orbits und dann notwendigerweise in größerer Zahl (ca. 24) stationiert werden. Das Endsystem ist dann ein mehrschichtiges integriertes System, bestehend aus DSP-Satelliten, SBIRS-HIGH-Systemen im GEO und HEO sowie SBIRS-LOW-Systemen im LEO. Zusammen mit den dazugehörigen Unterstützungssystemen am Boden soll SBIRS in das US-amerikanische BMD-System (Ballistic Missile Defense) integriert werden und Raketenstarts detektieren (Booster Detection), die Flugbahn verfolgen (Midcourse Tracking) und Daten zur Falschzieldiskriminierung liefern (Discrimination Data). Der erste Start von SBIRS-HIGH ist für 2004 und der von SBIRS-LOW für 2006 geplant. Die vollständige SBIRS-LOW-Konstellation mit ungefähr 30 Satelliten soll dann 2011 stationiert sein.

*Russland*

Es wurden zwei Systeme von Frühwarnsatelliten auf der Basis von IR-Sensoren entwickelt. Die Überwachung der Raketenstarts erfolgt mit einem großen Teleskop. Das Ursprungssystem OKO („Auge", andere Bezeichnung: SPRN-1) besteht in der vollen Konstellation aus neun Satelliten in hochelliptischen Orbits (HEO). Die Auslegungs-Lebensdauer beträgt drei bis fünf Jahre. Wegen fehlendem Ersatz für ausgefallene alte Satelliten reduzierte sich diese Zahl bis 2000 auf vier noch operationelle Satelliten, die auch im Juli 2001 (von der Molniya Space Consultancy) noch als operationell gemeldet wurden. Der letzte Satellit (OKO-38/KOSMOS 2368) wurde im Dezember 1999 gestartet. Er hat eine Masse von ca. 1.900 kg und fliegt derzeit auf einer hochelliptischen 12-Stunden-Bahn mit einem Apogäum von ca. 39.000 km, einem Perigäum von ca. 1.500 km und einer Inklination von 63°. Die Bahnen der OKO-Satelliten sind so gewählt, dass die ICBM-Basen in den USA vom Apogäum aus gegen den Rand der Atmosphäre (Earth's Limb) beobachtet werden können. Eine konstante Überwachung des US-Territoriums soll auch noch mit vier Satelliten möglich sein.

Eine zweite Serie von Frühwarnsatelliten, die PROGNOS-Serie (andere Kennung: SPRN-2, s. Abb. 2-3), ist für die Stationierung im GEO vorgesehen. Die Positionen der PROGNOS-Satelliten im GEO waren bisher 24° W, seltener 12° O und 80° O. Vor allem die erste Positionen erlaubt eine Überwachung der USA, während die letzte den Fernen Osten im Blickfeld hat. Die Satelliten zeigten jedoch technische Probleme und arbeiteten nie länger als zwei Jahre im Orbit. Der letzte im Mai 1999 gestartete PROGNOS-Satellit driftete aus seiner Position, so dass ab diesem Zeitpunkt Russland keinen geostationären Frühwarnsatelliten im Orbit hatte. Erst mit dem Start eines neuen PROGNOS-Satelliten (KOSMOS 2379) am 24. August 2001 wurde diese Lücke wieder geschlossen. Seine Masse beträgt wahrscheinlich 2.500 kg, wie die seiner zwei letzten Vorgänger. Der neue Satellit besetzt im GEO derzeit die 24° W-Position und nicht, wie ursprünglich vermutet wurde, die Fernost-Position 80° O, was eine Änderung im russischen Interessensschwerpunkt wiedergespiegelt hätte.

*Kooperation Russland/USA*

Seit 1992 wird über ein gemeinsames russisch-amerikanisches Frühwarnsystem diskutiert. Dieses Projekt hat konkretere Formen angenommen und wird jetzt als RAMOS-Projekt (Russian-American Observation Satellite) bezeichnet. In diesem Programm sollen zwei Satelliten entworfen, gebaut, gestartet und im Orbit erprobt werden. Die beiden RAMOS-

Unterstützungssysteme

(Quelle: Mark Wade)

Abb. 2-3  **Russischer GEO-Frühwarnsatellit (SPRN-2) aus der PROGNOS-Serie**

Satelliten sollen mit mehreren IR-Sensoren simultan stereoskopische multispektrale Bilder aufnehmen. Die Hauptaufgabe ist, startende Raketen zu entdecken und ihre genaue Flugbahn zu vermessen. Hierfür soll zunächst der Strahlungshintergrund sehr genau, dreidimensional und multispektral vermessen und modelliert werden. In einer Nebenaufgabe können auch Umweltdaten zur Hurrikan-Vorwarnung, Waldbrandentdeckung oder Wettervorhersage gewonnen werden.

Nach derzeitigem Design sollen die beiden RAMOS-Satelliten im gleichen kreisförmigen Orbit in einer Höhe von ca. 510 km mit hoher Inklination und in einem Abstand von 50-2.600 km stationiert werden. Einer der beiden Satelliten muss eine gewisse Manövrierbarkeit zur Einstellung und Aufrechterhaltung des gewünschten Abstandes haben.

Die Sensorausstattung umfasst pro Satellit drei IR-Sensoren für verschiedene Spektralbereiche (für den kurzwelligen, den mittel- bis langwelligen und den langwelligen IR-Bereich), die auf einen kleinen Messbereich fokussiert sind, außerdem je einen (ebenfalls fokussierten) UV-Sensor. Zur Entdeckung eines Ereignisses dienen fünf Kameras im sichtbaren Spektralbereich mit zusammen 30° Auffassungsbereich sowie eine lineare Photozellenanordnung (Scanner) mit noch größerem Gesichtsfeld. Der eine Satellit soll darüber hinaus ein IR-Spektrometer, der andere ein IR-Polarimeter tragen. Mit letzterem will man herausfinden, ob falsche Alarmauslösungen durch Sonnenreflexionen an hohen Schichten der Atmosphäre („Glint") durch Polarisationsmessungen vermieden werden können.

Die derzeitige Planung sieht vor, dass Russland Satellitenplattformen, Startkapazität und Bodenkontrolle sowie die UV-Sensoren und die Kameras im sichtbaren Spektralbereich beiträgt. Der amerikanische Anteil soll aus den IR-Sensoren und dem Scanner-Sensor bestehen. Der Start ist nach derzeitigem Stand für 2006/2007 vorgesehen, die geplante Nutzungsdauer ist fünf Jahre.

### 2.2.2.2 Satelliten zur optischen Aufklärung

Satelliten zur optischen (sichtbar, IR) Aufklärung werden im LEO eingesetzt und dienen zur Detailaufklärung und Zielerfassung, sowie zur Voreinweisung anderer Sensorsysteme. Sie erfassen jedoch nur einen relativ schmalen Streifen am Erdboden längs der Flugrichtung (Breite bis etwa 200 km nach jeder Seite, bei Sensoren für maximale Bodenauflösung nur bis etwa 10 km). Weiterhin wird ein vorgegebenes Gebiet, je nach Zahl der eingesetzten Satelliten, nur in Abständen von Stunden bis einigen Tagen abgedeckt, da sich die Erde unter der räumlich festen Satellitenbahn wegdreht.

Aufklärungssatelliten mit optischen Sensorsystemen werden zur Gewinnung möglichst genauer Bilder aus dem Interessensgebiet eingesetzt. Während kommerzielle zivile Satelliten Bilder mit Auflösungen im Meterbereich anbieten, ist mit militärischen Satelliten bei entsprechend höherem Aufwand eine noch bessere Auflösung erzielbar. Zur Erreichung eines möglichst guten Auflösungsvermögens aus einer Satellitenbahn müssen teleskopartige fotografische Systeme mit großen Linsen oder Spiegeln eingesetzt werden, so dass auch die Satellitenplattform entsprechende Ausmaße haben muss. Das im optischen Bereich maximale Bodenauflösungsvermögen großer Satelliten mit einem Teleskopdurchmesser von mindestens 3 m aus einer Bahnhöhe zwischen 200 km und 400 km lässt sich zu 10-15 cm abschätzen. Damit sollten Fahrzeugtypen und Waffensysteme (Raketen) identifizierbar sein. Allerdings nähert man sich wegen der unvermeidlichen atmosphärischen Turbulenzen damit bereits einer nur schwer oder gar nicht zu überwindenden Grenze.

Mit IR-Sensoren sind aus niedrigen Orbits typischerweise Auflösungen im Meterbereich erreichbar. Niedrige Umlaufbahnen sind vorteilhaft in Bezug auf die Auflösung. Sie haben jedoch den Nachteil, dass die Lebensdauer von Satelliten mit abnehmender Höhe aufgrund der Luftreibung rapide sinkt. Das realisierte Auflösungsvermögen ist also ein technischer Kompromiss zwischen der möglichen Brennweite und der Umlaufbahnhöhe.

Langfristig sind auch Satelliten denkbar, die mit einem Laserstrahl die Erdoberfläche abtasten (Laser-Radar). Das reflektierte Signal könnte zur Identifikation der Form einzelner Objekte und damit zur Unterscheidung z.B. zwischen Panzern und Raketenabschussrampen sowie zur Freund-Feind-Identifizierung dienen.

Im Folgenden werden die wichtigsten vorhandenen bzw. geplanten Systeme zur optischen Aufklärung beschrieben.

## USA

Die US-amerikanische raumgestützte optische Aufklärung begann 1960 und wird bis heute mit permanenter Präsenz im Weltraum fortgesetzt. Die verschiedenen Generationen und Varianten von Satelliten zur optischen Aufklärung werden, neben anderen Code-Namen, durchgehend mit KEYHOLE (KH) bezeichnet. Sie werden alle im LEO mit zum Teil stark elliptischen Bahnen mit 160-300 km Perigäum und 800-1.000 km Apogäum eingesetzt. Die Details der aktuellen Satelliten und ihrer Missionen werden nicht veröffentlicht.

KH-1 bis KH-9 waren mit Kameras und Filmrollen ausgerüstet, die in einer Kapsel mit Fallschirm vom Satelliten ausgestoßen wurden und von Flugzeugen mit Netzen aufgefangen wurden. Nachteil dieser bis 1976 praktizierten Methode ist die lange Zeit, die bis zum Vorliegen des Aufklärungsergebnisses vergeht. Eine Zwischenlösung wurde bereits bei dem KH-9 realisiert, der außer einem hochauflösenden Kamerasystem auf der Basis zweier großer Spiegel ein zweites fotografisches System geringerer Auflösung für Übersichtsaufnahmen enthielt. Diese gröberen Bilder wurden an Bord des Satelliten entwickelt und mit einer Fernsehkamera abgetastet, deren Daten dann auf Magnetband aufgezeichnet und über Funk übertragen werden konnten.

Bilder der früheren Aufklärungssatelliten CORONA (KH-1 bis KH-4B), ARGON (KH-5) und LANYARD (KH-6) aus den Jahren 1960 bis 1972 wurden 1995 freigegeben und sind jetzt allgemein zugänglich. Es handelt sich um ca. 860.000 Bilder, die vor allem zur Beobachtung der Entwicklung sowjetischer strategischer Flugkörper gedient haben. Ein weiteres Ziel war die weltweite Gewinnung zuverlässigen Kartenmaterials. Die beste Auflösung dieser Kollektion ist 1,8 m und wurde mit KH-6 erzielt.

Bei der nächsten Generation optischer Aufklärungssatelliten, dem 1976 erstmals gestarteten KH-11 (KEYHOLE, KENNAN oder CRYSTAL), konnte man, ermöglicht durch die Qualitätsverbesserung der elektrooptischen Verfahren, ganz auf die sehr aufwändigen Filmverfahren verzichten. Eingesetzt wurde dabei die heute weit verbreitete CCD-Technologie, bei der das Bild pixelweise mit Halbleitersensoren erfasst wird und elektronisch zur Verfügung steht. Die Bilder können dann gespeichert und entweder unmittelbar oder über Relaissatelliten per Funk an die Auswertezentralen übertragen werden. Weiterer Vorteil dieses Verfahrens ist, dass die Einsatzdauer des Satelliten nicht durch seinen Filmvorrat oder die Anzahl mitgeführter Filmkapseln begrenzt ist.

Die KH-11 hatten eine Masse zwischen 13 und 13,5 t. Ihre Sensorausstattung soll dem des Hubble Space Teleskops geähnelt haben, d.h., die Achse des Teleskops lag in der Satellitenachse. Nimmt man einen Durchmesser des Hauptspiegels von ca. 2,3 m an, so sollte eine Bodenauflösung von 15 cm erreicht worden sein. Der 1984 gestartete KH-11/6 war über 10 Jahre bis 1995 funktionsfähig. Die typische Lebensdauer früherer KH-11 lag dagegen bei 3 Jahren. Die USA hatten fast ständig zwei KH-11 operationell im Orbit.

Der derzeitig aktuellste optische Aufklärungssatellit ist der Nachfolgesatellit KH-12, der auch als IMPROVED CRYSTAL oder als ADVANCED KH-11 bezeichnet wird. Er ist mit einem Durchmesser von 4,5 m und einer Länge von 15 m größer als sein Vorgänger. Dies liegt zum Teil an der Integration eines Antriebsteils, der dem KH-12 eine längere Operationszeit im Orbit aber auch eine Manövrierfähigkeit gibt. Damit kann er zur Erfassung größerer Suchbereiche in eine Kipplage gebracht werden, kurzzeitig einen niedrigeren Orbit einnehmen oder auch Ausweichmanöver vor Angreifern durchführen. Entsprechend ist auch die Masse auf 18 t angestiegen.

Es wird berichtet, dass die optischen Sensoren des KH-12 einen zum IR hin erweiterten spektralen Erfassungsbereich erhalten haben und auch andere Sensoren wie signalerfassende Sensoren (z.B. zur Funkaufklärung) integriert wurden. Damit soll auch eine gute Nachtsichtfähigkeit erreicht worden sein. Mit dem größeren Spiegel von mindestens 3 m Durchmesser soll aus einer Umlaufbahn zwischen 200 und 400 km Höhe eine Bildschärfe erreicht werden, die mit einer Bodenauflösung von 10-15 cm (Tab. 2-1: 6") die Qualität der besten Filmaufnahmen mit Rückkehrkapseln erreicht. Es wird wahrscheinlich im nahen Infrarot beobachtet, um die im Sichtbaren starken Streuungen an Aerosolen in der Atmosphäre zu vermeiden.

*Russland*

Seit Mitte der 1960er Jahre hat die Sowjetunion immer mindestens einen operationellen optischen Aufklärungssatelliten im Einsatz gehabt, der weltweit Fotografien aus interessierenden Gebieten liefern konnte. Die erste Generation dieser Satelliten flog 8-Tage- und später 2-Wochen-Missionen (OBLIK-Satelliten). Ab Mitte der 1970er wurde eine neue Klasse eingeführt, die für einen Monat später zwei Monate im Orbit blieben (KOBALT-Satelliten).

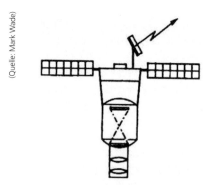

Abb. 2-4: **Russischer optischer Aufklärungssatellit NEMAN:** Prinzipskizze mit Strahlengang und Bildebene

Für die schnelle optische Aufklärung wurden bis Ende der 1980er Jahre verschiedene Verfahren angewandt. Die OBLIK-Satelliten („Gestalt") waren mit einem speziellen Abstiegsfahrzeug ausgestattet, das zum Ende der Mission mit den Filmaufnahmen geborgen werden konnte. Die länger operierenden KOBALT-Satelliten hatten zwei Filmkapseln, die abgeworfen wurden, während der Satellit mit einem Restfilmvorrat noch im Orbit blieb. Die wiederverwendbare Kamera mit dem verbliebenen Film wurde dann noch am Ende der Mission mit einem Rückkehrmodul geborgen.

Anfang 1980 wurden die NEMAN-Satelliten (= JANTAR-4KS1 − „Bernstein") eingeführt, die elektrooptisch arbeiten und digitale Bilder aufnehmen (s. Abb. 2-4), die entweder direkt zur Kontroll-Station oder über einen Relaissatelliten im GEO (POTOK – „Strom") gesendet werden. Sie können daher missionsabhängig länger (bis zu einem Jahr) im Orbit bleiben. Die Stationierungsorbits sind meist LEOs mit Apogäum um 300 km, Perigäum bei 240 km und einer Inklination von 65°. Die derzeit letzte NEMAN-Mission (KOSMOS 2383) wurde im Mai 2001 gestartet. Der Satellit fliegt in einem etwas höheren fast kreisförmigen LEO (404 km x 417 km). Die geschätzte Lebensdauer dieser neueren Satelliten liegt bei drei bis fünf Jahren.

Eine hohe Qualität ist bei elektrooptischen Aufnahmen immer noch schwerer zu erreichen als bei Filmaufnahmen. Wahrscheinlich aus diesem Grund wurden die 1989 eingeführten neuen DON-Satelliten wieder mit Filmkameras und entsprechenden Rückführeinrichtungen ausgestattet. DON-Satelliten haben zehn bis zwölf Filmrückkehrkapseln, die in Intervallen von sieben bis zehn Tagen zur Erde zurückkehren, während der Satellit weiter im Orbit verbleibt und am Ende der Mission zerstört wird. Vermutlich eine Weiterentwicklung der DON-Satelliten sind die JENISSEJ-Satelliten, die erstmals 1994 geflogen sind. JENISSEJ-Satelliten sollen vermutlich 22 Filmkapseln tragen können und werden am Ende der Mission nicht mehr zerstört, sondern durch Wechsel auf andere Bahnen aus dem Orbit entfernt (Deorbiting). Es wird vermutet, dass die JENISSEJ-Satelliten die alten KOBALT-Satelliten ablösen werden.

Der russische Kartografie-Satellit KOMETA (= JANTAR-1KFT, bzw. SPIN-2) wird in Tab. 2-1 ebenfalls als militärischer optischer Aufklärungssatellit eingestuft. Er wird für Topografie-Missionen eingesetzt, die bis zu 45 Tage im LEO andauern können. Die Sensorausstattung umfasst zwei Kameras mit Filmrückkehrkapseln. Mit der topografischen Kamera kann ein Bereich von 200 km x 300 km mit einer Auflösung von 10 m erfasst werden. Hochaufgelöste Bilder können dagegen mit einer zweiten Kamera von einem Bereich von 40 km x 40 km mit einer Auflösung von 2 m gemacht werden. Solche Bilder werden auch kommerziell angeboten.

Die optische Aufklärung hängt wegen der kurzen Lebensdauern empfindlich von der verfügbaren Startkapazität ab. Daher ist sie von Kürzungen in diesem Bereich besonders betroffen. Von maximal jährlich 35 bis 40 Starts Mitte der 1980er Jahre sank die Startrate auf derzeit zwei. Dies führte dazu, dass auf eine kontinuierliche optische Aufklärung verzichtet wurde und öfter kürzere oder auch längere Pausen auftreten. Der letzte NEMAN-Satellit arbeitete ein Jahr lang bis zum Mai 2001. Danach wurde noch ein KOBALT-Satellit (KOSMOS 2377) gestartet, dessen Hauptrückkehrmodul mit der Kamera und dem Restfilm im Oktober 2001 gelandet wurde. Die Gesamtmission dauerte 133 Tage und damit zwei Wochen länger als der bis dahin gültige Rekord in dieser Satellitenklasse.

*Europa*

Frankreich betreibt seit 1995 zusammen mit Italien (14 %) und Spanien (7 %) zwei optische Aufklärungssatelliten (HÉLIOS-1A, HÉLIOS-1B; s. Abb. 2-5) im niedrigen polaren

Unterstützungssysteme

(Quelle: EADS SPACE)

Abb. 2-5: **Europäischer optischer Aufklärungssatellit HÉLIOS**

Orbit. Diese Satelliten liefern ca. 100 Bilder pro Tag mit einer Auflösung von 1 bis 5 m mit täglicher Wiederholrate. Die genaue Auflösung ist nicht öffentlich bekannt. Allgemein angenommen wird eine Fähigkeit im Bereich von 1 m. Das Bildaufnahmesystem nutzt lineare CCDs mit 4096 und 2048 Pixeln.

Nachteilig ist, dass nur im sichtbaren Teil des Spektrums gearbeitet wird und dadurch das System auf Tageslicht und klare Sicht angewiesen ist. Das geplante Nachfolgesystem (Start 2002) soll ebenfalls aus zwei Satelliten im niedrigen polaren Orbit bestehen, aber auch im IR und mit höherer Auflösung (0,8 m) und verbesserter Wiederholrate arbeiten.

Eine andere Option zur militärischen Nutzung von Satellitenbildern wird von der WEU mit dem Betrieb eines Satellitenbildzentrums (Torrejon, Spanien) verfolgt. Hier werden neben den HÉLIOS-Bildern vor allem kommerziell erhältliche Bilder ausgewertet, die z.B. für den Kosovo-Einsatz der NATO genutzt wurden.

*China*

China verfügt seit 1970 über eigene Aufklärungssatelliten. Die letzten beiden gestarteten sind ZI YUAN 1 (ZY 1) im Oktober 1999 und ZI YUAN 2 (ZY 2) im September 2000. Beide wurden in polarnahe (vermutlich sonnensynchrone) Orbits geschossen. ZY 1 hatte eine operationelle Bahnhöhe von 775 km. ZY 2 fliegt erheblich tiefer bei ca. 500 km.

Während ZY 1 noch als Erderkundungssatellit deklariert wurde, wird ZY 2 vom US-amerikanischen Verteidigungsministerium als eine neue Klasse von optischen Aufklärungssatelliten bezeichnet. ZY 2 liefert digitale Daten aus dem Orbit. Während zivile Varianten der ZY-Satelliten eine operationelle Lebensdauer von nur zwei Jahren haben, wird für die militärische Variante ZY 2 eine längere Lebensdauer erwartet.

*Israel*

Seit 1988 verfügt Israel über die Aufklärungssatelliten der OFEQ-Serie („Horizont"). Die Sensornutzlast wird bis auf ein Magnetometer nicht bekannt gegeben. Angenommen wird jedoch ein fotografisches System mit einer Auflösung im Meterbereich. Die Bahnen sind im LEO und stark elliptisch (248 km x 1170 km). Im April 1995 wurde der dritte Satellit der Serie, OFEQ 3, gestartet. Erst Anfang 2001 verlor der Satellit den Kontakt mit der Bodenstation. Nach einem Fehlstart 1998 wurde Ende Mai 2002 ein weiterer Satellit der OFEQ-Serie, OFEQ 5, erfolgreich in einem LEO (367 km x 761 km) mit einer durch die Startposition in Israel mit Flugweg nach Westen bedingten ungewöhnlichen Inklination von 143° stationiert.

Das auf der OFEQ-Serie aufbauende Nachfolgesystem EROS (Earth Resources Observation Satellite) ist ein vom israelischen Verteidigungsministerium mitbenutzter kommerzieller optischer Satellit. EROS A1 wurde Ende 2000 mit einer russischen Rakete gestartet und fliegt auf einem sonnensynchronen Orbit in knapp 500 km Höhe mit einer Wiederholrate über einem bestimmten Zielgebiet von vier Tagen. Die Bodenauflösung soll besser als 1 m sein. Geplant sind weitere Verbesserungen mit EROS B1 und EROS B2, die 2003 und 2004 starten sollen.

### 2.2.2.3 Radaraufklärung

Radar kann wellenlängenbedingt auch durch Wolken hindurch beobachten und ist als aktives System unabhängig von externer Beleuchtung. Radarsysteme können daher zur wetter- und tageszeitunabhängigen kontinuierlichen Aufklärung eingesetzt werden. Neben der Überwachung größerer Bereiche mit Erfassung und Verfolgung (Tracking) von Punktzielen ist mit Radar auch eine bilderzeugende Aufklärung durch punktweises Abtasten eines Gebietes möglich.

Die erste Möglichkeit wurde insbesondere von der ehemaligen Sowjetunion intensiv zur Ozeanüberwachung genutzt. Auch bei dem geplanten US-amerikanischen raumgestützten Radar (SBR, Space-Based Radar) wird die Punktzielerfassung mit einbezogen. Derzeitige operationelle Radarsatelliten werden dagegen überwiegend zur Bildgewinnung eingesetzt.

Ein gutes Radar-Auflösungsvermögen kann mit sehr großen Antennen (reale Apertur) oder weniger aufwändig mit der so genannten Technik der synthetischen Apertur (Synthetic-Aperture Radar = SAR) erreicht werden. Dabei wird mit bewegtem Radarsensor die Abbildungsqualität einer großen Antenne synthetisch durch kohärente Aufintegration der Rückstreusignale während des Überfluges erreicht. Das maximale Bodenauflö-

## Unterstützungssysteme

sungsvermögen eines SAR-Satelliten liegt in der so genannten Spotlight-Betriebsart im Dezimeterbereich. Bei dieser Betriebsart wird mit schwenkbaren Antennen ein spezielles Zielgebiet während des gesamten Überfluges abgetastet. Optische Aufklärungssatelliten liefern derzeit zwar höher aufgelöste Bilder, können aber bei durch Wolken verdeckten Aufklärungsgebieten gar nicht eingesetzt werden. SAR-Bilder können dagegen auch durch Wolken hindurch gewonnen werden und enthalten neben der eigentlichen Abbildung (Geometrie) auch noch Zusatzinformationen über das beobachtete Gebiet, wie z.B. den Zustand der Vegetation. Nachteilig im Vergleich zu optischen Satelliten ist wegen des aktiven Radarbetriebs vor allem der hohe Strombedarf im Satelliten.

Satellitengestütztes SAR wird zivil zur Erderkundung eingesetzt. Durch Tandem-Interferometrie (d.h. den Vergleich von zwei aus benachbarten Positionen aufgenommenen Bildern derselben Szene) ist auch die Erschließung der dritten Dimension möglich. Die beiden europäischen ERS-Satelliten (ERS-1 und ERS-2; ERS = European Remote Sensing) erreichen mit 10 m langen Antennen ein geometrisches Auflösungsvermögen von ca. 30 m und die Auflösung von Höhenunterschieden im Zentimeterbereich.

Als Antennentechnik werden auch bei raumgestützten Systemen zunehmend elektronisch schwenkbare Phased-Array-Antennen zum Einsatz kommen. Insbesondere in der Spotlight-Betriebsart kann damit durch trägheitsloses elektronisches Schwenken die gewünschte Schwerpunktbildung erfolgen. Grundsätzlich ist mit Phased-Array-Antennen auch ein Multifunktionsbetrieb möglich. So können z.B. mehrere Schwerpunkte im Schwenkbereich gebildet werden, oder der allgemeine Überwachungsmodus kann neben einer Schwerpunktbildung parallel weiter betrieben werden.

Langfristig können alle Aufgaben der bisher luftgestützten Radaraufklärung auf raumgestützte Plattformen übertragen werden. Weitergehende Überlegungen sehen auch bistatische Systeme vor, bei denen unbemannte Luftfahrzeuge (Unmanned Aerial Vehicles = UAVs) als Empfänger des von Satelliten ausgestrahlten und vom Ziel reflektierten Radarsignals dienen sollen. Damit könnte der Vorteil der weiträumigen Abdeckung durch raumgestütztes Radar mit den speziellen Anforderungen an eine Gefechtsfeldaufklärung verbunden werden.

Im Folgenden werden die wichtigsten vorhandenen bzw. geplanten Systeme zur raumgestützten Radaraufklärung beschrieben.

### *USA*

In den USA begann 1983 die Entwicklung für einen SAR-Satelliten unter dem Namen LACROSSE bzw. ONYX. Der erste Start erfolgte dann im Dezember 1988 mit einem SPACE SHUTTLE. Das herausragende Merkmal der LACROSSE-Satelliten ist eine sehr große Radarantenne. Auch die Solar-Panels müssen sehr groß sein, um die erforderliche elektrische Energie für den Radarbetrieb zur Verfügung stellen zu können. Es wird von einer Spannweite von bis zu 50 m berichtet. Daraus lässt sich eine an Bord des LACROSSE-

Satelliten verfügbare elektrische Leistung zwischen 10 und 20 kW abschätzen. Diese Leistung wäre das Zehnfache dessen, was sonst bei früheren raumgestützten Radarsystem realisiert wurde.

Die erzielbare Auflösung ist ohne weitere Informationen schwer abzuschätzen. Es wird jedoch ein Wert besser als 1 m erwartet. Diese hohe Auflösung ist jedoch nur für kleinere Beobachtungsgebiete von einigen 10 km Seitenlänge erreichbar. Deshalb werden verschiedene andere Betriebsmodi mit schlechterer Auflösung für die Abbildung größerer Gebiete mit Seitenlängen im Bereich einiger 100 km zur Verfügung stehen. Die Verarbeitung der anfallenden Datenmenge erfordert eine enorme Computerleistung und entsprechende Datentransfers mit der Bodenstation im Bereich mehrerer 100 Mbit/s.

Starts von LACROSSE-Satelliten erfolgten nach 1988 noch 1991 (LACROSSE 2), 1997 (LACROSSE 3) und 2000 (LACROSSE 4, in Tab. 2-3 als LACROSSE ONYX aufgeführt). LACROSSE 3 wurde als Ersatz für LACROSSE 1 gestartet, der seit 1997 nicht mehr im Orbit ist. Die nahezu kreisförmigen Orbits der LACROSSE-Satelliten liegen bei ca. 650 bis 690 km Höhe (LEO) und haben Inklinationen von 60° bis 70°. Im Mai 1999 wurde vermutlich ein weiterer Satellit der LACROSSE-Familie (USA 144, in Tab. 2-3 als LACROSSE 4 bezeichnet) gestartet, der jedoch in wesentlich höheren Orbits um 3.000 km beobachtet wurde. Das Bild in Abb. 2-6 zeigt Arbeiten an einem LACROSSE-Satelliten und soll die Ausmaße der Struktur des Satelliten demonstrieren. Antennen und Solarzellen sind offensichtlich noch nicht montiert.

Zur Verbesserung der Zielaufklärung in einem weltweiten Szenarium wird derzeit in den USA ein raumgestütztes Radar zur Bodenzieldetektion (SBR = Space-Based Radar) geplant. Es soll auch fahrende Fahrzeuge, die mit SAR nur schwierig zu beobachten sind, durch ein MTI-Radar (Moving-Target Indication) entdecken. Daneben soll aber auch ein SAR zur Bildgewinnung integriert werden.

Abb. 2-6:  **Montage eines Aufklärungssatelliten, wahrscheinlich aus der LACROSSE-Familie.**

## Unterstützungssysteme

Über die Stationierungsorbits ist noch nicht entschieden. Derzeitige Pläne favorisieren aus Kostengründen Satelliten im LEO mit Zielerfassung im Satelliten selbst und Einbindung in ein Führungssystem zur Weiterleitung der Ergebnisse. Alternativ werden auch bistatische Systeme untersucht, bei denen der Empfangsteil luft- oder bodengestützt arbeitet. Aber auch Satelliten im GEO sind noch nicht ausgeschlossen. Sie würden den großen Vorteil bieten, feste Gebiete kontinuierlich mit einem Satelliten beobachten zu können. Wegen der großen Entfernung sind aber aufwändigere Systeme mit größeren Antennen und höherem Energieverbrauch notwendig. Im Jahr 2004 soll die Entscheidung über die Systemarchitektur vorliegen, so dass die ersten Starts ab 2010 möglich werden.

### Russland

In der früheren Sowjetunion wurden zur Überwachung des Schiffsverkehrs insbesondere im Atlantik ab 1965 Radarsatelliten der Serie US-A (Uprawlenije Sputnik Aktiwny – aktiver Führungssatellit; Code-Name: RORSAT = Radar Observation Reconnaissance Satellite; s. Abb. 2-7) eingesetzt. Diese sollten möglichst auch getauchte U-Boote detektieren. Wegen des großen Energiebedarfs für den aktiven Radarbetrieb wurden sie mit Kernreaktoren betrieben. Der Reaktorteil wurde anfänglich nach Missionsende in einen höheren Orbit transferiert. 1977 kam es wegen einer Fehlfunktion bei dieser Reaktorabtrennung zu einem spektakulären Absturz mit nuklea-

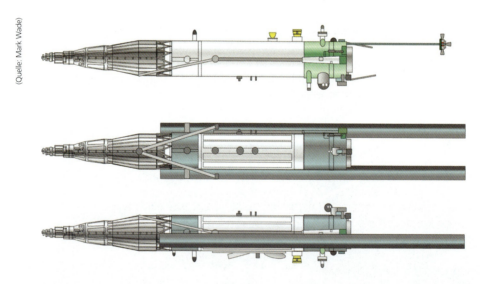

(Quelle: Mark Wade)

Abb. 2-7: **Russischer Radarüberwachungssatellit RORSAT (Radar Observation Reconnaissance Satellite) zur Überwachung des Schiffsverkehrs vom Typ US-A.** Er ist mit einem Kernreaktor zur Energieerzeugung sowie zwei Seitensichtradarantennen ausgerüstet.

rer Verseuchung in Kanada. Für die Entsorgung des nuklearen Materials wurde daraufhin eine andere Methode gewählt, bei der am Ende der Mission die Brennstäbe abgesprengt wurden und in der Atmosphäre verglühten. Die Einsatzdauer der Satelliten war nur wenige Monate, so dass für eine kontinuierliche Überwachung der NATO-Seewege eine große Zahl von Satelliten notwendig war. Die Radarsatelliten wurden in der Regel im Verbund mit Elektronischen Aufklärungssatelliten US-P (EORSAT) eingesetzt, wobei US-A die Position und US-P den Typ des Schiffs anhand seiner elektronischen Abstrahlung bestimmte. Die Einsatzorbits nach 1977 waren LEOs in einer Höhe zwischen 900 und 1000 km mit einer Inklination von 65°. 1988 wurden wegen der nicht mehr akzeptierten Risiken nuklear betriebener Satelliten die Starts der RORSATs eingestellt.

Die Entwicklungen mit dem Programmnamen ALMAS („Diamant") für einen bilderzeugenden Radaraufklärungssatelliten begannen in Russland bereits 1981. Dabei wurde eine ursprünglich für bemannte Aufklärungsmissionen vorgesehene ALMAS-Raumstation für automatischen Betrieb umgerüstet. Nach anfänglichen administrativen Problemen und einem Fehlstart konnte 1987 ein ALMAS-T-Satellit (KOSMOS 1870) erfolgreich in einen LEO (263 km x 278 km) gebracht werden.

ALMAS-T hatte eine Masse von 18,5 t. Der Hauptsensor war ein großes S-Band-SAR, mit dem Bilder mit einer Auflösung von 10 bis 15 m gewonnen werden konnten. Die Lebensdauer von ALMAS-T betrug ca. zwei Jahre. Ein zweiter Satellit wurde 1991 als ALMAS-1 erfolgreich gestartet.

Russland hat vermutlich aus Kostengründen derzeit keine rein militärischen Radarsatelliten im Orbit. Mit Nachfolgesystemen der ALMAS-Serie wird jedoch eine kommerzielle Vermarktung von SAR-Bildern mit einer Auflösung von 15 m betrieben.

*Europa*

Zur Vervollständigung der europäischen Aufklärungsfähigkeit wurde in Deutschland 2001 die Entwicklung eines hochauflösenden SAR-Satelliten unter dem Programmnamen SAR-LUPE beschlossen (s. Abb. 2-8). Das Raumsegment von SAR-LUPE soll im Endausbau aus fünf identischen Satelliten mit einer Masse von ca. 770 kg, Abmessungen von 4 m x 3 m x 2 m sowie einem Energieverbrauch von 250 W bestehen. Die Bahnen, annähernd kreisförmige polare LEOs in ca. 500 km Höhe, sind in drei um ca. 60° versetzten Ebenen angeordnet.

Die Satelliten sollen mit einer neu entwickelten SAR-Technik ausgestattet werden. SAR-LUPE kann im Überwachungsmodus ein viele Quadratkilometer großes Gebiet beobachten. Wird von den Bedienern der Bodenstation ein verdächtiges Objekt identifiziert, so kann der Satellit in einen höher auflösenden Modus gesteuert werden, um eine vergrößerte Darstellung des Objekts zu erhalten.

Abb. 2-8: **Im Bau befindliches deutsches Radaraufklärungs-Satellitsystem SAR-LUPE.** Der im Standby-Betrieb mit den Solarzellen auf die Sonne ausgerichtete Satellit wird für die SAR-Aufnahmen entsprechend gedreht. Die Datenübermittlung zur Erde geschieht anschließend mit Hilfe der Radarantenne.

Der erste SAR-LUPE-Satellit wird voraussichtlich Anfang 2005 gestartet. Die übrigen vier Satelliten sollen dann im halbjährigen Abstand auf die entsprechende Umlaufbahn gebracht werden. Die geplante Lebensdauer beträgt zehn Jahre.

### 2.2.2.4 Fernmeldeaufklärung und Elektronische Abhörsatelliten

Fernmeldeaufklärungs- und Elektronische Abhörsatelliten (Fm/Elo; SIGINT = Signals Intelligence) tragen durch Aufzeichnung elektromagnetischer Abstrahlungen, wie Radarbetrieb und Telemetriedaten (ELINT = Electronic Intelligence) oder Funkverkehr (COMINT = Communications Intelligence), im überwachten Gebiet zur Gewinnung von Informationen über technische Systeme oder geplante Operationen bei. Im Krisen- oder Konfliktfall unterstützen sie die allgemeine Lageaufklärung aber auch die Identifizierung und Verfolgung von Emittern an Bord von Schiffen und Flugzeugen.

Beim Einsatz von Satelliten zum Empfang elektromagnetischer Abstrahlungen ist die atmosphärische Dämpfung zu beachten. Elektromagnetische Wellen mit Frequenzen zwischen 0,5 und 15 MHz können die Ionosphäre nur in seltenen Fällen durchdringen. Im Bereich der Mikrowellen sinkt die Dämpfung dagegen erheblich ab. Eine das gesamte Frequenzspektrum abdeckende raumgestützte Aufklärung ist daher schwierig zu realisieren.

Geostationäre oder hochelliptische Bahnen sind für Fm/Elo-Satelliten hinsichtlich der hier möglichen Dauerbeobachtung von großem Interesse. Die empfangbare Signalstärke am Satelliten und die Emitterdichte in verschiedenen Szenarien machen jedoch eine sichere Signaldetektion schwierig. Darüber hinaus werden sehr große Empfangsantennen benötigt, die an der Grenze des bei Satelliten technisch Machbaren bzw. jenseits davon liegen. Dies gilt insbesondere für den unteren Frequenzbereich um 30-50 MHz. Ein Satellit im GEO für eine Beobachtung im gesamten Frequenzbereich ist daher wegen der Anzahl der erforderlichen Antennen sowie ihrer Dimensionierung nur sehr schwierig zu realisieren.

Im LEO herrschen aufgrund der geringeren Abstände von Satellit und Emitter günstigere Bedingungen hinsichtlich der empfangbaren Emitterpegel. Bei einkanaligen Übertragungsverfahren im VHF- und im unteren UHF-Bereich werden die Emitter mit hohen Signal-Rausch-Abständen empfangen, die auch genug Reserven für ungünstige Parameterkonstellationen aufweisen. Für die Elektronische Aufklärung ist ein System mit nachführbarer Antenne am besten geeignet, Radaremitter insbesondere über Haupt- aber auch Nebenkeule zu empfangen. Probleme ergeben sich hier in der Echtzeit-Datenübertragung, da diese üblicherweise in den zu analysierenden Frequenzbändern erfolgt.

Aufgrund der Größe des Empfangsgebietes und der hohen Emitterdichte in hochindustrialisierten Regionen sowie über Zonen militärischen Konflikts ist wegen der zu erwartenden Signaldichte bei Kommunikationsverbindungen die Trennung verschiedener Emitter und insbesondere die Trennung von militärischen und zivilen Signalquellen schwierig bis unmöglich. In anderen Regionen und bei Konflikten eher niedriger Intensität ist dies jedoch durchführbar. Aufgrund der geringeren Signaldichte ist dann auch von einem raumgestützten System aus eine Identifizierung einzelner Emitter möglich.

Im Folgenden werden die wichtigsten vorhandenen bzw. geplanten Systeme zur raumgestützten Fernmeldeaufklärung und Elektronischen Aufklärung beschrieben.

## USA

Die USA betreiben eine ganze Reihe von Fm/Elo-Satelliten, deren Details in der Regel selbst bei alten Systemen wie den FERRET-Satelliten noch weitgehender Geheimhaltung unterliegen. Vermutlich zur Verschleierung der tatsächlichen Missionen werden besonders bei SIGINT-Satelliten darüber hinaus auch die Code-Namen häufig gewechselt.

Die FERRET-Satelliten waren mit 1.500 kg vergleichsweise schwer. Sie wurden in der Zeit von 1962 bis 1971 in polnahen Orbits mit Höhen meist um 500 km eingesetzt. Mit ihnen wurden vor allem sowjetische Luftverteidigungsradare beobachtet und Telemetriedaten von Flugkörpern und Satelliten aufgezeichnet.

JUMPSEAT-Satelliten wurden bis 1983 in HEOs mit einer Inklination von 63° betrieben. Ihre Masse betrug nur 700 kg. Nach Tab. 2-1 wurden sie von 1994 bis 1996 nochmals eingesetzt. Das Nachfolgesystem mit dem Code-Namen TRUMPET wurde nach nur drei Starts beendet (s. Tab. 2-1).

Ein speziell zur Ozeanüberwachung eingesetztes System war NOSS (Navy Ocean-Surveillance Satellite). NOSS detektierte die Positionen von Schiffen durch Radio-Interferometrie. Der Satellit bestand aus einer Hauptplattform und verschiedenen Subsatelliten, die mit dünnen Drähten mit bis zu 100 m Länge mit dem Hauptsatelliten verbunden waren. Die Gesamtmasse betrug 700 kg. Die Orbits hatten meist Höhen von ungefähr 1.000 km. Der letzte dokumentierte Start war 1993.

Ein geostationärer SIGINT-Satellit, der die ältere RHYOLITE/ACQUADE-Serie ersetzt, trägt den Code-Namen ORION (früherer Code-Name: MAGNUM). Er wird mit dem SPACE SHUTTLE gestartet und anschließend in den GEO transferiert. Letzter bekannter Start war 1990.

Eine erst 1990 eingeführte Klasse schwerer SIGINT-Satelliten ist die MERCURY-Serie. Sie ist die Nachfolgerin der CHALET/VORTEX-Serie und wird daher häufig auch VORTEX 2 genannt. Der erste Start erfolgte 1994 in einen GEO. Von den folgenden beiden Starts misslang der letzte 1998.

*Russland*

Seit 1967 wurden von der Sowjetunion mehr als 200 spezielle SIGINT-Satelliten erfolgreich gestartet. Darüber hinaus werden auch auf anderen Satelliten SIGINT-Systeme als Sekundärsysteme betrieben.

Es werden zwei Klassen von SIGINT-Satelliten im LEO eingesetzt. Die eine mit dem allgemeinen Namen ZELINA („Neuland") bezeichnete fliegt auf festen Bahnen und sammelt weltweit Daten. Als Lebensdauer der derzeitigen ZELINA-2-Satelliten werden ein bis zwei Jahre geschätzt. Es ergaben sich Probleme mit der ZELINA-2-Startrakete, woraus eine geringe Startrate resultierte. Der letzte ZELINA-2-Start war 2000, und es wird für wahrscheinlich gehalten, dass dies derzeit der einzige operationelle ZELINA-2-Satellit ist.

Die zweite Klasse ist das US-P/US-PU-Programm (Uprawlenije Sputnik Passiwny – passiver Führungssatellit; auch: EORSAT = Electronic Ocean Reconnaissance Satellite; s. Abb. 2-9), das auf Ozeanüberwachung spezialisiert ist. Die volle EORSAT-Konfiguration besteht aus drei bis vier gleichzeitig in einem LEO operierenden Satelliten. Diese Zahl reduzierte sich in der letzten Zeit bis auf einen Satelliten, der aber im November 1999 ebenfalls sein Missionsende erreichte. Nach einer sechswöchigen Pause wurde ein weiterer EORSAT-Satellit gestartet, der wahrscheinlich noch operationell im Orbit ist. Die Lebensdauer von Satelliten der EORSAT-Serie konnte von ursprünglich einem Jahr auf 18 bis 24 Monate verlängert werden.

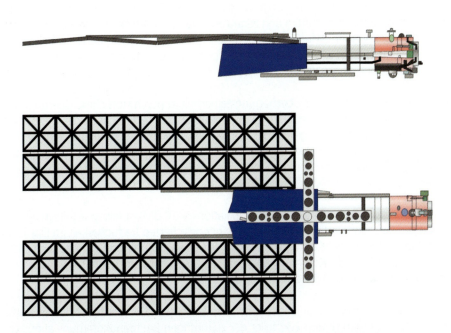

Abb. 2-9: **Russischer Satellit zur Ozeanüberwachung EORSAT (Electronic Ocean Reconaissance Satellite) vom Typ US-P/US-PU**

*Europa*

Als Einstieg in ein europäisches elektronisches Abhörsystem wird in Frankreich an einem preiswerten Mikrosatellitensystem gearbeitet. Die Satelliten sind nur 120 kg schwer und sollen im Verbund arbeiten. Das Netzwerk, genannt ESSAIM („Schwarm"), soll aus vier Satelliten bestehen, die in geschlossener Formation in 680 km Höhe mit ungefähr 10 km Abstand fliegen. Von den vier Satelliten sollen drei aktiv und einer in Reserve sein. Die Überflugzeit von ungefähr 10 min soll für eine Analyse der aufgefangenen Signale ausreichen. Für eine weitergehende Bewertung der Ergebnisse kann dann an andere Aufklärungsmittel übergeben werden.

Der Vorteil der Netzwerkanordnung besteht darin, dass mit mehreren zusammen operierenden kleinen Systemen die Kapazität großer virtueller Sensoren mit erheblich geringeren Aufwand erreicht werden kann.

## 2.2.3 Kommunikation

Die militärische Weitbereichskommunikation verlagert sich immer mehr auf Satelliten, da nicht in allen denkbaren Einsatzgebieten von der Verfügbarkeit einer Fernmeldestruktur ausgegangen werden kann. Benötigt werden Systeme, die Verbindungen zwischen weltweit stationierten Einsatzkräften und zentralen Informationsstellen im Heimatland bereitstellen. Meist kommen dafür Satelliten im GEO zum Einsatz. Auch für die schnelle Übertragung der Bilddaten von Aufklärungssatelliten zur Bodenstation für eine möglichst zeitnahe Auswertung sind in der Regel im GEO zu stationierende Relaissatelliten erforderlich.

Das allgemeine Problem der Übertragungssicherheit ist durch störsichere Übertragungstechniken und geeignete Verschlüsselungsverfahren aus technischer Sicht weitgehend lösbar. Spezielle Anforderungen an die militärische Satellitenkommunikation ergeben sich nur in Teilbereichen wie Hochsicherheits-Verschlüsselung, militarisierte Terminals und Maßnahmen gegen beabsichtigte Störungen des Gegners. Satellitenkommunikation ist daher fast ausschließlich durch zivile Entwicklungen charakterisiert.

Eine eigene militärische Satellitenkommunikation (SATCOM) ist teilweise jedoch aus vertraglichen Gründen und vor allem wegen einer gesicherten Verfügbarkeit im Einsatzfall vorteilhaft. Eine spezielle Betriebsform zum schnellen Senden und Empfangen („Burst Mode") ist auch für die Kommunikation mit U-Booten notwendig, um lange Aufenthalte nahe der Wasseroberfläche zu vermeiden.

Die Satellitenkommunikation bildet neben den Festnetzen und der terrestrischen Mobilkommunikation den dritten Eckpfeiler der zukünftigen Breitbandkommunikation. Vorteil ist hier, dass über Satellit eine direkte Anbindung des Endteilnehmers möglich ist und somit weltweit Gebiete für die Breitbandkommunikation erschlossen werden, die weder über ein Netz von Lichtwellenleiter-Verbindungen noch über eine ausgebaute Mobilfunk-Infrastruktur verfügen. Die Einbeziehung von Satellitenstrecken in Hochgeschwindigkeitsnetze konnte bereits erfolgreich u.a. mit der Übertragung von umfangreichen Bilddateien demonstriert werden. Dabei wurden geografische Karten mit der gleichen Qualität übertragen wie über eine Glasfaserstrecke. Über Satelliten mit steuerbaren Antennen könnte damit zu Schiffen während ihrer Fahrt oder zu Truppen auf dem Marsch eine dauernde Verbindung aufrecht gehalten werden.

Die raumgestützte Weitbereichskommunikation basiert derzeit vor allem auf geostationären Kommunikationssatelliten. Für eine bis auf die Polkappen vollständige Abdeckung der Erde werden nur drei geostationäre Satelliten benötigt. Um auch in Gebieten mit höherem zu erwartendem Datenaufkommen eine sichere Verbindung gewährleisten zu können, sind jedoch u.U. mehr geostationäre Satelliten erforderlich (z.B. INMARSAT: vier Satelliten). Da bei zu enger Positionierung der Satelliten mit gegenseitigen Störungen gerechnet werden muss, sind die Orbit-Positionen nur mit Einschränkungen verfügbar. Insbesondere sind im militärisch genutzten X-Band die für Deutschland interessanten Positionen bereits vollständig besetzt.

## Unterstützungssysteme

Neben der flächendeckenden Versorgung durch Satelliten auf geostationären Bahnen, wie es zum Beispiel beim Satellitenfernsehen der Fall ist, werden in naher Zukunft verstärkt Netze mit Satelliten in erdnahen Umlaufbahnen in Betrieb genommen. Der Vorteil solcher LEO-Systeme liegt in den im Vergleich zu GEO-Satelliten wesentlich kürzeren Signallaufstrecken und darin, dass wegen der günstigeren Satellitenbahnen vor allem in höheren geografischen Breiten auch weniger Dämpfungsprobleme auftreten. Dadurch wird sogar mit Handgeräten eine verzögerungsfreie mobile Sprachkommunikation möglich. Weiterhin können die Endgeräte im Vergleich zur Kommunikation über GEO-Satelliten kleiner, leichter und kostengünstiger sein. Der Nachteil liegt in der benötigten hohen Satellitenanzahl für eine globale Abdeckung. So arbeitet das bereits in Betrieb befindliche IRIDIUM-Netz, das weltweite Telefonie ermöglichen soll, mit insgesamt 66 Satelliten auf sechs verschiedenen Bahnebenen. Das geplante GLOBALSTAR-System soll mit 48 Satelliten in acht Ebenen arbeiten.

Ein großes Problem der Satellitenkommunikation ist die prinzipielle Begrenzung der nutzbaren Frequenzbereiche und damit der Datenübertragungsrate. Für im GEO stationierte Kommunikationssatelliten ist mit der rapiden Zunahme des weltweiten zivilen Kommunikationsaufkommens die Erschöpfung der Kapazitäten für die Datenübertragung in absehbarer Zeit zu erwarten. Dies bezieht sich sowohl auf die Frequenzbereiche als auch auf den räumlichen Abstand der Satelliten (Vermeidung von Überspracheffekten) im GEO. Genutzt wird derzeit bei der Satellitenkommunikation der Frequenzbereich bis 20 GHz. Eine mögliche Lösung besteht in der Nutzbarmachung höherer Frequenzen bis ca. 50 GHz, wodurch auch breitbandigere Datenübertragungen möglich werden.

Höhere Frequenzen bieten darüber hinaus den Vorteil geringerer Geräteabmessungen sowie ausgeprägterer Antennenrichtcharakteristik. Von Nachteil ist jedoch, dass in diesem Frequenzbereich Dunst und Wolken durch Dämpfung, Phasenverschiebung und Depolarisation die Signale auf dem Übertragungsweg zwischen Bodenstation und Satellit beeinträchtigen. Eine weitgehend wetterunabhängige Signalübertragungsstrategie ist noch Gegenstand der Forschung. Ein Lösungsansatz besteht in einer möglichst scharfen Bündelung der Abstrahlungen. Damit ist gleichzeitig ein Schutz gegen Aufklären, Abhören und Stören gegeben. Eine weitere Möglichkeit, digitale Daten effizienter zu übertragen, ist die Kompression von Bild und Sprache.

Eine wichtige bereits genutzte technische Neuerung sind elektronische Antennen auch auf Kommunikationssatelliten. Sie erlauben bei genügend großem Winkelabstand die Kommunikation mit verschiedenen Partnern in einem einzigen Frequenzbereich. Damit werden Satelliten einen Frequenzbereich mehrfach nutzen können. Auch die bei LEO-Systemen notwendige Strahlnachführung für ortsfeste Teilnehmer wird durch den Einsatz phasengesteuerter elektronischer Satellitenantennen ermöglicht.

Für die Informationsübertragung zwischen Satelliten bieten sich 60-GHz-Kommunikation und Laserkommunikation an, da die hohen atmosphärischen Dämpfungen wegen der auf diesem Übertragungsweg im Weltall fehlenden Atmosphäre entfallen. Die zu wählende Lösung hängt stark von der benötigten Bandbreite ab, wobei mit optischer Signalübertragung besonders hohe Bandbreiten zu erzielen sind. So sollen z.B. mit dem neuen europäischen Nachrichtensatelliten ARTEMIS Daten anderer Satelliten mit Laserkommunikation ausgetauscht werden. Nachgewiesen wurde bereits die Übertragung von Bilddaten des Erderkundungssatelliten SPOT. Geplant sind Übertragungsraten von 50 Mbit/s. Auch der Datenaustausch mit der Bodenstation kann grundsätzlich mit Laserkommunikation erfolgen. Hier ergibt sich aber das Problem der Störung insbesondere durch Wolken. Dabei stellt besonders die Richtung vom Boden zum Satelliten hohe Ansprüche an die Qualität von Sende- und Empfangseinrichtungen, da dann der längere Weg vom bereits gestreuten und aufgeweiteten Strahl zurückzulegen ist.

Seit mindestens zwei Jahrzehnten ist auf dem Gebiet der Laserkommunikation zwischen Satelliten bzw. Flugzeugen und U-Booten gearbeitet worden. Besonders Blau-Grün-Laser könnten wegen ihrer günstigen Dämpfungseigenschaften im Seewasser zur schnellen Datenübertragung zwischen U-Boot und Satellit geeignet sein. Zumindest experimentell wurde dies wahrscheinlich auch schon realisiert. Damit würde im Vergleich zur Funkkommunikation das Auftauchen des U-Boots entfallen.

Derzeitige zivile Kommunikationssatelliten funktionieren im Wesentlichen nur als (transparente) Transponder mit Vermittlung vom Boden aus. Da man bei militärischen Nachrichtensatelliten nicht auf verwundbare, weit entfernte Bodenstationen angewiesen sein möchte, bietet sich der Übergang zu Relaisstationen mit On-Board-Vermittlung an (regenerative Transponder). Bei dieser aufwändigen Technik sorgen Computer an Bord der Satelliten für die Weiterleitung von Signalen von Satellit zu Satellit oder zum angewählten Empfänger. Die Steuerung dieses Vermittlungsnetzes kann dabei von einem sicheren Territorium aus erfolgen.

Bis auf diese aufwändige On-Board-Vermittlung ist die Technik der Satellitenkommunikation insgesamt in noch stärkerer Weise zivil dominiert als z.B. Funk.

Im Folgenden werden die wichtigsten vorhandenen bzw. geplanten Systeme zur raumgestützten militärischen Kommunikation beschrieben.

## USA

Die USA betreiben eine Fülle von militärischen Kommunikationssatellitensystemen, wie FLTSAT (Fleet Satellite Communications), DSCS II (Defense Satellite Communications System), DSCS III usw., die aber bis auf die Zugangssicherheit, bestimmte Frequenzbänder und Orbits und andere Details im Wesentlichen auf ziviler Architektur und Technik basieren. Eine grundsätzlich andere Architektur wird dagegen beim MILSTAR-System realisiert.

Die MILSTAR-Satelliten leiten die vom Boden oder einem anderen Satelliten empfangene Nachricht je nach Erreichbarkeit des Adressaten entweder direkt zu dessen Bodenstation oder an andere Satelliten des Netzes weiter. Damit ist jeder MILSTAR-Satellit ein Knoten im globalen Kommunikationsnetz (s. Abb. 2-10). Die Konfiguration dieses Netzwerks wird von einer einzigen Station vom sicheren eigenen Territorium aus überwacht und gesteuert. Die zur Weiterleitung verwendete Datenbasis in den Satelliten kann von der Zentrale modifiziert werden und so das gesamte Netz innerhalb weniger Minuten der aktuellen Lage angepasst werden.

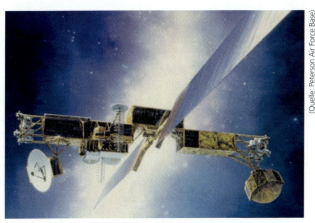

Abb. 2-10:  **MILSTAR-Satellit**

Die ursprünglich geplante Konstellation sah vier aktive Satelliten im geosynchronen äquatorialen Orbit vor, außerdem drei aktive Satelliten und einen Reservesatelliten in einem geosynchronen polaren Orbit. Zusätzlich war für jeden Orbit noch ein Reservesatellit geplant. Nach Haushaltskürzungen wurde die Konfiguration auf sechs Satelliten in verschiedenen Orbits mit niedriger und hoher Inklination reduziert. Das operationelle MILSTAR-System sollte nach dieser Planung dann aus vier Satelliten in geosynchronen Orbits und einem polaren Unterstützungssystem bestehen.

Mit dem Ende das kalten Krieges wurde die Gefahr eines Nuklearschlags erheblich geringer eingestuft, so dass die hohen Schutz- und Überlebensanforderungen an die MILSTAR-Satelliten reduziert werden konnten. Dies führte auch zu einer weiteren Reduzierung der Satellitenzahl in der jetzt MILSTAR 2 genannten Konfiguration. Diese besteht aus vier Satelliten und wurde mit dem erfolgreichen Start des vierten MILSTAR-Satelliten („Flight 5") im Januar 2002 vervollständigt. Ein fünfter MILSTAR-Satellit („Flight 6") soll Ende 2002 gestartet werden und den ältesten Satelliten („Flight 1") ersetzen, der dann noch als Reserve im Orbit verbleibt.

Jeder Satellit wiegt 4.500 kg und hat eine geplante Lebensdauer von zehn Jahren. Die Solar-Panels liefern 10 kW elektrische Energie. Die möglichen Datenraten unterscheiden sich je nach der Nutzlast des Satelliten in LDR (Low-Data-Rate) und MDR (Medium-Data-Rate). MDR erlaubt bis zu 1,5 Mbit/s, während LDR maximal nur 2,4 Kbit/s ermöglicht. Der erste MILSTAR-2-Satellit, der 1999 gestartet wurde, ist mit MDR ausgerüstet.

*Russland*

Russland betreibt ein zweischichtiges System rein militärischer Kommunikationssatelliten. Die STRELA-3-Satelliten („Pfeil") operieren im LEO und wurden ursprünglich in Clustern von sechs Satelliten gestartet. Sie erlauben den Empfang von Nachrichten aus entfernten Gebieten innerhalb und außerhalb der GUS bzw. Russlands. Die Nachrichten werden gespeichert und in das Kontrollzentrum übertragen, wenn die Satelliten in dessen Reichweite sind. In der ehemaligen Sowjetunion wurden sie sowohl von militärischen Dienststellen als auch von entfernt eingesetzten Agenten benutzt. Bei neueren Starts werden aus Kostengründen nicht mehr sechs STRELA-3-Satelliten in den Orbit gebracht, sondern nur noch drei, während zusätzlich drei kommerzielle Satelliten mitgestartet werden.

Die zweite Schicht militärischer Kommunikationssatelliten, RADUGA („Regenbogen") und dessen Nachfolgesystem RADUGA-1, ist im GEO stationiert. Sie soll eine zuverlässigere Kommunikation innerhalb der GUS zur Verfügung stellen als die anderen Fernmeldemittel. 1994 betrug die Satellitenkonstellation noch 13 Satelliten in neun Positionen. Wegen des Ausfalls von Systemen im Orbit und des Ausbleibens des notwendigen Ersatzes reduzierte sich diese Zahl bis 2000 auf fünf Satelliten.

Ein weiteres Satellitensystem im GEO, POTOK („Strom"; anderer Code-Name: GEJSER – „Geysir"), dient als Relaissatellit zur Kommunikation mit Aufklärungssatelliten, die keinen direkten Funkkontakt haben. Die Ursprungskonfiguration bestand aus drei Satelliten. Seit 1996 ist jedoch nur noch ein Satellit aktiv.

*NATO*

Zur unmittelbaren Kommunikation der europäischen und amerikanischen NATO-Partner betreibt die NATO eine eigene Satellitenverbindung. Das Raumsegment bestand ursprünglich aus vier Satelliten (NATO A, B, C, D) in geostationären Orbits. Die dritte Generation der Satelliten (NATO III) basierte auf spinstabilisierten zylindrischen Plattformen. Die auf feste Punkte ausgerichteten Hornantennen mussten daher in entgegengesetzter Richtung rotieren. Die Folgegeneration (NATO IV) ist dagegen dreiachsenstabilisiert und entspricht im Wesentlichen den britischen SKYNET-4-Satelliten. Die derzeitige Konfiguration besteht nur noch aus drei Satelliten, von denen einer (NATO III D) aus der dritten Generation stammt, während die anderen beiden (NATO IV A und NATO IV B) bereits der neuen Generation angehören.

*Europa*

Von den europäischen Nationen betreiben seit längerem Großbritannien und neuerdings Italien eigene militärische Kommunikationssatelliten.

Das Raumsegment des britischen Systems besteht aus drei Satelliten der SKYNET-Serie im GEO. Die Satelliten der aktuellen vierten Generation SKYNET 4 haben eine Masse von 790 kg und sind 16 m lang mit einem Durchmesser von ca. 2 m. Die geplante Lebensdauer liegt bei sieben Jahren. Die Positionen von SKYNET 4A, 4B und 4C auf dem GEO waren 34°W, 53°O sowie 1°W. Vermutlich als Ersatz für ältere Satelliten wurden 1999

Unterstützungssysteme

Abb. 2-11: **Britischer militärischer Kommunikationssatellit SKYNET 5**

und 2001 weitere Satelliten der SKYNET-4-Serie (SKYNET 4E und SKYNET 4F) in den Orbit gebracht. Die Satelliten sind mit acht Transpondern (SHF, UHF, S-Band) bestückt.

Die bereits vorgesehene Nachfolgegeneration SKYNET 5 (s. Abb. 2-11) soll wesentliche Verbesserungen hinsichtlich Zuverlässigkeit, Überlebensfähigkeit und Sicherheit gewährleisten. Sie soll 2005 in Dienst gestellt werden.

Als Mitflug auf einer ARIANE 4 mit dem britischen SKYNET-4F-Satelliten wurde auch ein italienischer militärischer Kommunikationssatellit, SICRAL 1 (Sistema Italiana de Communicazione Riservente Allarmi), gestartet. Seine Position auf dem GEO liegt bei 16°O. Auf ihm werden neun Transponder im SHF-, UHF- und EHF-Band betrieben.

Frankreich nutzt derzeit eigene zivile Satelliten (TELECOM IIA bis IID) für speziell gesicherte militärische Kommunikationskanäle (SYRACUSE II = Système de Radiocommunication Utilisant un Satellite II). Für 2005 ist eine Konfiguration von drei militärischen GEO-Satelliten (SYRACUSE 3) geplant.

Planungen in Deutschland zur Deckung des gewachsenen militärischen Bedarfs an Satellitenkommunikation sehen als Kurzfristlösung angemietete Kanäle auf zivilen Satelliten (INMARSAT, INTELSAT, EUTELSAT) vor. Mittelfristig ist zusätzlich ein Abkommen mit Frankreich zur Mitbenutzung des SYRACUSE-Systems geplant. Höchstens als Langfristlösung kommen eigene nationale militärische Kommunikationssatelliten in Betracht.

## 2.2.4 Navigation

Das in fast allen Bereichen wichtigste Navigationsverfahren ist gegenwärtig die Satellitennavigation. Neben älteren rein zivil genutzten Verfahren haben sich die von den USA (GPS = Global Positioning System) und der ehemaligen Sowjetunion (GLONASS = Global Navigation Satellite System) als militärische Systeme geplanten und betriebenen Systeme weltweit durchgesetzt. Trotz zunehmender ziviler Nutzung müssen sie als militärische raumgestützte Unterstützungssysteme eingestuft werden, da sie nach wie vor unter rein nationaler militärischer Kontrolle stehen. Nicht zuletzt deshalb strebt die Europäische Union ein zivil betriebenes Satellitennavigationssystem (GALILEO) an, das europäischer internationaler Kontrolle unterliegt und daher verlässlichere Zugänglichkeitsgarantien z.B. für die Nutzung beim Landeanflug im internationalen Luftverkehr geben kann.

Die oben genannten Satellitennavigationssysteme arbeiten nach dem so genannten Einweg-Entfernungsmessverfahren. Dabei senden die Satelliten präzise zeitgesteuerte Zeitsignale und Daten über ihre eigene Position aus. Der Nutzer kann dann aus den Laufzeiten bzw. Laufzeitunterschieden der empfangenen Signale mehrerer Satelliten seine Eigenposition ableiten. Neben der Positionsbestimmung ist über die Auswertung der Dopplerverschiebung der empfangenen Signale auch eine direkte Geschwindigkeitsbestimmung möglich.

Zukünftige Verbesserungen in der Satellitennavigation werden durch die Weiterentwicklung bei raumgestützten Uhren angestrebt. Anstelle der derzeitig installierten Atomuhren (Rubidium- und Cäsium-Uhren) wird in USA und Russland an raumflugtauglichen Wasserstoff-Maser-Uhren gearbeitet. Diese verfügen über eine bessere Zeitgenauigkeit und könnten daher eine höhere Navigationsgenauigkeit ermöglichen.

Eine rasante Entwicklung hat, bedingt durch Fortschritte in der Halbleitertechnologie (GaAs-Mikrowellenschaltkreise), bei den Empfängern stattgefunden. Diese sind jetzt in großer Vielfalt als handliche Einzelsysteme oder als Einbaukarten preiswert verfügbar. Komplette GPS-Empfänger werden auch bereits auf einem einzigen Chip integriert und als Einbau z.B. in eine Armbanduhr kommerziell angeboten.

Verbesserungen in der Navigationsgenauigkeit lassen sich lokal mit differentiellen Navigationsverfahren erreichen. Diese basieren auf stationären Empfängern, deren Positionen genau bekannt sind, und die daher Korrektursignale zum empfangenen fehlerbehafteten Satellitensignal ermitteln und verbreiten können. Mobile Plattformen in Reichweite einer Referenzstation können mit diesem Korrektursignal und dem direkt empfangenen Satellitensignal ihre Positionsbestimmung verbessern, da auf diese Weise diejenigen Fehler beseitigt werden können, die für Referenzstation und mobile Empfänger gleich sind (z.B. Übertragungsfehler durch ionosphärische Einflüsse). Insbesondere wird durch solche Verfahren auch der für den offenen Zugang absichtlich erzeugbare Fehler beim US-amerikanischen GPS-Verfahren korrigiert. Das so genannte Differential GPS

(DGPS) erlaubt die Navigation mit einer Genauigkeit von besser als 5 m in einer Distanz bis zu 2.000 km von der Referenzstation. Mit einem Netz von Referenzstationen wird diese Genauigkeit auch weiträumig erreichbar. Als weltweite Unterstützungssysteme werden auch satellitengestützte Referenzstationen aufgebaut, die die am Boden ermittelten DGPS-Korrektursignale für bestimmte geografische Regionen verbreiten sollen (Global Navigation Satellite System = GNSS).

Für zivile Weiterentwicklungen werden derzeit Systeme unter Einbeziehung von GPS und GLONASS favorisiert. Benötigt wird aber, z.B. für Luftfahrtaufgaben, eine höhere und besser (international) kontrollierbare Betriebssicherheit. Ergänzungen werden sowohl bei Boden- als auch bei Raumsegmenten empfohlen. Für die bodenseitige Ergänzung diskutiert man Monitor- und Referenzstationen sowie Bodensender, die wie Navigations-Satelliten arbeiten und genutzt werden können. Als wirksamste Ergänzung des Raumsegments werden Navigationstransponder angesehen, die sowohl aktuelle Informationen über den Systemzustand als auch Korrekturwerte und ergänzende GPS/GLONASS-Signale übertragen können.

Eine Schwachstelle der Satellitennavigation ist die vergleichsweise einfache Störbarkeit insbesondere während der Initialisierungsphase des Empfängers. Aber auch im laufenden Betrieb kann GPS z.B. mit einem 100-Watt-Störsender noch über eine Entfernung von ca. 40 km effektiv gestört werden. Für militärische Anwendungen, die eine ständige ununterbrochene Positionsangabe benötigen, sind daher reine Satellitennavigationsverfahren zu unsicher. Es müssen daher Hybridlösungen von Satellitenempfängern in Verbindung mit anderen Navigationsverfahren (z.B. mit Inertial- und/oder Korrelationsnavigation) eingesetzt werden.

Im Folgenden werden die wichtigsten vorhandenen bzw. geplanten Satellitennavigationssysteme beschrieben.

## USA

Das Raumsegment des US-amerikanischen GPS-Systems besteht aus mindestens 24 NAVSTAR-Satelliten (Navigation System Using Timing and Ranging), die auf sechs verschiedenen, um 55° gegenüber dem Äquator geneigten Bahnen in ca. 20.000 km Höhe innerhalb von zwölf Stunden die Erde umkreisen (s. Abb. 2-12). Die erste große Bewährungsprobe mit einem Teilsystem von 16 Satelliten stellte der zweite Golfkrieg 1991 dar. Der Ausbau des Systems ist jetzt abgeschlossen. Die Satellitenkonstellation mit je vier Satelliten auf jeder der sechs Bahnen stellt sicher, dass an jedem Punkt der Erde zu jedem Zeitpunkt die für eine dreidimensionale Positionsbestimmung benötigten Signale von mindestens vier Satelliten gleichzeitig empfangen werden können. Darüber hinaus erlaubt diese Bahnkonstellation eine ständige rein nationale Überwachung und Steuerung aller Satelliten vom US-amerikanischen Territorium aus. Der aktuelle Systemstatus zeigt 28 einsatzbereite Satelliten an, so dass im Vergleich zur Minimalzahl von 24 eine Reserve besteht.

Unterstützungssysteme

(Quelle: TU Ilmenau)

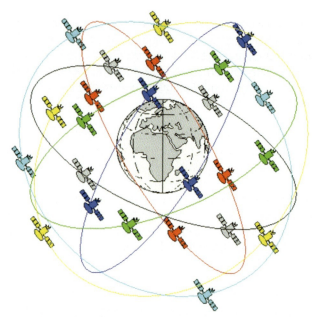

Abb. 2-12: **Konfiguration des US-amerikanischen GPS mit sechs Bahnebenen mit je vier Satelliten**

Jeder GPS-Satellit ist mit einem D-Band-Navigationssender und einer hochpräzisen Atomuhr ausgerüstet und strahlt kontinuierlich Signale ab, die in kodierter Form den momentanen Standort und den Sendezeitpunkt enthalten. Die Ganggenauigkeit der Uhren und die aktuelle Umlaufbahn werden beim Überfliegen von Bodenstationen aus überwacht und korrigiert. Die genaue Standortbestimmung des Empfängers erfolgt aus der Laufzeit der Signale von drei Satelliten. Die Genauigkeit hängt weitgehend von der Synchronisation zwischen der Atomuhr des Satelliten und dem GPS-Empfänger ab. Deshalb werden die Signale des vierten Satelliten zur Synchronisation der einfachen Quarzuhr des Empfängers benötigt. Neben der Positionsbestimmung ist über die Auswertung der Dopplerverschiebung der empfangenen Signale eine Geschwindigkeitsbestimmung möglich.

Die für autorisierte Benutzer erreichbare Genauigkeit liegt im Meterbereich. Für den allgemeinen zivilen Gebrauch wird eine Auflösung von besser als 10 m angeboten, die jedoch auslegungsgemäß vom US-Betreiber durch Zuschalten einer gezielten Störung auf 100 m verschlechtert werden kann. Als Nebeneffekt steht durch GPS auch ein Zeitsignal mit einer Genauigkeit von 100 ns zur Verfügung, das zur Synchronisierung räumlich entfernt laufender Prozesse verwendet werden kann.

Verbesserungen des Systems beziehen sich nicht nur auf die Erhöhung der Genauigkeit, sondern auch auf die Störresistenz und die Verhinderung der missbräuchlichen Nutzung des militärischen Signals z.B. durch gegnerische Lenkflugkörper. Für die Erhöhung der Genauigkeit werden neue Satelliten mit verbesserten Atomuhren ausgerüstet. Sie sind mit vier Frequenzstandards versehen und erreichen Ganggenauigkeiten mit Abweichungen in der Größenordnung von nur Nanosekunden pro Tag. Weitere Verbesserungen in der Positionsgenauigkeit bis hinunter in den Submeterbereich werden für die nächsten zehn Jahre mit einer Reihe von Fortschritten insbesondere bei der Satellitenkontrolle angestrebt. So soll durch eine Intersatellitenverbindung bei der neuen Generation der GPS-Satelliten eine Vermessung der eigenen Position durch die Satelliten selbst möglich werden und damit eine Verringerung des Fehlers in den Bahndaten der Satelliten. Mit der nächsten Folgegeneration (Block IIF) soll diese Fähigkeit weiter ausgebaut und den Satelliten noch mehr eigenständige Arbeitsfähigkeit ermöglicht werden.

Da die Satellitennavigation in sehr viele militärische Systeme integriert worden ist, kommt dem Schutz vor Störern eine große Bedeutung zu. Dieses hat vor allem technische Konsequenzen für die Empfänger. Aber auch auf Seite der Satelliten begegnet man dem durch eine größere Signalstärke und neue Code-Strukturen. Wegen ihrer Bahnhöhe von ca. 20.000 km sind die GPS-Satelliten mit Antisatellitenwaffen nur schwer anzugreifen. Überdies ist das System mit derzeit 28 Satelliten redundant ausgelegt.

*Russland*

Das Anfang 1996 fertiggestellte russische GLONASS (Global Navigation Satellite System, Globalnaja Nawigationnaja Sputnikowaja Sistema) weist eine weitgehend ähnliche Architektur wie das GPS auf. Es basiert ebenfalls auf 24 Satelliten, die allerdings in drei statt in sechs Ebenen angeordnet sind (s. Abb. 2-13). Die Bahnen führen im Vergleich zu GPS über höhere Breitengrade, während GPS im äquatorialen Bereich eine bessere Überde-

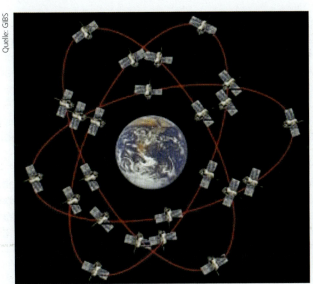

Abb. 2-13: **Konfiguration des russischen GLONASS mit 24 Satelliten in drei Bahnebenen und acht Satelliten pro Bahn**

ckung gewährleistet. Ein weiterer wichtiger Unterschied besteht darin, dass bei GLONASS kein privilegierter Zugang vorgesehen ist. Die allgemein zugängliche Genauigkeit liegt bei 50-70 m.

Der derzeit aktuelle GLONASS-Satellit, Block IIv, ist in drei Achsen stabilisiert und hat eine Masse von ungefähr 1.400 kg, die etwas größer als die des Vorgängermodells ist. Der Durchmesser beträgt ungefähr 2,4 m und die Länge 3,7 m. Die Spannweite der Solar-Panels ist 7,2 m für eine elektrische Leistungserzeugung von 1,6 kW.

Durch Ausfall bereits stationierter Satelliten und fehlenden Ersatz ist die volle Leistungsfähigkeit von GLONASS nicht mehr gewährleistet. Wegen fehlender bzw. stark reduzierter Startkapazitäten sank die Zahl der operationellen Satelliten bis Ende 2000 auf elf und beträgt derzeit nur noch sieben, wobei eine der drei Ebenen gänzlich unbesetzt ist.

Neben dem auch zivil zugänglichen GLONASS betreibt Russland seit 1970 das militärische Satellitennavigationssystem PARUS („Segel"; auch ZIKADA-M genannt). Es besteht aus je einem operationellen Satelliten in insgesamt sechs Bahnebenen im LEO, die um 30° auseinander liegen. Die Bahnen sind mit ca. 960 km x 1010 km leicht elliptisch und verlaufen mit einer Inklination von 83° sehr polnah. PARUS liefert eine Positionsbestimmung für Schiffe mit einer Genauigkeit von 80 bis 100 m. Die Starts zur Erneuerung gingen in den 1990er Jahren zurück. Als Kompensation konnte die Lebensdauer der Satelliten von zwei Jahren bis auf sieben Jahre verlängert werden. Der letzte Start war im Juni 2001.

*Europa*

Nach Beschluss der Europäischen Kommission vom Februar 1999 und des EU-Verkehrsrates im März 2002 soll ein unabhängiges europäisches Satellitennavigationssystem GALILEO realisiert werden. Es soll ein offenes, globales und ziviles System unter europäischer Kontrolle werden, kompatibel zum US-amerikanischen GPS, aber unabhängig von ihm, mit einer noch zu definierenden Beteiligung Russlands.

Das Raumsegment des Systems wird aus 30 Satelliten bestehen, die gleichmäßig auf drei Bahnebenen in einer Höhe von ca. 23.000 km verteilt werden (s. Abb. 2-14 und Abb. 2-15).

Ergänzende regionale und lokale Komponenten, wie z.B. die Ermittelung und Verbreitung differentieller Korrekturwerte, können zur Verbesserung des Systems beitragen. Die angestrebten Genauigkeiten in der Ortsbestimmung liegen global im Bereich von 10 m und für die regionale bzw. lokale Komponente bei 4 m bzw. 1 m. Geschwindigkeiten sollen bis auf 0,2 m/s (0,7 km/h) genau ermittelbar sein.

Es sollen drei verschiedene Dienste angeboten werden. Dabei handelt es sich um einen offenen Dienst vergleichbar mit GPS, einen gebührenpflichtigen Dienst für kommerzielle Zwecke sowie einen speziellen Dienst für öffentliche Aufgaben, dessen

Unterstützungssysteme

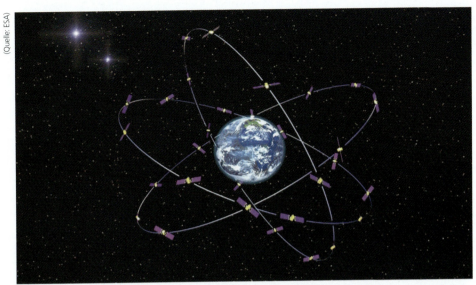

Abb. 2-14: **Konfiguration des geplanten europäischen Satellitennavigationssystems GALILEO mit 30 Satelliten in drei Bahnebenen mit je zehn Satelliten**

Abb. 2-15: **Satelliten des geplanten europäischen Navigationssystems GALILEO**

Schwerpunkt auf sicherheitskritischen Anwendungen in der Luft- und Schifffahrt liegt. Der Aufbau von GALILEO soll in drei Phasen erfolgen. Die Entwicklungs- und Validierungsphase soll bis 2005 dauern. Die anschließende so genannte Errichtungsphase ist für 2006 bis 2007 geplant, so dass die Betriebsphase 2008 beginnen kann.

GALILEO stellt, auch wenn es ausschließlich für den zivilen Gebrauch konzipiert wird, eine Dual-Use-Technologie dar, deren zivile Anwendung gewährleistet wird, wenn sie von zivilen Stellen kontrolliert und wenn problematische Fälle durch internationale Übereinkommen geregelt werden. GALILEO bietet den europäischen Streitkräften ergänzend zum GPS-Signal zusätzliche Möglichkeiten für die Positionierung und Navigation. Im Krisenfall kann eine Nutzung von GALILEO-Signalen durch potenzielle Gegner durch aktive Funkstörung und eine Signalverschlüsselung verhindert oder zumindest erschwert werden. In beiden Fällen muss allerdings abgewogen werden, ob der erzielbare Gewinn an Sicherheit die Nachteile einer weitgehenden Ausschaltung der GALILEO-Signale für die gesamte zivile Infrastruktur überwiegt.

GALILEO wirkt der Monopolsituation der USA auf dem Gebiet der Satellitennavigation entgegen und schafft Versorgungssicherheit für die Positions- und Zeitdienste der Satellitennavigation, die zu Teilen kritischer Infrastruktur gehören.

Als europäischer Beitrag zum GNSS (Global Navigation Satellite System) sind im so genannten EGNOS-Programm (European Geostationary Navigation Overlay Service) drei so genannte SBAS-Satelliten (Satellite-Based Augmentation System) im GEO zur Verbesserung der Satellitennavigation geplant. Neben differentiellen Korrekturen zum GPS-, GLONASS- und später GALILEO-Signal zur Verbesserung der Navigationsgenauigkeit auf 5 m sollen auch Daten über die Qualität und Verlässlichkeit der Signale der Navigationssatelliten verbreitet werden. Damit sollen die Verfügbarkeit und Kontinuität der Satellitennavigation innerhalb des Servicegebietes gewährleistet werden. EGNOS soll 2004 voll operationsfähig sein. Bis dahin werden Testsignale von vorhandenen Satelliten (INMARSAT) ausgestrahlt. Auch der im Juli 2001 gestartete ESA-Satellit ARTEMIS soll EGNOS-Signale senden.

### 2.2.5 Wetter-/Erdbeobachtung

Wetter- und Erdbeobachtungssatelliten sind eigentlich spezialisierte Aufklärungssatelliten zur Erfassung meteorologischer, geografischer, ozeanografischer und geologischer Daten. Eingesetzt werden alle denkbaren Sensoren von hochauflösenden optischen Messvorrichtungen sowie aktiven und passiven Mikrowellenverfahren bis hin zu Lidar. Die große Nähe zu zivilen Aufgaben hat zur Folge, dass sehr häufig Wetter- und Erdbeobachtungssatelliten kombiniert zivil/militärisch genutzt werden.

Eigene militärische Wetter- und Erderkundungssatelliten werden zur globalen Missionsplanung eingesetzt, um unabhängig von zivilen Messprogrammen zeitgerecht

Daten für spezielle Aufgaben und Einsatzgebiete zu ermitteln. Dies betrifft sowohl Informationen über die zu erwartenden meteorologischen Randbedingungen eines geplanten Einsatzes als auch Daten über Ausbreitungsbedingungen der von den verwendeten Sensoren zu messenden Signale.

Neben dieser Verwendung für direkte militärische Einsätze kommt Erderkundungssatelliten auch sicherheitspolitische Bedeutung zu. So ermöglicht z.B. die langfristige Beobachtung des Vegetationszustandes eines beobachteten Gebietes auch eine Prognose über die zu erwartende Ernte. Diese Information kann als Krisenvorhersage dienen und weitreichende sicherheitspolitische Konsequenzen weit im Vorfeld möglicher Konflikte nach sich ziehen.

Eine spezielle Aufgabe für die Satelliten-Geodäsie ist die Ermittlung von Geländeprofilen und anderen Merkmalen für die Endphasenlenkung und Mid-Course-Guidance von Marschflugkörpern. Auch die Vermessung des Gravitationsfeldes mit extremer Genauigkeit durch Erderkundungssatelliten für die Berechnung der Bahnen der ICBMs ist nicht unmittelbar mit zivilen Forschungsprogrammen vereinbar, die mehr an globalen Verhältnissen als an speziellen geografischen Bahnanforderungen orientiert sind. Andere Daten wie zu erwartende Transmissionsverhältnisse für verschiedene Sensorarten können eher zivilen Wetterdaten entnommen werden, wenn die geografische und zeitliche Zuordnung passt.

Eine spezielle Aufgabe, die insbesondere der Sicherstellung der raumgestützten Kommunikation dient, ist die Beobachtung der oberen Atmosphäre und des dortigen Plasmas mit bilderzeugenden EUV-Sensoren (Extremes Ultraviolett). Diese Informationen werden für die Auslegung von Kommunikationssystemen für einen sicheren Betrieb unter möglichst allen denkbaren Verhältnissen benötigt. Ein weiteres Ziel ist die Verbesserung der Vorhersage von magnetischen Stürmen und störenden Auroraeigenschaften, die beide die Ausbreitungsbedingungen für elektromagnetische Strahlung und damit die Informationsübertragung beeinflussen.

Die USA betreiben mit dem „Defense Meteorological Satellite Program" (DMSP) ein spezielles militärisches System zur weltweiten Unterstützung der US-amerikanischen Streitkräfte. Es liefert neben dem Wetterbericht noch Daten über den Feuchtigkeitsgehalt und Temperaturniveaus. Auch Daten über Höhenstrahlung und Auroraeigenschaften werden erfasst, um Änderungen bei den Ausbreitungseigenschaften elektromagnetischer Wellen vorhersagen zu können.

Die Satelliten (s. Abb. 2-16) fliegen in einer Orbithöhe von 830 km. Ihre Masse beträgt ca. 800 kg und ihre Abmessungen sind in der Länge 3,7 m und im Durchmesser 1,2 m. Die Solar-Panels liefern 1 kW elektrische Energie.

Spezielle russische militärische Wettersatelliten sind nicht bekannt. Die zur Missionsplanung benötigten Wetterinformationen werden in Russland mit hoher Wahr-

Unterstützungssysteme

(Quelle: Peterson Air Force Base)

Abb. 2-16: **US-amerikanischer Satellit aus dem „Defense Meteorological Satellite Program (DMSP)"**

scheinlichkeit auch von speziellen militärischen oder mit erhöhter Priorität von zivilen Satelliten bereitgestellt.

Der russische Kartografie-Satellit KOMETA wird in Tab. 2-1 als optischer Aufklärungssatellit eingestuft. Er wird auch für militärische Topografie-Missionen eingesetzt, die bis zu 45 Tage andauern können.

## 2.3 Waffensysteme

Weltraumgestützte Waffensysteme erfordern einen großen technologischen und finanziellen Aufwand. Wegen der Strahlungs- und Partikelbelastung besonders in den für militärische Zwecke am meisten geeigneten niedrigen Umlaufbahnen (LEO) haben sie zudem eine geringe Lebensdauer von höchstens wenigen Jahren. Ein militärischer Nachteil ist, dass ihre Stationierung kaum verborgen bleiben kann, was sicherheitspolitisch natürlich auch gewollt sein kann. Über den Zweck eines stationierten Satelliten kann allerdings auch getäuscht werden.

So sind derzeit keine weltraumgestützten Waffensysteme bekannt. Den genannten gravierenden Nachteilen solcher Systeme müssen erhebliche Vorteile gegenüberstehen, um den Aufwand zu rechtfertigen. Solche Vorteile können im Bereich der raumgestützten Abwehr ballistischer Raketen in der Möglichkeit des weltweiten Abfangens in der Aufstiegsphase (Boost-Phase Intercept = BPI) bestehen, also vor dem Abtrennen von Submunition und Täuschkörpern und ohne die Notwendigkeit eigener Basen in räumlicher Nähe. Im Falle von sehr großflächigen Ländern wie Russland oder China (oder den USA) ist eine Abwehr ballistischer Raketen, die aus dem Landesinneren gestartet werden, in der Aufstiegsphase überhaupt nur raumgestützt möglich.

Ein Einsatz raumgestützter Waffensysteme insbesondere gegen Satelliten kann sehr unauffällig sein, so dass die Ursache des Ausfallens des Satelliten für seinen Besitzer evtl. im Dunkeln bleibt, während z.B. ein Satellitenabschuss vom Boden nicht verborgen bleiben wird. Außerdem lässt sich so eine etwaige Fähigkeit des potenziellen Gegners zum Startphasen-Abfang bodengestützter ASAT- (Anti-Satelliten-) Flugkörper umgehen, indem die Waffensysteme bereits in „Friedenszeiten" im Weltraum stationiert werden. Und schließlich können raumgestützte strategische Waffen dazu dienen, eine wirksame Fähigkeit des Gegners zur Abwehr ballistischer Raketen zu umgehen.

Eine generelle völkerrechtliche Einschränkung stellt jedoch das Verbot der Stationierung von Massenvernichtungswaffen im Weltraum nach dem Weltraumvertrag dar (vgl. Kap. 1.5).

Wegen des hohen wirtschaftlichen und militärischen Stellenwertes von Satelliten für die Hochtechnologie-Nationen sind sie hochwertige und damit potenziell gefährdete Ziele etwaiger Gegner. Dies kann eine Selbstverteidigungsfähigkeit von Satelliten oder andere, auch raumgestützte, Abwehrmöglichkeiten von Anti-Satelliten-Angriffen erfordern.

## 2.3.1 Wirkungsarten

### 2.3.1.1 Wuchtgeschosse und Splittergeschosse

Der Einsatz von Projektilen oder Lenkflugkörpern mit mechanischer Wirkung aus der Erdumlaufbahn heraus gegen Luft- oder Bodenziele erscheint nicht sinnvoll. Dem erheblichen Aufwand einer Weltraumstationierung (Transport, Umgebungsbedingungen, Lebensdauer usw.) stehen keine bedeutend besseren Möglichkeiten im Vergleich zu terrestrischen Mitteln gegenüber. Wegen der hohen Geschwindigkeit würden Projektile darüber hinaus entweder verglühen oder sie müssten einen aufwändigen Hitzeschild erhalten. Dieser würde wiederum zu massiver Abbremsung führen und somit den Vorteil der hohen Geschwindigkeit für die Waffenwirkung konterkarieren. Daher ist die Entwicklung solcher Systeme höchstens für den Einsatz gegen Weltraumziele zu erwarten.

Eine Ausnahme stellte der Versuch der UdSSR dar, eine weltraumgestützte strategische Raketenabwehrfähigkeit der USA (SDI-Programm) zu umgehen, indem (unter Bruch des Weltraumvertrages) Wiedereintrittskörper mit nuklearen Gefechtsköpfen in der Umlaufbahn stationiert werden sollten, die von dort binnen sechs Minuten die USA erreichen konnten (Multiple-Orbital Bombardment System = MOBS). Träger sollte der Kampfsatellit POLJUS („Pol") werden, der außerdem zum Selbstschutz mit umfangreichen Anti-ASAT-Fähigkeiten ausgestattet sein sollte (s. Abb. 2-17). Der einzige Prototyp dieses Kampfsatelliten stürzte 1987 nach dem misslungenen Start mit der neuen Trägerrakete ENERGIJA in den Südpazifik. Neben technischen Schwierigkeiten und dem Risiko beim Start hätte für ein solches System (wie für alle LEO-Systeme) wegen der Abbremsung im LEO die ständige Gefahr des unkontrollierten Absturzes bestanden, außerdem hätten die Kernsprengköpfe regelmäßig zur Wartung ausgetauscht werden müssen, mit entsprechendem Aufwand und Risiko. Generell ist die Lebensdauer von LEO-Systemen wegen der Strahlungs- bzw. Teilchendichte in der Ionosphäre auf wenige Jahre begrenzt, was Kosten und Risiken zusätzlich erhöht hätte.

Ein Grundproblem von Geschossen im Weltraum ist, dass Fehlschüsse und Trümmer nicht verschwinden, sondern sich in einem Orbit bewegen. Es ist daher im erdnahen Weltraum möglich, größere Orbitalbereiche einschließlich des selbst benutzten dauerhaft unnutzbar zu machen. Schrott in niedrigen Umlaufbahnen (LEO) verglüht zwar irgendwann, bis heute befinden sich aber Trümmer der sowjetischen ASAT-Tests der 1960er Jahre im Weltraum. Dabei waren pro Test bis zu 140 Trümmerteile entstanden.

Neben der Zerstörung und ggf. Fragmentierung des Zieles durch den Aufprall von Projektilen ist auch eine nachhaltige Schädigung möglich, z.B. durch Deformation von Antennen und Solarpaddeln, Blockierung von Antennen- und Solarpaddelbewegungen mit feinem Staub oder Beschichten von Sensorfenstern. Damit kann ein Missionsabbruch des Ziels (Soft Kill, Mission Kill) erreicht werden. Bei kurzer Entfernung reicht schon die direkte Einwirkung der Abgase einer Detonation, z.B. auch einer Kanone, zur Schädigung lebenswichtiger Strukturen von Satelliten (Elektronik, Glasfenster, Solarpaddel, Treibstofftanks).

Waffensysteme

Abb. 2-17: **Sowjetischer Kampfsatellit POLJUS mit umfangreichen Selbstschutzeinrichtungen**

## Waffensysteme

Die Aufprallenergie mechanisch wirkender Weltraumwaffen stammt meist überwiegend aus der Bahngeschwindigkeit des Weltraumziels. Das gilt insbesondere für KE- (Kinetische-Energie-) Gefechtsköpfe (Wuchtgeschosse), wie sie für das bodengestützte KE-ASAT-System von Boeing/US Army oder für das raumgestützte SPACE-BASED INTERCEPTOR EXPERIMENT (SBX) der US-amerikanischen Raketenabwehrbehörde (Missile Defense Agency = MDA) vorgesehen sind und auch schon für das BRILLIANT-PEBBLES-Programm von weltraumgestützten KE-Lenkflugkörper-Batterien der Strategischen Verteidigungsinitiative (SDI) der USA geplant waren. Aber auch das Ausbringen einer Splitter- oder Schrotwolke (evtl. reicht grober Sand aus) im Bahnbereich eines Satelliten, was vergleichsweise leicht zu erreichen ist, kann diesen bei großer Geschwindigkeitsdifferenz zerstören.

KE-Geschosse müssen mit höchster Genauigkeit ihr Ziel treffen, weshalb eine Endphasenlenkung unbedingt erforderlich ist. Dabei kann natürlich nicht auf aerodynamische Steuerelemente zurückgegriffen werden. Insbesondere für die raumgestützte Abwehr ballistischer Raketen ist ein Hochgeschwindigkeits-Flugkörper nötig, um die Rakete rechtzeitig vor ihrer Zerlegung in Trümmerteile, Täuschkörper und Submunitionen in großer Entfernung abzufangen. Zur Verbesserung der Wirkung können zusätzlich seitlich, ggf. gerichtet, ausgestoßene Projektile („Lethality Enhancer") oder regenschirm- oder paddelartige Strukturen beitragen.

Um die Entstehung zusätzlicher Trümmer bei der Bekämpfung von Satelliten zu vermeiden, sieht das (bodengestützte) KE-ASAT-System (Kinetische-Energie-Anti-Satelliten-System) von Boeing/US Army vor, dass das so genannte Kill Vehicle den zu bekämpfenden Satelliten nicht direkt trifft, sondern mit einem ausgefahrenen paddelartigen Kevlar®-Segel schlägt (nach Art einer Fliegenklatsche), so dass der Satellit funktionsunfähig, aber nicht in mehrere Trümmerstücke zerlegt wird. Das „Kill Vehicle" selbst soll nach erfolgreicher Mission kontrolliert in der Atmosphäre verglühen.

Eine Bekämpfung des Zieles ist ggf. auch aus einer Park- oder Transferbahn möglich, bei der die Relativgeschwindigkeit geringer ist. Dann muss die Zerstörungsenergie durch eine Detonation (Spreng-Splitter-Gefechtskopf oder Beschuss mit einer Kanone) oder einen Flugkörperantrieb aufgebracht werden. Beim bodengestützten und coorbital (aus einer Umlaufbahn) angreifenden sowjetischen ASAT-System I2P/IS-A wurde durch eine Sprengladung eine Fragmentierung in zwölf Splittergruppen erreicht.

Eine rückstoßfreie Maschinenkanone zur Selbstverteidigung gegen Angriffe von ASAT-Flugkörpern oder APOLLO-Raumschiffen war auf den bemannten sowjetischen militärischen Raumstationen SALJUT („Salut") 3 und 5 installiert. Diese Stationen des ALMAS-Programms („Diamant" – 1974/75 und 1976/77) dienten in erster Linie der Aufklärung. Der Aufwand für eine Besatzung erwies sich dabei jedoch nicht als lohnend, weshalb in der Folgezeit zu unbemannten Aufklärungssatelliten übergegangen wurde. Die Maschinenkanone von SALJUT 3 wurde kurz vor dem kontrollierten Absturz der Station von der Bodenkontrolle aus abgefeuert. Auch der erwähnte sowjetische Kampfsatellit POLJUS

## Waffensysteme

war mit einer Anti-ASAT-Kanone bestückt (s. Abb. 2-17). Gegen militärische Einsätze der US-Raumfähre entwickelte die UdSSR den Kampf-Raumgleiter URAGAN („Orkan"), der mit zwei Mann Besatzung und einer rückstoßfreien Kanone ausgestattet und mit einer SENIT-2-Trägerrakete gestartet werden sollte. Der verkleinerte Prototyp BOR-4 wurde 1982-84 viermal getestet, das Programm wurde 1987 eingestellt.

Als direkte Schutzmaßnahmen gegen mechanisch wirkende Geschosse kommen nur Panzerung und stabilere Antennen- sowie Solarkollektorstrukturen in Frage. Dadurch wird aber das Startgewicht eines Satelliten beträchtlich erhöht. Indirekte Schutzmöglichkeiten bestehen zum einen in einer möglichst herabgesetzten Auffindbarkeit durch absorbierenden Anstrich (bei POLJUS wahrscheinlich auch radarabsorbierend), Verzicht auf Solarpaddel sowie möglichst kleinen Radarquerschnitt. Sensoren können durch Blendlaser (für POLJUS vorgesehen), elektronische Schutzmaßnahmen oder Täuschkörperausstoß geblendet oder getäuscht werden. Bei hinreichendem Treibstoffvorrat und relativ langsamem Angriff (z.B. coorbitalem ASAT-Angriff) sind Ausweichmanöver denkbar. Alle aktiven Maßnahmen setzen aber voraus, dass ein Angriff rechtzeitig entdeckt wird, dass also auch entsprechende Sensoren vorhanden sind.

### 2.3.1.2 Laserwaffen

Laser-Waffensysteme bieten eine Reihe von Vorteilen insbesondere für die Bekämpfung sehr weit entfernter und sich sehr schnell bewegender Ziele. Sie bekämpfen ihr Ziel mit Lichtgeschwindigkeit, daher ist kein Vorhalt nötig. Mit einem schnellen Zielverfolgungssystem zur Sicherstellung ausreichend langer Strahlungseinwirkung auf das Ziel sind also nicht notwendigerweise Annahmen über die Bahn des Zieles erforderlich. Da nur relativ massearme Optiken geschwenkt werden müssen, sind kurze Richtzeit und schnelle Zielwechsel möglich. Daher haben Laserwaffen eine gute Fähigkeit zur Mehrfachzielbekämpfung, zumal ein extrem großer Richtwinkelbereich möglich ist (Richtungsagilität). Diese Eigenschaften machen Laserwaffen besonders zur Abwehr ballistischer Flugkörper attraktiv, sowie gegen weit entfernte Satelliten, auch auf Umlaufbahnen, die aus der Bahn des Waffensystems nur schwer durch Flugkörper oder Geschosse zu erreichen wären (z.B. stark abweichende Inklination). Ein Einsatz einer im LEO stationierten Laserwaffe gegen GEO-Satelliten ist allerdings in absehbarer Zeit nicht zu realisieren. Wegen der großen Entfernung zum Ziel müsste hierfür ein sehr präziser Spiegel mit etwa 100 m Durchmesser vorhanden sein, der dem Ziel sehr genau nachgeführt werden müsste.

Ein Einsatz raumgestützter Laserwaffen gegen Boden- und Luftziele erscheint weniger günstig, zum einen wegen der atmosphärischen Absorption der meisten IR-Wellenlängen (wie insbesondere der des HF-Lasers des geplanten SPACE-BASED LASER (SBL) der US-Luftwaffe, s. u.), aber auch wegen der Beeinträchtigung der Qualität des Laserstrahls im Ziel durch atmosphärische Einflüsse (Turbulenzen, Mie-, Rayleigh- und Raman-Streuung, thermisches „Blooming", Durchbruch bei höchsten Laserleistungen ), bis zum völligen Versagen bei schlechtem Wetter.

Ein Laserwaffensystem umfasst folgende Komponenten:

- Zielerfassungs- und -verfolgungssystem
- Laser (Strahlungsquelle)
- Strahlführungssystem
- Strahlformungssystem (Adaptive Optik), falls die Atmosphäre durchstrahlt wird
- Systemsteuerung und Wirkungskontrolle incl. der dazu nötigen Sensorik
- Energieversorgung.

*Niederenergielaser*

Niederenergielaser mit mittleren Leistungen unter 1 kW, typischerweise 1-100 W, werden neben ihrer weiten Verbreitung in der zivilen Technik auch militärisch zur Signalübertragung und in Sensorsystemen eingesetzt. Sie können außerdem zur In-Band-Schädigung (Blenden) von elektrooptischen Sensoren genutzt werden und zum Missionsabbruch (Mission Kill, Soft Kill) eines Angreifers führen. Wegen der starken Fokussierung durch die Sensoroptik genügt hier bereits eine relativ geringe Laserleistung (Energiedichte des Laserstrahls auf dem Ziel ca. 10 $J/cm^2$), vorausgesetzt, die Wellenlänge liegt im empfindlichen Bereich des Detektors. Der Laser muss sich allerdings im Sichtfeld des Sensors befinden, weswegen er bei der Abwehr zielsuchender Lenkflugkörper vom angegriffenen System selbst eingesetzt werden muss. Das Blenden kann vorübergehend sein, d.h., das bekämpfte Gerät kann nach Beendigung der Bestrahlung durch den Blendlaser wieder funktionieren. Niederenergie-Laserwaffen könnten eine Selbstverteidigungsoption von Satelliten gegen IR-gelenkte ASAT-Flugkörper darstellen. Ein Grundproblem des Einsatzes von Blendlasern ist die Wirkungs- und Erfolgskontrolle.

Zur In-Band-Schädigung muss die Laserwaffe auf den empfindlichen Wellenlängenbereich des Sensors eingestellt werden können, eine breite Abstimmbarkeit der Laser-Wellenlänge ist daher hier besonders wichtig.

Es können praktisch alle Laserarten genutzt werden, wie elektrisch gepumpte Festkörperlaser (z.B. Nd:YAG), Halbleiterlaser, Gaslaser, Farbstoff- und Excimerlaser, evtl. kombiniert mit nichtlinearen optischen Elementen, wie z.B. Frequenzvervielfachern oder optisch-parametrischen Oszillatoren (OPO), zur Erzeugung weiterer Wellenlängen. Eine flexible und genaue Abstimmung der Wellenlänge wäre mit Freie-Elektronen-Lasern (FEL) möglich.

In China, Großbritannien und der GUS sind Niederenergielaser zur In-Band-Schädigung von Sensoren bereits eingeführt. Einfache Systeme sind kommerziell verfügbar. Die Weiterentwicklung konzentriert sich auf optisch-parametrische Oszillatoren (OPO) zur Durchstimmbarkeit der Wellenlänge.

## Mittelenergielaser

Mittelenergielaser haben eine mittlere Leistung von einigen 10 bis einigen 100 kW, wobei bei 100 kW eine Energiedichte bis zu 60 kJ/cm² im Ziel möglich ist. Damit lassen sich Solarkollektoren oder großflächige Antennenstrukturen von Satelliten zerstören. Außerdem ist die Schädigung von Sensoren damit auch Out-of-Band, d.h. durch reines Aufheizen des Materials, möglich, und zwar auch dauerhaft. Dabei werden Sensordome oder Detektoren durch Oberflächenaufschmelzen oder Spannungsrisse zerstört oder blind gemacht. Damit können Sensoren auch von außerhalb des Sensor-Gesichtsfeldes sowie nichtelektrooptische Sensoren außer Funktion gesetzt werden. So wird auch die Verteidigung ganzer Satellitenverbände gegen ASAT-Flugkörper durch einen einzelnen Laserwaffen-Satelliten denkbar.

Die Laserwellenlänge muss zur Out-of-Band-Schädigung nicht angepasst werden, es sind allerdings Energiedichten von 100 bis einigen 1000 J/cm² im Ziel nötig, was eine entsprechend aufwändige Energieversorgung und Strahlformung erfordert. Hier sind im Weltraum in naher Zukunft praktisch nur chemische Laser möglich (s.u.), da dort die wegen des schlechten Wirkungsgrades von etwa 20 % große Abwärme mit den Abgasen abgeführt werden kann. Der schlechte Wirkungsgrad erfordert eine vergleichsweise große Treibstoffmenge. Diodenlaser haben weit höhere Wirkungsgrade von 30-50 %, gekühlte bis über 90 %, erreichen jedoch bislang bei weitem nicht die erforderliche Leistungsgrößenordnung. Möglicherweise lassen sich mittelfristig elektrisch gepumpte Diodenlaser ausreichender Leistung entwickeln, die im Weltraum einsetzbar sind. Dazu müssten jedoch auch die Probleme von Kühlung und Energiespeicherung gelöst werden. Beim Einsatz von Diodenlasern würde neben den Vorteilen geeigneterer Wellenlänge und Kompaktheit evtl. das Nachtanken überflüssig, da der Energievorrat mit Solarstrom ergänzt werden könnte, vorausgesetzt, es stünde ein geeigneter Energiespeicher zur Verfügung.

## Hochenergielaser

Unter Verwendung von Hochenergielasern mit einigen MW mittlerer Leistung lassen sich labile Strukturteile, auch über strategische Entfernungen, derart aufheizen, dass thermomechanische Spannungen zur Zerstörung der Strukturen führen. Daher sind derartige Waffensysteme für die Startphasenabwehr (Boost-Phase Intercept) von ballistischen Mittel- und Langstreckenraketen (TBM, ICBM) geeignet, deren Zelle in der Antriebsphase unter besonders großer mechanischer und thermischer Spannung steht. Da die Zelle zudem im Allgemeinen so leicht wie möglich konstruiert ist, lässt sich eine Verbiegung der Flugkörperzelle, das Auslaufen von Treibstofftanks oder möglicherweise sogar die Explosion von Antriebsraketen erreichen (Hard Kill, Catastrophic Failure). Nötig ist eine Energiedichte von etwa 10 kJ/cm², die innerhalb einiger zehntel Sekunden auf das Ziel aufgebracht werden muss.

Außerdem lassen sich mit Hochenergielasern u. U. auch solche Strukturteile von Satelliten zerstören, die weniger empfindlich sind als die Solarpaddel. Hochenergielaser sind

## Waffensysteme

außerdem als Antisensorwaffe mit großer Reichweite und kurzer Einwirkdauer verwendbar, auch mit defokussierter Strahlung. Weiterhin könnte ein raumgestütztes Lasersystem zur Zielbeleuchtung auch terrestrischer Ziele dienen.

Auch als raumgestützte Hochenergielaser kommen in absehbarer Zukunft ausschließlich Gaslaser mit chemischer Energieerzeugung in Frage. Dabei sollte der Laser möglichst kurzwellig sein, was die Strahlfokussierung erleichtert.

In den USA wird für eine etwaige Weltraumstationierung (SPACE-BASED LASER = SBL) der chemische Fluorwasserstoff-Laser (HF-Laser) mit mehreren emittierten Linien im Wellenlängenbereich von 2,7-2,9 µm und einem derzeit besten Wirkungsgrad von etwas über 20 % untersucht . Im Alpha-Experiment der US-Luftwaffe konnte unter weltraumnahen Bedingungen bereits eine Leistung von 2,2 MW erzeugt werden. Die Strahlung des HF-Lasers weist eine starke Absorption in der Atmosphäre auf, weshalb er nicht für eine raumgestützte Bekämpfung von Boden-/Luftzielen geeignet ist. Andererseits werden so etwaige Kollateralschäden am Erdboden durch die Laserstrahlung vermieden. Zur inneratmosphärischen Nutzung des HF-Lasers wird derzeit die Auskopplung von Oberton-Emission bei etwa 1,3 µm (mit guter atmosphärischer Transmission) untersucht. Zur weiteren Leistungssteigerung wird auch an der Verbesserung selbstkühlender Überschall-Einlassdüsen gearbeitet.

Der Deuteriumfluorid-Laser (DF-Laser) weist einen etwas schlechteren Wirkungsgrad als der HF-Laser auf, er emittiert jedoch bei 3,5-4 µm. In diesem Wellenlängenbereich ist die Absorption durch die Atmosphäre sehr schwach, es sind allerdings größere Optiken erforderlich. Im MIRACL-Projekt (Mid-Infrared Advanced Chemical Laser) der US-Marine wurden mit einem DF-Laser bereits 2,2 MW erzeugt. Beim Einsatz von HF- oder DF-Lasern entsteht allerdings extrem giftiger und ätzender Fluorwasserstoff, was einen Einsatz in der unteren Erdatmosphäre verbietet oder einen großen Aufwand zur Abgasbehandlung erfordert.

Die bislang höchste Leistung von 3 MW konnte mit dem chemischen Sauerstoff-Iod-Laser (COIL) erzeugt werden. Dabei reagiert Chlorgas mit einer basischen Wasserstoffperoxidlösung, wobei elektronisch angeregte Sauerstoffmoleküle mit sehr großer Lebensdauer entstehen. Bei diesem Reaktionsschritt wird, noch außerhalb der Laser-Kavität, die meiste Wärme freigesetzt, was die Erzeugung einer hohen Strahlqualität erleichtert. Die Sauerstoffmoleküle geben ihre Energie an Iodmoleküle ab, welche dissoziieren und elektronisch angeregt werden. Die so entstandenen angeregten Iodatome emittieren IR-Strahlung mit einer einzigen diskreten Wellenlänge bei 1,315 µm. Dabei werden die Iodatome immer wieder von durch die chemische Reaktion angeregten Sauerstoffmolekülen angeregt und können so erneut emittieren. Die ausgestrahlte IR-Strahlung wird in der Atmosphäre nur sehr schwach absorbiert wird und kann wegen der kurzen Wellenlänge deutlich leichter im Ziel fokussiert werden kann als die Strahlung des HF- oder DF-Lasers. Daher ist der COIL für den Einsatz im AIRBORNE LASER (ABL) der USAF vorgesehen. Der beste erreichte chemische Wirkungsgrad liegt derzeit bei etwa 25 %. Die Reaktion des Chlorgases mit der wässrigen Lösung lässt sich allerdings nur unter Schwerkraftbedingungen kontrolliert durchführen, weswegen ein weltraumgestützter Einsatz des COIL nicht möglich ist. Außerdem wird der größte Teil der Wärme nicht über die Abgase abtransportiert, sondern heizt die Wasserstoffperoxidlösung auf, was zusätzliche Kühlungseinrichtungen erforderlich macht.

Beim Konzept des Elektrochemischen COIL (EC-COIL) sollen die Abgase vollständig aufgefangen und elektrochemisch regeneriert, also wieder in Reaktanden umgewandelt werden, so dass der Laser nur noch eine Stromversorgung benötigt.

Eine vielversprechende Neuentwicklung ist der All-Gasphasen-Iod-Laser (All Gas Phase Iodine Laser = AGIL), der 2000 von der US-Luftwaffe vorgestellt wurde (s. Abb. 2-18). Hier werden wie beim HF-Laser aus Stickstofftrifluorid durch eine elektrische Entladung Fluoratome erzeugt. Diese reagieren mit Deuteriumchlorid unter Bildung von atomarem Chlor, welches aus Iodwasserstoff Iodatome und aus Stickstoffwasserstoffsäure angeregte Stickstoffmonochloridmoleküle freisetzt. Die Stickstoffmonochloridmoleküle übertragen ihre Anregungsenergie auf die Iodatome, deren elektronische Abregung dann wie im COIL das Laserlicht erzeugt. Alle beteiligten Chemikalien sind gasförmig, was das Gesamtgewicht des Systems vermindert, die Prozessführung auch in der Schwerelosigkeit erleichtert und eine praktisch vollständige Abfuhr der Reaktionswärme durch die Abgase erlaubt. Daher ist dieser Lasertyp ideal für eine Stationierung im Weltraum, aber auch

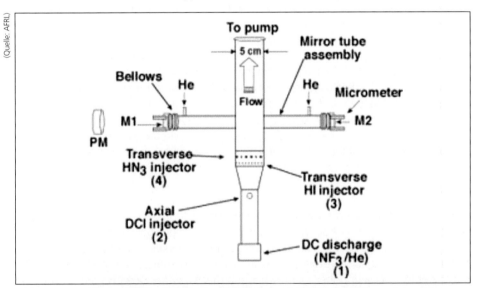

Abb. 2-18: **Konstruktionsschema des Unterschall-Flussreaktors des ersten All-Gasphasen-Iod-Lasers AGIL.**
Der Gasfluss findet von unten nach oben statt, die optische Kavität ist horizontal zwischen den Spiegeln M1 und M2 zu sehen, der Strahl wird durch den Spiegel M1 ausgekoppelt. PM = power meter; DC = Gleichstrom; DCl = Deuteriumchlorid.

als etwaiger COIL-Nachfolger im AIRBORNE LASER geeignet. Weiterhin emittiert er wie der COIL IR-Strahlung mit 1,315 µm Wellenlänge, die wegen der guten atmosphärischen Transmission und der relativ kleinen benötigten Optiken gut geeignet ist. Allerdings muss die Leistung von bisher nur 180 mW (im vierten Versuchslauf) noch erheblich gesteigert werden. Da der erste COIL 1977 auch nur 10 mW produzierte, kann allerdings ein entsprechendes Entwicklungspotenzial angenommen werden. Eine Einschränkung für den inneratmosphärischen Einsatz könnte sich aus dem Freiwerden der ätzenden und giftigen Abgase Chlor- und Fluorwasserstoff sowie Stickstoffmonochlorid ergeben.

Grundsätzlich könnten im Weltraum auch gepulste Hochenergielaser eine Möglichkeit darstellen, die hier nicht wie innerhalb der Atmosphäre das Problem der zusätzlichen Strahlaufweitung durch nichtlineare optische Effekte haben. Damit käme als zusätzlicher Schadensmechanismus Verformung oder Bruch durch explosionsartiges Abdampfen von Oberflächenmaterial des Zieles dazu.

Neben einem raumgestützten Laser-Waffensystem wird auch eine Architektur mit einem oder mehreren bodengestützten Lasern plus mehrerer raumgestützter Relaisspiegel diskutiert. Der Vorteil einer solchen Anordnung liegt in dem deutlich geringeren Aufwand bei Raumtransport und -montage. Außerdem kann die teuerste Systemkomponente, das Lasersystem, besser geschützt werden. Durch die größeren Entfernungen, die Durchstrahlung der Atmosphäre (ggf. auch mehrmals bzw. schräg) sowie die Reflexionsverluste usw. entstehen für den bodengestützten Laser allerdings höhere Anforderungen an die Energieerzeugung sowie die Strahlformung und -führung. Außerdem ist das System vom Wetter am Standort des Bodenlasers abhängig. Die weltraumbasierten Spiegel müssten sehr groß sein und daher in der Umlaufbahn entfaltet oder montiert werden. Dabei müssten sie jedoch eine sehr präzise Form einnehmen oder als (hochgenau) verformbare Spiegel ausgelegt sein. Die Realisierbarkeit der erforderlichen Ausrichtungsgenauigkeit auf das Ziel mit einer Winkelgenauigkeit von 10-100 Nanoradiant konnte bislang nicht erwiesen werden, zumal mindestens ein Relaisspiegel mit dieser Genauigkeit dem Ziel nachgeführt werden muss. Sollte eine solche Architektur funktionieren, so könnte sie bei gutem Wetter auch als Teleskop-Verlängerung zur Aufklärung vom Boden aus genutzt werden.

*Optik*

Auch für eine raumbasierte Laserwaffe stellt die Herstellung der großen benötigten Spiegel noch eine beträchtliche Schwierigkeit dar. Derzeit wiegen Spiegel etwa 90 kg/m$^2$. Mit heutiger Technologie lässt sich das bis auf ca. 60 kg/m$^2$ senken. Für eine Weltraumstationierung eines Spiegels mit etwa 12 m Durchmesser müssten allerdings 15-25 kg/m$^2$ erreicht werden (bei sehr hoher thermischer und mechanischer Belastbarkeit und größter Präzision), wozu noch technologische Durchbrüche nötig sind. Die größten für diesen Zweck bisher hergestellten Spiegel waren im „Large Advanced Mirror Program" (LAMP) ein segmentierter 4-m-Spiegel und im „Large Optical Segment Program" (LOS) ein etwa 4 m messendes Segment eines weltraumtauglichen 11-m-Spiegels.

Beim Durchgang durch die Atmosphäre führen, zusätzlich zu den Verlusten durch Absorption und Streuung, Turbulenzen in der Atmosphäre durch lokal variierende Brechungsindizes zu einer Strahlaufweitung. Diese muss kompensiert werden, um die für Waffenwirkung erforderliche Brennfleckfokussierung zu erreichen. Dies kann durch so genannte Adaptive Optik erreicht werden, wie sie ursprünglich für die Verbesserung astronomischer Teleskope entwickelt wurde.

Bei der Adaptiven Optik wird mittels verformbarer Spiegel, Mikrospiegelarrays oder Flüssigkristallmodulatoren die Wellenfront des Laserstrahls so modifiziert, dass nach Durchlaufen der Atmosphärenstrecke bis zum Ziel (mit allen Verzerrungen) eine beugungsbegrenzte, optimale Abbildung der Laserquelle auf dem Ziel entsteht. Dazu werden die mittels eines Wellenfrontsensors vermessenen vom Ziel rückgestreuten Intensitätsanteile des Hochenergie-Laserstrahls oder eines zu diesem Zweck zusätzlich eingekoppelten Laserstrahls ausgewertet (gemeinsame Optik für die drei Laserstrahlen des AIRBORNE LASER). Wegen der hohen Intensität des Laserstrahls kann die Wellenfront auch durch Durchlaufen nichtlinear optischer Medien in dieser Weise moduliert werden. Diese gezielte Vorverzerrung des Laserstrahls muss in Millisekundenabständen nachgeregelt werden, da sich Quelle und Ziel relativ zur Atmosphäre bewegen. Für den Einsatz im AIRBORNE LASER muss die komplizierte Optik für die drei Strahlsysteme außerdem von den starken Vibrationen des Flugzeugrumpfes entkoppelt werden.

Adaptive Optiken sowie die ebenfalls benötigte Zielverfolgungs-Software sind mittlerweile kommerziell erhältlich, so dass es vergleichsweise leicht möglich ist, Weltraumziele mit einem bodengestützten Laser zu bestrahlen.

*Gegenmaßnahmen*

Als Gegenmaßnahmen gegen Laserbeschuss kommen neben Tarnmaßnahmen zur Erschwerung der Auffindbarkeit das Verspiegeln gefährdeter Bauteile, das Aufbringen ablativer Schutzschichten oder ein Rotieren (Flugkörper um ihre Längsachse) in Frage. Langfristig kann ein Schutz von Sensoren auch durch nichtlineare optische Materialien, deren Transparenz von der eingestrahlten Intensität abhängt, realisiert werden. Satelliten sind nicht so leicht verwundbar, wenn sie Radionuklidbatterien oder Kernreaktoren statt der besonders gefährdeten Solarpaddel zur Energieversorgung nutzen, was allerdings das Gewicht erhöht.

### 2.3.1.3 Hochleistungsmikrowellen-Waffen

Als (Hochleistungs-) Mikrowellenwaffe (HLM-Waffe) oder „High-Power Microwave" (HPM) bezeichnet man eine Strahlungsquelle, die elektromagnetische Strahlung im Frequenzbereich zwischen 300 MHz und 300 GHz (entsprechend einer Wellenlänge zwischen 1 m und 1 mm) mit einer Spitzenleistung von mehr als 100 MW erzeugen, abstrahlen und auf ein Ziel richten kann. Das Wirkprinzip dieser Waffen besteht darin, Mikrowellen hinreichender

## Waffensysteme

Intensität in ein gegnerisches System einzukoppeln und dabei dessen Elektronik vorübergehend oder dauerhaft so stark zu stören, dass seine Mission vereitelt wird.

Gelegentlich werden weltraumgestützte HPM-Waffen im Zusammenhang mit der Abwehr von ICBMs, dem Angriff auf gegnerische Satelliten, der Abwehr von Antisatellitenwaffen und sogar der Bekämpfung boden- bzw. luftgestützter Systeme genannt.

Die Entwicklung und Einführung von HPM-Waffen dürfte entscheidend davon abhängen, wie verwundbar heutige militärische Systeme gegen eine realistische HPM-Bedrohung sind, und ob man sich mit realistischem Aufwand bereits durch geeignetes Systemdesign gegen sie schützen kann, wie es im Bereich des niedrigfrequenteren Nuklearen Elektromagnetischen Pulses (NEMP) praktiziert wird. Die im militärischen Bereich übliche Härtung gegen den elektromagnetischen Impuls stellt zumindest auch schon einen gewissen Schutz vor der Einkopplung von Mikrowellen dar. Die Wirkungskette eines „HPM-Treffers" reicht von der HPM-Einkopplung durch Öffnungen in Leitungen und Strukturen aller Art über die Verstärkung der eingekoppelten Störsignale durch die interne Geometrie und Verdrahtung sowie die Ausbreitung und Wechselwirkung der Störsignale in der Systemelektronik bis hin zu den vielen verschiedenen Schadensmechanismen an elektronischen Bauteilen.

Das Eindringen von Mikrowellen in ein bestrahltes System kann auf zwei Arten erfolgen. Bei der so genannten Front-Door-Einkopplung dringt die Strahlung auf der Arbeitsfrequenz einer Radar- oder Kommunikationsantenne in den zugehörigen Empfänger ein und kann dessen Funktion stören, wenn die Eingangsschutzschaltung mit hinreichender Intensität überwunden werden kann. Front-Door-Einkopplung setzt also beim Zielsystem Mikrowellensensoren voraus und funktioniert wegen deren extremer Frequenzselektivität nur bei wenigen systemspezifischen Frequenzen bzw. bei Systemen ohne Mikrowelleneingang überhaupt nicht.

Bei der so genannten Back-Door-Einkopplung dringt die Mikrowellenstrahlung durch die unvermeidlichen Öffnungen und dielektrischen Abdeckungen (wie Linsen oder Radome) jeder Systemhülle ins Systeminnere und koppelt dort in das Leitungsnetz ein. Die eingekoppelten Störsignale können dann z.B. analoge Steuer- und Regelzyklen übersteuern oder digitale Regelschleifen durch Veränderung weniger Speicher-Bits permanent stören. Sie können sogar einzelne elektronische Bauelemente zerstören. Waffenseitig besteht das Haupthindernis für eine Back-Door-Einkopplung darin, dass die äußere Hülle eines gut konstruierten Systems einen Teilschutz vor Einkopplung bietet und die außen ankommende HPM-Energie auf ihrem Weg ins Innere je nach Frequenz um den Faktor 100 bis 10.000 reduziert. Back-Door-Einkopplung tritt bei jedem System auf. Allerdings muss die HPM-Strahlung am Ort des zu bekämpfenden Systems hinreichend intensiv sein, um nach Überwindung der Abschirmung die Systemelektronik noch wirksam stören zu können.

Ein Vorteil von HPM-Waffen gegenüber Laserwaffen ist die Allwetterfähigkeit. Mikrowellen durchdringen Wolken, Wasserdampf, Regen und Staub, auch wenn ihre Ausbreitung in der Atmosphäre durch dielektrische Auslöschung, Beugung und Dämpfung beeinflusst wird. Sie breiten sich wie Laserstrahlen mit Lichtgeschwindigkeit aus. Großer Nachteil ist, dass der Grad der Letalität je nach Zielart stark variieren kann und vielfach unvorhersehbar ist. Dazu kommt, dass die Wirkung im Ziel ggf. nicht überprüfbar ist. Der starke Streukreis von Mikrowellenwaffen stellt stets auch eine Bedrohung für eigene Systeme dar.

Bei der Betrachtung der Wirkung von weltraumgestützten HPM-Waffen auf Ziele innerhalb oder außerhalb der Atmosphäre ist von Kampfentfernungen von mindestens einigen 100 km auszugehen. Unter dieser Annahme ist mit heutiger Technologie das Blenden (Power Jamming) von Mikrowellensensoren (für Kommunikation, Aufklärung, Zielerfassung, Navigation, Entfernungsmessung u.a.) möglich. Hierbei wird die Funktionsfähigkeit der Zielelektronik nicht unbedingt permanent beeinträchtigt und das Ziel arbeitet nach Ende der HPM-Bestrahlung unter Umständen normal weiter.

Das vorübergehende Blenden lässt sich mit relativ geringer Leistung am Ziel erreichen. Dafür reicht in vielen Fällen ein chaotisch schwankendes Nutzsignal aus, dessen mittlere Leistung das Zehnfache des erwarteten Nutzsignals beträgt. Störsignal und Nutzsignal müssen dabei in Frequenz, Einfallsrichtung (Hauptkeule), Zeitverlauf, Polarisation usw. soweit übereinstimmen, dass sich das schwache Nutzsignal nicht aus dem stärkeren Gesamtsignal herausfiltern lässt. In vielen Szenarien mit Aufklärungs-, Kommunikations- oder Navigationssensoren sind die Eigenschaften des Nutzsignals bekannt, und das Störsignal lässt sich geeignet anpassen. Beschränkt man sich auf das Stören/Blenden/Täuschen von Mikrowellensensoren, so sind die erforderlichen Leistungs- und Energiedichten im HPM-Strahl so niedrig, dass die Strahlqualität beim Durchgang durch die Atmosphäre nicht wesentlich beeinträchtigt wird, zumal Nutzsignal und Störsignal (in vielen Szenarien) der gleichen Umgebung ausgesetzt sind.

Denkbar ist theoretisch auch das Verursachen von Fehlfunktionen aller Art in der Zielelektronik bis hin zur Zerstörung elektronischer Bauelemente. Diese Fehlfunktionen bleiben auch nach Beendigung der HPM-Bestrahlung im Allgemeinen bestehen und müssen durch Reparaturmaßnahmen vom Neustart der Bordelektronik bis zum Hardware-Austausch behoben werden. Derartige Schäden sind aber mit heutiger Technologie nicht, bzw. nicht mit der nötigen Zuverlässigkeit oder vertretbarem Aufwand realisierbar.

Im Vergleich zu Laserwaffen ist mit HPM-Waffen bei den zu betrachtenden Entfernungen keine Beeinträchtigung der mechanischen Festigkeit der Struktur von Satelliten oder ballistischen Raketen möglich, da die im Ziel bei vergleichbarem Antennen- bzw. Linsendurchmesser erreichbare Leistungsdichte um vier bis fünf Größenordnungen niedriger liegt. Dies wäre auch nicht sinnvoll, da bei den zur Erwärmung nötigen HPM-Leistungsdichten die Elektronik des bestrahlten Systems längst unbrauchbar wäre.

In den USA wird ein raumgestütztes HPM-System mit mehreren im LEO stationierten Satelliten angedacht, das mit variablem Letalitätsgrad gegen Boden-, Luft- und Weltraumsysteme wirken soll. Aus konstruktiver Sicht spricht gegen HPM-Satelliten zur Bekämpfung von Luft- und Bodenzielen mit dauerhafter Schädigung die Notwendigkeit, dass für ausreichende Strahlfokussierung und Ausrichtung Antennen mit einer Fläche von mehreren Tausend Quadratmetern installiert werden müssten. Der Transport solch großer Strukturen ins All und deren Montage würde enorme Ressourcen verbrauchen, zumal ihre Lebensdauer im LEO höchstens wenige Jahre betragen dürfte.

HPM-Waffen wurden auch speziell als raumgestütztes Mittel gegen ICBMs in der Startphase diskutiert. Da aber deren Start weitgehend autonom erfolgt und die internen Steuersignale gut abgeschirmt sind bzw. sich leicht abschirmen lassen, ist diese Anwendung nicht wahrscheinlich.

Falls die ballistische Bahn einer ICBM zwischen Start- und Endphase mit Hilfe externer Navigationssignale (z.B. GPS) korrigiert werden muss, könnte man die Mission durch einfaches Blenden der Navigationssensoren oder durch Einspeisen falscher Signale vereiteln. Das setzt aber eine längere Bestrahlung durch geeignet positionierte HPM-Waffen voraus. Wegen der großen Unsicherheit bezüglich der Wirksamkeit von Mikrowelleneinstrahlung ist die Stationierung von raumgestützten HPM-Generatoren gegen ICBMs ausgesprochen unwahrscheinlich.

Die am ehesten realisierbaren Anwendungen von weltraumgestützten HPM-Waffen sind der Angriff auf Satelliten des Gegners und der Schutz eigener Satelliten vor Antisatellitenwaffen. Der große Vorteil der Wirkung von HPM-Waffen im Weltraum liegt darin, dass sie durch ihre Wirkungsweise keine Trümmer produzieren, die den eigenen Satelliten gefährden könnten. Außerdem ist die Zahl der Schüsse prinzipiell nicht eingeschränkt wie bei einem chemischen Laser, dessen Vorrat an Chemikalien zur Erzeugung des Laserstrahls begrenzt ist. Zur Erzeugung der Mikrowellen ist lediglich elektrische Energie nötig, die über Solarzellen gewonnen werden kann, und zwar weniger Energie pro „Schuss", da die Wirkungsweise der HPM-Waffe nicht thermisch ist.

Eine Reihe von Nationen beschäftigt sich mit Hochleistungs-Mikrowellensystemen für militärische Zwecke. Mittelfristig ist mit boden-, luft- und seegestützten Systemen zu rechnen. Diese könnten auch gegen Satelliten eingesetzt werden. Weltraumgestützte HPM-Systeme erfordern einen höheren technischen Reifegrad und sind allenfalls langfristig zu erwarten. Hohe Entwicklungs- und Installationskosten und die in den meisten Szenarien fragwürdige Effektivität sprechen gegen die Stationierung von HPM-Waffen im All.

### 2.3.1.4 Sonstige Waffensysteme

*Exoatmosphärische Kernwaffenexplosion*

Bei den Tests nuklear bewaffneter ASAT-Systeme in den 1960er Jahren wurde schnell deutlich, dass die Splitterwirkung nicht der einzige Schadensmechanismus einer in großer Höhe außerhalb der Atmosphäre (also im unteren LEO) gezündeten Nuklearwaffe ist.

Neben der Erzeugung eines elektromagnetischen Pulses (Exo-NEMP) auf der Erdoberfläche im Umkreis von 1.000-2.000 km vom Fußpunkt der Explosion führt die intensive Röntgenstrahlung zu einer Beschädigung aller LEO-Satelliten, die sich in Sichtweite der Detonation befinden. Davon sind 5-10 % jeder global flächendeckenden LEO-Satellitenkonstellation betroffen. Darüber hinaus werden durch den nuklearen Zerfall der gebildeten Spaltprodukte kontinuierlich energiereiche Elektronen emittiert. Diese bleiben durch das Erdmagnetfeld eingefangen und erhöhen für einen Zeitraum von mehreren Monaten bis zu zwei Jahren die Dichte energiereicher Partikel im Bereich des unteren Van-Allen-Gürtels und im LEO beträchtlich. LEO-Satelliten durchlaufen immer wieder die Gürtel und erfahren eine gegenüber der natürlichen Strahlung 1.000-10.000-fach erhöhte Spitzenbelastung. Das verursacht eine drastische Verminderung der Lebensdauer der elektronischen Bauteile der dieser Strahlung ausgesetzten Satelliten. Auf diese Weise werden nach Modellrechnungen durch eine einzige Kernwaffendetonation geringer Sprengkraft (10-20 kt TNT) in großer Höhe (125-300 km) innerhalb von einer Woche bis zwei Monaten alle Satelliten im LEO, die nicht besonders gegen derart erhöhte Strahlung gehärtet sind, unbrauchbar.

Da auf diese Weise nicht nur alle vorhandenen Satelliten im LEO geschädigt werden, sondern auch die in näherer Zukunft dort stationierten, ist diese Option für solche Staaten unsinnig, deren Infrastruktur stark von solchen Satelliten abhängt. Im Rahmen einer asymmetrischen Bedrohung/Kriegsführung ist sie aber denkbar und könnte eine realistische Option für kernwaffenbesitzende Schwellenstaaten darstellen, bei evtl. geringerer Gefahr nuklearer Vergeltung. Denkbar ist dieser Effekt aber auch als „Kollateralschaden" einer hochatmosphärischen Kernwaffendetonation, die als „Warnschuss" in einem Konflikt zwischen solchen Schwellenstaaten eingesetzt wird, oder als Folge des exoatmosphärischen Abfangens einer nuklearen ballistischen Rakete mit Explosion des Gefechtskopfes. Eine Härtung von LEO-Satelliten gegen einen extrem erhöhten Strahlungshintergrund („nuklear gepumpte Umgebung") verursacht Mehrkosten im Bereich von nur 2-3 % und ist daher bei militärischen Satelliten zunehmend zu erwarten, weniger jedoch bei kommerziellen Satelliten.

*Teilchenstrahlwaffen*

Neben elektromagnetischen Strahlenwaffen wie Laser- und HPM-Waffen wurde im Rahmen der US-amerikanischen Strategischen Verteidigungsinitiative (SDI) auch die Weltraumstationierung von Teilchenstrahlwaffen diskutiert. Im Weltraum sind nur neutrale Teilchenstrahlen zu diesem Zweck nutzbar, weil die Ladungstrennung zwischen Waffe und Strahl sonst eine Strahlausbreitung erschweren würde. Durch Raumladungseffekte und die Wirkung des Erdmagnetfeldes würden geladene Teilchenstrahlen weiter aufgeweitet.

Bei einer Neutralteilchenstrahlwaffe (Neutral Particle Beam = NPB) wird durch Beschleunigung von Hydridionen ($H^-$) mit elektrischen Feldern von mehreren hundert Megavolt und anschließendem „Abstreifen" („Strippen") des überschüssigen Elektrons ein energiereicher Strahl neutraler Wasserstoffatome erzeugt, der sich mit annähernd Lichtgeschwindigkeit durch den Raum bewegt. Dazu wird ein Teilchenbeschleuniger hoher Energie (mitsamt Energieversorgung), Teilchendichte sowie Zielgenauigkeit benötigt (Richtsystem!). Ein solches System würde mehrere hundert Tonnen wiegen, was umfangreiche Transporte und aufwändige Montagearbeiten in der Erdumlaufbahn erfordern würde. Viele derartig komplexe und teure Satelliten und ihre ständige Wartung wären im LEO erforderlich, um jederzeit flächendeckend Waffenwirkung zu ermöglichen. Ein besonderes Problem stellt das Richtsystem dar. Der Strahl muss mit extremer Genauigkeit ausgerichtet werden (10-100 Nanoradiant Winkelgenauigkeit), um über sehr große Entfernungen zu wirken, allerdings ohne dass der Strahlfleck im Ziel sichtbar wird. Gegen sich schnell bewegende Ziele wie ballistische Raketen muss er dazu noch schnell geschwenkt werden können. Umlenkspiegel sind nach der Neutralisierung der Teilchen nicht mehr einsetzbar, die Waffe ist daher auch auf direkte Sichtverbindung zum Ziel angewiesen.

Wegen der starken Wechselwirkung mit der Atmosphäre ist eine solche Waffe nur im Weltraum und ggf. von dort gegen hochfliegende Flugzeuge einsetzbar.

Schäden im Ziel werden durch Stoßwellen, thermische Belastung und Röntgen-Bremsstrahlung verursacht. Je nach Energiedichte ist ein Stören oder Zerstören von Komponenten möglich. Daher ist ein breites Wirkungsspektrum erzielbar, was eine Neutralteilchenstrahlwaffe insbesondere für den unteren Teil der Eskalationsskala eines Konfliktes, den Bereich nicht so heftiger Wirkung, interessant macht. Als mögliche Gegenmaßnahme gegen etwaige US-amerikanische Teilchenstrahlwaffen wurde für den (1987 beim Start abgestürzten) sowjetischen Kampfsatelliten POLJUS die Ausbringung von Barium-Wolken untersucht.

Wegen des erheblichen Gewichts bzw. der Größe, der großen benötigten Energiemengen und der Komplexität des Systems ist die Entwicklung von Neutralteilchenstrahlwaffen zur Stationierung im Weltraum auch in den kommenden Jahrzehnten unwahrscheinlich.

*Elektromagnetische Kanonen*

Eine weitere Möglichkeit der Raketenabwehr im Weltraum oder auch der Bekämpfung von Satelliten ist der Beschuss mit massiven Projektilen extrem hoher Geschwindigkeit. Das könnte sich mit einer weltraumgestützten elektromagnetischen Kanone (SPACE-BASED HYPERVELOCITY RAILGUN = SBHRG) realisieren lassen. Elektromagnetische Kanonen (s. Abb. 2-19) können deutlich höhere Mündungsgeschwindigkeiten erreichen als die auf etwa 2 km/s begrenzten herkömmlichen Rohrwaffen.

Das Prinzip der elektromagnetischen Beschleunigung von Projektilen ist bereits mehr als 100 Jahre alt. Es gibt zwei mögliche Bauarten rein elektromagnetisch beschleunigender Kanonen. Bei der Schienenkanone werden zwei parallele Schienen leitend durch ein Geschoss verbunden. Durch Anlegen einer Hochspannung von ca. 10 kV an das Mündungsende fließt ein Strom von 1-5 MA durch die Schienen und das Projektil, der ein das Pro-

# Waffensysteme

Abb. 2-19: **Experimentelle elektromagnetische Schienenkanone beim Institut Saint Louis (ISL) bei Straßburg**

jektil beschleunigendes Magnetfeld von ca. 10 Tesla induziert. Bei der Spulenkanone werden mehrere Beschleunigerspulen nacheinander mit einer Stromquelle verbunden, so dass ein wanderndes Magnetfeld entsteht. Im Projektil ist ebenfalls eine Spule mit nur einer Windung vorhanden, in der dadurch ein Stromfluss und damit ein dem äußeren entgegengesetztes Magnetfeld entsteht. Durch die Wechselwirkung der beiden Magnetfelder wird der Antrieb des Projektils bewirkt.

Im Rahmen der Strategischen Verteidigungsinitiative (SDI) der USA wurde überlegt, elektromagnetische Schienenkanonen zur Raketenabwehr im Orbit zu stationieren. Als Hauptproblem dieser Waffenart erweist sich jedoch die Notwendigkeit, in kürzester Zeit sehr große Ströme zur Verfügung stellen und beherrschen zu können. Die dafür notwendigen Energiespeicher (Kondensatoren) sind derzeit zu groß und schwer, um sie in eine Umlaufbahn zu bringen. Als Energiequelle böten sich Kernreaktoren an, deren Stationierung im Weltraum allerdings starke Bedenken gegenüberstehen. Weitere Schwierigkeiten sind die enormen Kräfte, die die Schienen einer Schienenkanone auseinander drücken, der Verschleiß der Schienen durch die hohen Ströme, die auf das Projektil überspringen, sowie die ineffektive Energieumwandlung in kinetische Energie. Daher ist allenfalls langfristig mit einer zur Weltraumstationierung geeigneten Ausführung elektromagnetischer Kanonen zu rechnen. Zuerst werden derartige Waffensysteme wahrscheinlich bodengestützt und zu taktischen Einsatzzwecken erprobt werden.

## 2.3.2 Einsatzformen

### 2.3.2.1 Weltraumgestützte Antisatellitenwaffen

*Flugkörper/Geschosse/Einfangen*

Weltraumgestützte Waffensysteme könnten eine schnelle Bekämpfung (praktisch ohne Vorwarnzeit) gegnerischer Weltraumeinrichtungen wie z.B. Satelliten ermöglichen. Generell ist es für den Besitzer des angegriffenen Systems schwer, das Stattfinden eines Angriffs überhaupt festzustellen. Das gilt insbesondere, falls ein Angriff durch einen Jagd-/Kampfsatelliten in einem nicht beobachteten Bahnabschnitt („Sichtbarkeitslücke") stattfindet.

Die UdSSR verwarf allerdings ihr Konzept von in Parkumlaufbahnen vorgehaltenen Kampfsatelliten, die durch Heranmanövrieren und Selbstsprengung angreifen sollten. Der zum Wechsel der Umlaufbahn zum Ziel hin nötige Antrieb samt Treibstoff hätte ein solches System zu schwer gemacht. Zudem wurde eine einsatzfähige Lebensdauer im LEO von nur 6-12 Monaten prognostiziert, und schließlich wäre ein solcher Kampfsatellit selber ein bevorzugtes Ziel gegnerischer ASAT-Attacken vom Boden aus geworden. Stattdessen wurden von beiden Supermächten seit den 1960er Jahren boden- und luftgestützte ASAT-Systeme entwickelt. Das sowjetische coorbitale ASAT-System der 1960er bis 1980er Jahre (I2P, IS-A, IS-MU „NARJAD") könnte allerdings auch als „raumgestützt" (wenn auch nicht permanent) klassifiziert werden, da die als „Kampfsatelliten" bezeichneten Angriffsflugkörper einen bis mehrere Erdumläufe in einem stabilen Orbit vollführten, um sich ihrem Ziel anzunähern.

Zur Verteidigung wichtiger Weltrauminstallationen gegen derartige Angriffe von Kampfsatelliten oder ASAT-Flugkörpern wurde von beiden Supermächten der (z.B. von einem Radar-Warnempfänger ausgelöste) Verschuss von Schrot oder Splittern mit rückstoßfreien Kanonen oder der Einsatz von Blendlasern erwogen.

Nach unbestätigten Berichten soll die Volksrepublik China ein System entwickelt haben, wobei ein Trägersatellit im Orbit stationiert wird, der mehrere Kleinstsatelliten („Mikrosatelliten" mit 100-10 kg oder möglicherweise sogar „Nanosatelliten" mit 10-1 kg Masse) beherbergt, die sich an gegnerische Satelliten heranmanövrieren und wie eine Klette an diese anhaften. Diese „Parasitensatelliten" sollen dann bei Bedarf einen (bisher nicht näher bekannten) Schadensmechanismus auslösen können. Wichtige gegnerische Satelliten sollen also gewissermaßen mit Haftminen belegt werden. Wenn auch die Existenz dieses Programms nicht zweifelsfrei belegt ist, so ist die Entwicklung chinesischer Mikrosatelliten für andere Aufgaben wohlbekannt.

Das US-amerikanische Projekt einer weltraumgestützten Tank- und Wartungsinfrastruktur ORBITAL EXPRESS enthält neben dem autonomen Tankroboter ASTRO (Autonomous Space Transporter and Robotic Orbiter) auch den Geleitschutz-Mikrosatelliten SPAWN (Satellite Protection and Warning / Space Awareness; Spawn = Brut), der erst im Bedarfsfall durch das geplante Transportsystem RASCAL (= Responsive Access, Small Cargo, Affordable Launch; Rascal = Halunke), das für den schnellen und billigen Start von Nutzlasten von 50 kg ausgelegt ist, gestartet wird. Die SPAWN-Mikrosatelliten sollen bis in den GEO situationsbezogen als Geleitschutz den Serviceroboter ASTRO sowie teure dort stationierte Satelliten begleiten. Mittels einer der jeweiligen Bedrohungslage angepassten Sensorausstattung soll SPAWN Satelliten inspizieren sowie etwaige Stör- und Laserangriffe entdecken und der Bodenkontrolle mitteilen, so dass entsprechende Schutzmaßnahmen eingeleitet werden können. Ein hoher Autonomiegrad soll die Erfüllung dieser Mission sicherstellen. Über eine Ausstattung von SPAWN, die geeignet wäre, auf andere Raumfahrzeuge einzuwirken, ist nichts bekannt. Der Satellit wird jedoch mit der angestrebten Fähigkeit „Herrschaft über den Weltraum" in Verbindung gebracht.

Um seine Inspektionsaufgabe wahrzunehmen, muss SPAWN in der Lage sein, sich an andere Satelliten autonom und mit optischen Sensoren (Lidar, Stereokamera, Sternensensor) gesteuert heranzumanövrieren und diese mittels Stereokamera, Vibrationssensor und IR-Kamera auf ihren Zustand hin zu untersuchen. Damit er agil genug ist, um seine Zielobjekte anzusteuern, ist ein größtmögliches Verhältnis von Treibstoff zu Gesamtmasse nötig. Dies wird durch die hochgradige Miniaturisierung aller Subsysteme sowie die Verwendung von komprimiertem Wasserstoffperoxid als einkomponentigem Raketentreibstoff erreicht.

Technologieträger für die Entwicklung von SPAWN ist der Mikrosatellit XSS-10 der US-Luftwaffe, dessen Start für 2002 vorgesehen ist. Der XSS-10 wiegt nur 28 kg, weshalb er als „Sekundärnutzlast" zusammen mit weiteren Satelliten transportiert werden kann. Er soll autonom die Raketenendstufe, die ihn transportiert, von allen Seiten inspizieren und dort anschließend wieder andocken.

Später sollen solche Mikrosatelliten auch über die Fähigkeit zur Wartung und Reparatur (z.B. Komponentenaustausch) von Satelliten verfügen, was erhebliche Kosteneinsparungen gegenüber dem Ersatz defekter Satelliten bringen soll. Schließlich soll es auch möglich sein, durch einen angedockten Mikrosatelliten defekte Satelliten oder größeren Weltraumschrott in der Umlaufbahn zum kontrollierten Absturz zu bringen. An dieser Stelle wird deutlich, dass die Grenzen zwischen Inspektion/Wartung und Bekämpfung von Satelliten fließend sein können, da so natürlich auch unerwünschte Satelliten beschädigt oder entfernt werden können.

Die Fähigkeit zur unautorisierten Einwirkung auf Satelliten wird auch der Tank- und Serviceroboter ASTRO des Systems ORBITAL EXPRESS haben, da er zum Andocken an den zu betankenden Satelliten über einen Roboterarm verfügen wird. Damit lassen sich Manipulationen an einem Satelliten wie etwa Verbiegen von Antennen, Anbringen von Störsendern oder das Wegdrehen aus der Erdorientierung verwirklichen.

Waffensysteme

Abb. 2-20: **Verkleinerter Prototyp BOR-4 des geplanten sowjetischen Kampfraumgleiters URAGAN**

Neben der Zerstörung oder Beschädigung gegnerischer Satelliten ist es seit der Einführung der US-amerikanischen Raumfähre (SPACE SHUTTLE) 1981 möglich, diese an Bord zu nehmen. Die Raumfähre ist durch ihre verschließbare Ladebucht und den Montagearm dazu in der Lage, so dass Satelliten nicht nur ausgeschaltet, sondern auch untersucht und ggf. verändert werden könnten. Die UdSSR befürchtete in den 1970er und 1980er Jahren, dass diese Fähigkeit speziell für den Einfang sowjetischer militärischer Satelliten entwickelt worden sei. Eine der sowjetischen Reaktionen war die Entwicklung eines eigenen Raumgleiters (BURAN – „Schneesturm"), um die gleiche Fähigkeit entgegensetzen zu können. Eine weitere Gegenmaßnahme war die Entwicklung des kleineren Kampf-Raumgleiters URAGAN („Orkan"), der mit zwei Mann Besatzung und einer rückstoßfreien Kanone ausgestattet sein und mit einer SENIT-2-Trägerrakete gestartet werden sollte. Der verkleinerte Prototyp BOR-4 (Abb. 2-20) wurde 1982-84 viermal getestet, das Programm wurde jedoch 1987 eingestellt. Außerdem wird berichtet, dass alle militärischen sowjetischen Satelliten spätestens seit den 1980er Jahren über Selbstzerstörungsmechanismen verfügten, die bei unzulässiger Abweichung bestimmter Kontrollparameter autonom, also ohne Kontakt zur Bodenstation, eine Sprengung auslösen.

URAGAN war nicht das erste Projekt eines bewaffneten bemannten Raumfahrzeugs der Sowjetunion. Die bemannten Aufklärungs-Raumstationen SALJUT 3 und 5 des militärischen ALMAS-Programms („Diamant" – 1974/75 und 1976/77) waren mit einer rückstoßfreien Maschinenkanone zur Selbstverteidigung gegen Angriffe von ASAT-Flugkörpern oder Apollo-Raumschiffen ausgerüstet. Weiterhin gab es 1970 Pläne für eine mit ASAT-Lenkflugkörpern bewaffnete autonome Raumstation, die im Einsatzfall zwei Mann Besatzung tragen sollte.

Um Satelliten im GEO mittels Flugkörpern bzw. Geschossen zu bekämpfen, wäre eine Stationierung solcher Waffensysteme nahe den Zielsatelliten nötig. Dies erfordert ein entsprechend leistungsfähiges Transportsystem und könnte mit Sicherheit nicht unentdeckt bleiben. Außerdem wären nur wenige, nicht zu weit entfernte GEO-Satelliten für ein solches System erreichbar. Bisher sind keine entsprechenden Entwicklungsbemühungen bekannt.

Seit der Strategischen Verteidigungsinitiative (SDI) der USA in den 1980er Jahren wird die Weltraumstationierung von Waffensystemen überwiegend für die Aufgabe der Abwehr ballistischer Raketen diskutiert. Derartige raumgestützte ABM-Waffen können allerdings auch gegen Satelliten im LEO eingesetzt werden, die weit weniger schwierig zu bekämpfende Ziele darstellen, da sie meist verwundbarer sind als ballistische Raketen und ihre Bahn leicht und präzise und ohne Zeitdruck vermessen werden kann. Eine solche Einsetzbarkeit gegen Weltraumziele gilt sowohl für die verschiedenen Konzepte raumgestützter Lenkflugkörper (SPACE-BASED INTERCEPTOR, BRILLIANT PEBBLES, SPACE-BASED INTERCEPTOR EXPERIMENT = SBX) als auch für raumgestützte Strahlenwaffen.

*Laserwaffensysteme*

Die verschiedenen Systeme für eine Abwehr von ballistischen Raketen mittels Laserwaffen mit weltraumgestützten Komponenten (raumgestützte Laserwaffe, boden- oder luftgestützte Laserwaffe mit raumgestützten Relaisspiegeln) lassen sich ebenso gegen weltraumgestützte Einrichtungen wie z.B. Satelliten einsetzen. Dabei erscheint es jedoch unökonomisch, den mit großem Aufwand transportierten und begrenzten Treibstoff einer raumgestützten Laserwaffe wie des SBL der US-Luftwaffe gegen ein mit einfacheren Mitteln bekämpfbares Ziel einzusetzen. Daher erscheint ein Einsatz boden- oder luftgestützter Laser oder anderer terrestrischer ASAT-Systeme zu diesem Zweck sinnvoller. Andererseits ermöglicht die ASAT-Fähigkeit der ABM-Systeme, die politischen Schwierigkeiten der Entwicklung und Stationierung ausgewiesener ASAT-Waffensysteme zu vermeiden, ohne auf die entsprechende militärische Fähigkeit verzichten zu müssen.

Ein im LEO stationiertes Laserwaffensystem (wie der SBL) kann nicht ohne weiteres zur Bekämpfung von geostationären Satelliten eingesetzt werden. Für die benötigte Reichweite von mindestens 30.000 km müsste sein Hauptspiegel (bei den derzeit von chemischen Lasern erzeugten Wellenlängen und Leistungen) ca. 100 m Durchmesser haben. Dieser müsste sehr präzise gefertigt sein und dem Ziel auch noch einige Zeit nachgeführt werden können. Eigens zum Zweck der Bekämpfung von GEO-Satelliten könnte aber eine Laserwaffe in einer Umlaufbahn etwas unterhalb des GEO stationiert werden. In 27.000 km Höhe würde jeder geostationäre Satellit etwa alle 16 1/2 Stunden passiert. Er könnte ohne Vorwarnzeit und somit ohne die Möglichkeit zu Ausweichmanövern zerstört bzw. außer Funktion gesetzt werden. Allerdings wäre ein extrem leistungsfähiges Transportsystem nötig, um eine solche Laserwaffe zu installieren, zu warten und zu betanken.

*Hochleistungsmikrowellen-Waffensysteme*

Auch mit weltraumgestützten Hochleistungsmikrowellen- (HPM-) Waffen ist ein Angriff auf gegnerische Satelliten sowie der Schutz eigener Weltraum-Einrichtungen vor ASAT-Angriffen möglich. Der große Vorteil der Wirkung von HPM-Waffen im Weltraum liegt darin, dass sie durch ihre Wirkungsweise keine Trümmer produzieren, die eigene Satelliten gefährden könnten. Außerdem ist die Zahl der Schüsse nicht prinzipiell begrenzt wie bei einem chemischen Laser. Zur Erzeugung der Mikrowellen ist lediglich elektrische Energie nötig, die über Solarzellen gewonnen werden kann. Da die HPM-Waffe nicht thermisch wirkt, ist insgesamt weniger auf das Ziel aufgebrachte Energie nötig, um eine Schädigung herbeizuführen. Dies gilt allerdings nur, falls das Ziel nicht elektronisch gehärtet (und nicht sehr weit entfernt) ist. Bei militärischen Satelliten wird allerdings von einer Gefährdung durch Kernwaffendetonationen in großer Höhe ausgegangen, weshalb sie meist elektronisch gehärtet sind und daher für HPM-Waffen ungeeignete Ziele bilden. Zivile Satelliten sind allerdings bisher nicht für derartige Bedrohungen vorbereitet und sind daher durch HPM-Waffen verwundbar.

Da die Wirkung im Ziel in einer vorübergehenden oder möglicherweise auch dauerhaften Störung der Elektronik besteht, ist auch die Wirkungskontrolle sehr schwierig. Dies gilt insbesondere für Satelliten, da diese ihr Ausfallen nicht sofort durch Bahnänderungen usw. zu erkennen geben, wie dies etwa bei Flugkörpern erwartet werden kann.

Die Einführung von HPM-Waffensystemen ist mittelfristig für taktische Aufgaben, wie z.B. die Selbstverteidigung boden-, luft- und seegestützter Systeme vor Flugkörperangriffen zu erwarten. Im Falle raumgestützter Systeme wird ein höherer technischer Reifegrad gefordert, zudem sprechen hohe Entwicklungs- und Installationskosten sowie die fragwürdige Effektivität und schwierige Wirkungskontrolle, vor allem gegen gehärtete Ziele sowie über sehr große Entfernungen, gegen die Stationierung von HPM-Waffen im Weltraum. Sie ist allenfalls für Selbstverteidigungszwecke gegen ASAT-Angriffe wahrscheinlich, wobei aber auch hier die dann einsetzenden Härtungsmaßnahmen des Angreifers mit wesentlich geringerem technischen und finanziellen Aufwand zu bewerkstelligen sind.

*Exoatmosphärische Explosion einer weltraumgestützten Kernwaffe*

Durch Freisetzen großer Mengen ionisierender Strahlung können mit der Detonation einer Kernwaffe in großer Höhe (im LEO) nach dem oben beschriebenen Mechanismus binnen einer Woche bis zwei Monate alle Satelliten im LEO außer Funktion gesetzt werden. Die dauerhafte Stationierung einer solchen Kernwaffe im LEO könnte sinnvoll sein, falls eine Fähigkeit des Gegners zur Bekämpfung startender Raketen vermutet wird. Ist die Kernwaffe bereits im Orbit stationiert, so kann der Gegner ihren Einsatz nicht mehr beim Start unterbinden. Allerdings ist es wahrscheinlich einfacher, die Startphasenabfangfähigkeit des Gegners durch eine größere Anzahl gleichzeitig vom Boden gestarteter Raketen mit Kernsprengkopf zu konterkarieren. Und schließlich verbietet der Weltraumvertrag ausdrücklich die Stationierung von Kernwaffen in der Erdumlaufbahn.

## 2.3.2.2 Abwehr ballistischer Flugkörper im Weltraum

Die Flugbahn ballistischer Raketen mit größerer Reichweite reicht über die Erdatmosphäre hinaus. Daher können weltraumgestützte Waffensysteme einen Beitrag zur Abwehr von Angriffen ballistischer Raketen leisten. Weltraumgestützte Systeme bieten den Vorteil, dass eine Bekämpfung in der Startphase (Boost-Phase Intercept = BPI) weltweit möglich ist, auch ohne über Basen in der Nähe der Startplattform zu verfügen und ohne ggf. in den Luftraum gegnerischer Länder eindringen zu müssen. Daher wird die raumgestützte Laserwaffe (SBL) in den USA besonders als erster Teil einer gestaffelten Raketenabwehr („Layered Defense") diskutiert, wobei eine Abfangwahrscheinlichkeit durch den SBL von 80 % zugrundegelegt wird. Die Bekämpfung ballistischer Raketen bietet jedoch größere Schwierigkeiten als die von Satelliten. Das Ziel wird nur vergleichsweise kurz über der Atmosphäre sichtbar, es ist schwieriger, seine Bahn sehr genau zu vermessen, und das Bekämpfungsintervall ist recht kurz. Wegen der Zeit- und Entfernungsverhältnisse ist nur eine Bekämpfung vom LEO aus und nicht aus höheren Umlaufbahnen sinnvoll. Neben ballistischen Raketen, die auf Ziele am Erdboden abgefeuert werden, können Start- und Aufstiegsphasen-Raketenabwehr-Systeme auch zur Bekämpfung boden- oder luftgestützter ASAT-Flugkörper dienen (Anti-ASAT).

### *Weltraumgestützte Raketenabwehr-Lenkflugkörper*

Für das Abfangen ballistischer Raketen in der Antriebsphase (BPI) mit raumgestützten Lenkflugkörpern muss innerhalb einiger zehn Sekunden eine Entfernung von bis zu einigen tausend Kilometer zurückgelegt werden. Das ist mit einer realistischen Konfiguration raumgestützter Raketenabwehr-Lenkflugkörper nicht möglich. Selbst mit einer gigantischen Konfiguration von ca. 4.600 Lenkflugkörpern, einer Beschränkung auf den Bereich der Erdoberfläche von 40°S bis 40°N und auf die Bekämpfung jeder startenden Rakete mit nur einem Abfangflugkörper wäre die Flugzeit (einschl. Reaktionszeit) mit mindestens ca. 4–5 Minuten nicht kürzer als die längste denkbare Brenndauer der bekämpften Rakete. Zum Abfangen während der Antriebsphase müssten die Lenkflugkörper daher in geringerer Entfernung auf Schiffen oder unbemannten Luftfahrzeugen (UAV) stationiert werden. Ein Abfangen ballistischer Raketen in der „Post-Boost-Phase" (Aufstiegsphase nach Brennschluss) wäre aber mit Hochgeschwindigkeits-Flugkörpern aus dem Orbit realisierbar. Spreng-Splitter- oder KE-Gefechtsköpfe wirken natürlich auch noch nach Brennschluss, was auch die Bekämpfung von taktischen ballistischen Raketen (TBM) nach deren frühem Brennschluss ermöglicht. Je später das Abfangen der ballistischen Rakete erfolgt, desto wahrscheinlicher ist ein ganzes Spektrum an Zielobjekten, aus dem das Ziel identifiziert werden muss. Hierzu zählen der Gefechtskopf (evtl. schon in Submunitionen zerlegt), die letzte Stufe der Rakete, Abdeckungen, weitere Teile des Transportersystems,

## Waffensysteme

der Submunitions-„Bus" sowie ggf. Täuschkörper. Die bisherigen Tests des NMD-Programms der USA haben gerade bei der Zieldiskriminierung aus solchen Objektschwärmen massive, möglicherweise nicht lösbare, Probleme aufgezeigt.

Daher muss der verwendete Lenkflugkörper sehr schnell sein, um hinreichend frühzeitig abzufangen. Die nötige Geschwindigkeit hängt dabei vom Abstand zum Ziel und damit von der Anzahl der stationierten Systeme ab. Der Vorteil einer Weltraumstationierung wäre eine Abdeckung von möglichen Startgebieten ballistischer Raketen, die sich (z.B. wegen des Abstandes zur Küste oder zur Landesgrenze) nicht von See oder von patrouillierenden Luftfahrzeugen aus kontrollieren lassen.

Im Programm SPACE-BASED INTERCEPTOR (SBI) innerhalb der Strategischen Verteidigungsinitiative (SDI) der USA war in den 1980er Jahren die Stationierung mehrerer hundert Satelliten vorgesehen, die neben einer aufwändigen Sensorik jeweils mehrere kleine Flugkörper zur Zerstörung sowjetischer Raketen durch Direkttreffer tragen sollten. 1989 wurde dieses Konzept durch ein neues namens BRILLIANT PEBBLES (BP) ersetzt. Fortschritte in der Miniaturisierung, Computertechnik und künstlichen Intelligenz sollten eine autonome Bekämpfung gegnerischer Raketen durch eine große Anzahl von Abfangkörpern ermöglichen. Es war vorgesehen, eine globale Konfiguration von ca. 4.600 Mikrosatelliten von ca. 46 kg Masse in etwa 460 km Höhe zu stationieren. Diese sollten mit allen nötigen Sensoren ausgestattet sein, um nach einem entsprechenden Aktivierungsbefehl startende Raketen autonom zu bekämpfen, indem sie sich in deren Bahn manövrieren und sie unter Ausnutzung der hohen Relativgeschwindigkeit durch Rammen zerstören sollten. Durch die massenhafte Produktion und Verzicht auf die Trägerplattform sollten so Kosten eingespart und das Gesamtsystem gegen gegnerische ASAT-Angriffe durch die schiere Anzahl überlebensfähig werden.

In den 1990er Jahren wurden die ursprünglich auf einen massiven strategischen Angriff der UdSSR bezogenen SDI-Aktivitäten in ein Konzept zum „globalen Schutz vor begrenzten Schlägen" (Global Protection Against Limited Strikes = GPALS) umgewandelt. Die raumgestützten Abfangflugkörper stehen derzeit nicht mehr im Zentrum der Bemühungen. Die Raketenabwehrbehörde MDA plant allerdings für 2005/06 einen Testflug des SPACE-BASED INTERCEPTOR EXPERIMENT (SBX).

*Weltraumgestützte Laserwaffe*

Eine raumgestützte Laserwaffe bietet bei der Abwehr ballistischer Raketen durch die Waffenwirkung mit Lichtgeschwindigkeit die Möglichkeit zur Bekämpfung in der Antriebsphase (BPI). In dieser Phase sind Raketenendstufen, Täuschkörper, Submunitionen/Mehrfachsprengköpfe (MRV/MIRV) usw. noch nicht abgetrennt, und die Bekämpfung erfolgt auf oder nahe dem Territorium des Gegners, so dass etwaige Kollateralschäden eher den Gegner treffen. Durch die schnelle Zielwechselmöglichkeit, das Entfallen der Notwendigkeit eines Vorhalts, die schnelle Verifizierung eines Treffers wegen der Bekämpfung mit Lichtgeschwindigkeit und die relativ kurze Bestrahlzeit von nur 1-10 s pro Ziel entsteht die Möglichkeit der schnellen Bekämpfung vieler Ziele. Beim Verfehlen eines Ziels bleibt noch hinreichend Zeit, um andere, später im Flugverlauf angreifende Raketenabwehrsysteme einzusetzen.

Ballistische Raketen sind allerdings ausschließlich in der Antriebsphase durch Laserwaffen verwundbar, die Bekämpfung muss daher auch sehr schnell und kurz sein. Wegen der starken Absorption der Wellenlänge des im Projekt SPACE-BASED LASER (SBL) der US-Luftwaffe verwendeten HF-Lasers ist der „Beschuss" erst oberhalb der Atmosphäre (~80 km Höhe) voll wirksam. Das ist teilweise erwünscht, da so etwaige Kollateralschäden durch die Laserstrahlung selbst vermieden werden. Damit ist eine Wirksamkeit gegen taktische ballistische Raketen (TBM) jedoch fraglich, da deren Brennschluss bereits ungefähr in dieser Höhe erfolgt (s. Tab. 2-5). Grundlage für die Konzeption des SBL ist daher auch der Abfang russischer Interkontinentalraketen (ICBM) sowie U-Boot-gestützter ballistischer Raketen (SLBM).

| Reichweite | Brennschlusshöhe | Brennschlusszeit |
|---|---|---|
| 3.000 km | 100-120 km | 80-140 s |
| 10.000 km | 180-220 km | 170-300 s |

(Quelle: Mosher)

Tab. 2-5: **Charakteristische Startparameter ballistischer Raketen**

Der wahrscheinlichste Schadensverlauf beim Startphasenabfang durch eine Laserwaffe ist nicht eine Explosion sondern ein Abknicken der Rakete durch Erweichung des unter starker Spannung stehenden Zellenmaterials oder ein Auslaufen des Treibstoffs durch ein Loch im Tank (s. Abb. 2-21). Die Rakete wird nicht zerstört, sondern nur ihr Flugweg ver-

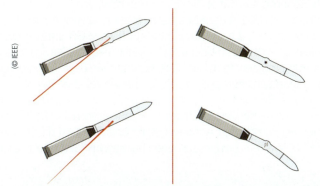

Abb. 2-21: **Startphasenabfang einer ballistischen Rakete mittels Laserwaffe.**
Oben: Ein Punkt wird erhitzt und dadurch aufgebohrt: der Treibstoff läuft aus. Unten: Durch Hin- und Herfahren des Laserstrahls wird ein Ausschnitt des Umfangs der Rakete zum Erweichen gebracht. Unter ihrem eigenen Schub knickt die Rakete ab.

kürzt. Daher sind Kollateralschäden wahrscheinlich, weshalb unter Umständen weitere Bekämpfungsschritte vom Boden aus erforderlich sind.

Eine global wirksame Konfiguration raumgestützter Laserwaffen könnte etwa 18-48 SBL in ca. 1.000 km Höhe plus ggf. einige Relaisspiegel umfassen. Da das SBL-System über eine sehr aufwändige Sensorik verfügen soll, ist deren Nutzung in einem Sensorverbund auch für solche Fälle vorgesehen, wo ein Einsatz des Waffenlasers selbst nicht sinnvoll erscheint.

Die Mittel für das SBL-Programm der USAF wurden Anfang 2002 stark gekürzt, so dass die Industrie begann, Versuchsanlagen zu demontieren. Ursprünglich war ein Testflug „Integrated Flight Experiment" (SBL-IFX) für 2012 geplant, eine Stationierung des SBL für 2018-2020. Beides ist nun auf unbestimmte Zeit hinausgeschoben. Beim SBL-IFX handelt es sich um eine verkleinerte Testkonfiguration, die sechs Lasermodule und einen Spiegel mit 5 m Durchmesser enthält, 20 t wiegt und 110 s Laserbetriebszeit ermöglicht. Die Endversion des SBL soll dagegen 14 Lasermodule und einen Spiegeldurchmesser von 12 m (zusammengefaltet zum Transport!) haben und würde 32 t wiegen, was in einem Stück mit den bisherigen Raumtransportsystemen nicht transportierbar ist (vgl. Tab. 1-1 in Kap.1.2.1). Daher müsste ein neues Schwerlast-Raumtransportsystem parallel entwickelt werden oder die Endmontage des SBL aus mindestens zwei Segmenten in der Umlaufbahn erfolgen. Außerdem ist die Möglichkeit zur Betankung im Orbit vorgesehen. Als Reichweite werden 1.000-5.000 km angenommen.

*Weltraumgestützte Hochleistungsmikrowellen-Waffe*

Als raumgestütztes Mittel gegen ballistische Raketen werden auch Hochleistungsmikrowellen-Waffen diskutiert. Da der Start ballistischer Raketen weitgehend autonom erfolgt und die internen Steuersignale gut abgeschirmt sind bzw. sich leicht abschirmen lassen, ist eine Bekämpfung mit HPM in der Startphase nicht erfolgversprechend. In der so genannten „Midcourse Phase", d.h. zwischen Start- und Wiedereintrittsphase, könnte unter Umständen die ballistische Bahn einer ICBM mit Hilfe externer Navigationssignale (z.B. GPS) korrigiert werden müssen. In diesem Falle könnte man die Mission durch einfaches Blenden der Navigationssensoren oder durch Einspeisen falscher Signale vereiteln. Das setzt aber eine längere Bestrahlung durch geeignet positionierte HPM-Waffen voraus. Wegen der großen Unsicherheit bezüglich der Wirksamkeit von Mikrowelleneinstrahlung, der ein erheblicher technologischer Aufwand gegenüber steht, ist die Stationierung von raumgestützten HPM-Waffen zum Einsatz gegen ballistische Raketen ausgesprochen unwahrscheinlich.

### 2.3.2.3 Bekämpfung von terrestrischen Zielen aus dem Weltraum

Unter weltraumgestützten Waffensystemen sollen hier nur permanent in der Erdumlaufbahn befindliche Systeme verstanden werden. Ballistische Raketen, die, auch auf teilorbitalen Bahnen (Fractional-Orbital Bombardment System = FOBS), Ziele am Erdboden angreifen, bleiben hier unberücksichtigt. Eine Bekämpfung von Flugzeugen sowie Bodeneinrichtungen mit permanent weltraumgestützten Waffensystemen ist, wenn überhaupt, nur aus dem LEO sinnvoll möglich.

*Weltraumgestützte Nuklearwaffen gegen Bodenziele*

In den 1980er Jahren plante die UdSSR die Stationierung des Kampfsatelliten POLJUS, dessen Wiedereintrittskörper mit nuklearen Gefechtsköpfen die USA binnen sechs Minuten erreichen konnten (Multiple-Orbital Bombardment System = MOBS). Damit sollte eine strategische Raketenabwehrfähigkeit der USA, wie sie aus dem SDI-Programm resultieren konnte, umgangen werden, allerdings unter Bruch des Weltraumvertrages, der die Weltraumstationierung von Nuklearwaffen ausdrücklich untersagt. Der einzige Prototyp dieses Kampfsatelliten stürzte 1987 nach dem misslungenen Start mit der neuen Trägerrakete ENERGIJA in den Südpazifik. Neben technischen Schwierigkeiten und dem Risiko beim Start wäre für ein solches System (wie für alle LEO-Systeme) wegen der Abbremsung im LEO die ständige Gefahr des unkontrollierten Absturzes nicht auszuschließen gewesen, außerdem hätten die Kernsprengköpfe regelmäßig zur Wartung ausgetauscht werden müssen, mit entsprechendem Aufwand und Risiko. Generell ist die Lebensdauer von LEO-Systemen wegen der Strahlungs- bzw. Teilchendichte in der Ionosphäre auf wenige Jahre begrenzt, was Kosten und Risiken zusätzlich erhöht hätte.

*Weltraumgestützte Laserwaffe gegen Luftziele*

Ein raumgestütztes Laserwaffensystem könnte eine Option zur Bekämpfung von Flugzeugen und Marschflugkörpern (Cruise Missiles) bieten. Mögliche Schadensmechanismen wären hierbei die Zerstörung von Flugzeugkanzeln, Treibstofftanks, Sensoren oder Elektronikkomponenten. Dabei sind evtl. längere Einwirkdauern möglich als bei der Bekämpfung von ballistischen Raketen. Das angegriffene System könnte, sofern der Angriff schnell festgestellt werden kann, durch schnelle Ausweichmanöver, Dreh- oder Taumelbewegungen reagieren.

Mit dem derzeit in den USA zum Zwecke der Abwehr ballistischer Raketen in der Entwicklung befindlichen SPACE-BASED LASER (SBL) ist eine derartige Einsatzoption jedoch nicht gegeben, da das Licht des hier verwendeten HF-Lasers stark von der Atmosphäre absorbiert wird. Mit einem Lasertyp wie dem neuen All-Gasphasen-Iod-Laser (All Gas Phase Iodine Laser = AGIL), dessen Strahlung die Atmosphäre sehr gut durchdringt, wäre ein solcher Einsatz denkbar. Zuverlässig, also bei jedem Wetter, könnten jedoch nur hochfliegende Ziele bekämpft werden. Außerdem wird meist die begrenzte Zahl von „Schüssen" eines Weltraumlasers, die wegen des Transports des Treibstoffs in die Umlaufbahn sehr teuer sind, zum Einsatz weniger teurer und aufwändiger (luft- oder bodengestützter) Mittel gegen derartige Ziele führen.

## Waffensysteme

*Weltraumgestützte Hochleistungsmikrowellen-Waffe*

Aus konstruktiver Sicht spricht gegen weltraumgestützte HPM-Waffen zur dauerhaften Schädigung von Luft- und Bodenzielen die Notwendigkeit, dass für ausreichende Strahlfokussierung und Ausrichtung Antennen mit einer Fläche von mehreren Tausend Quadratmetern installiert werden müssten. Der Transport solch großer Strukturen ins All und deren Montage würde enorme Ressourcen verbrauchen. Zudem müsste eine äußerst leistungsfähige Energieversorgung sichergestellt sein. Außerdem ist die Lebensdauer von im LEO stationierten Systemen auf einige Jahre begrenzt, sehr große Flächen (Antennen) machen solche Systeme nur noch kurzlebiger. Daher ist insgesamt nicht damit zu rechnen, dass weltraumgestützte HPM-Waffensysteme für den Einsatz gegen Luft- oder Bodenziele stationiert werden.

### 2.3.2.4 Terrestrische Waffensysteme gegen Raumziele

*Anti-Satelliten-Flugkörper*

Seit Beginn der militärischen Nutzung des Weltraums mit Hilfe von Satelliten wurde nach Mitteln gesucht, die Satelliten des Gegners zu zerstören oder zumindest unbrauchbar zu machen. Dabei wurde zunächst und bis heute meist auf boden- oder luftgestützte Mittel zurückgegriffen. Der erste Test eines ASAT- (Anti-Satelliten-) Systems wurde 1959 von den USA mit einer luftverschossenen BOLD-ORION-Rakete durchgeführt (drei Jahre vor dem Einsatz des ersten sowjetischen Aufklärungssatelliten) und schlug zunächst fehl.

Grundsätzlich gibt es für boden- oder luftgestützte ASAT-Flugkörper zwei verschiedene Annäherungsverfahren an das Ziel. Beim coorbitalen oder coplanaren Verfahren startet der Abfangflugkörper, wenn sich sein Startplatz in der Bahnebene des Satelliten befindet, was bei den üblichen Bahnen hoher Inklination zweimal am Tag vorkommt. Bei etwas verspätetem Start kann sich der ASAT-Flugkörper über eine tiefere (und daher schnellere), bei früherem Start über eine höhere (und langsamere) coplanare Umlaufbahn annähern und dann schnell auf- bzw. absteigen. Innerhalb von zwei Erdumläufen muss der Abschuss des Zielsatelliten abgeschlossen sein, da der Gegner inzwischen Ausweichmanöver beginnen oder seinerseits den ASAT-Flugkörper durch das direkte Aufstiegsverfahren (s.u.) bedrohen könnte.

Das coorbitale Verfahren hat verschiedene Nachteile. Zum einen ist ein vollwertiges Raumtransportsystem nötig, das einen festgelegten Startplatz hat und daher leichter verwundbar ist. Zum anderen ist ein Start nur zweimal täglich möglich, es sind 1-2 Erdumläufe (bis zu $3\frac{1}{2}$ Stunden) zur Annäherung nötig und das Ziel kann inzwischen ausweichen. Das Ausweichen des Ziels wird jedoch erschwert, wenn es zunächst in einer anderen Höhe angeflogen wird.

Das zweite Annäherungsverfahren ist der direkte Aufstieg. Hier wird kein so aufwändiges Trägersystem benötigt, weshalb der Start auch von mobilen oder luftgestützten

# Waffensysteme

Abschussbasen möglich ist. Das verringert die Gefährdung der Startbasen und die Abhängigkeit von der Position des Satelliten. Alle für dieses Verfahren benötigten Komponenten sind inzwischen kommerziell erhältlich, LEO-Satelliten sind evtl. sogar mit SCUD-Raketen (beispielsweise mit Schrot beladen) oder einer Superkanone erreichbar. Der direkte Aufstieg benötigt nur einige Minuten und erlaubt kaum Gegenreaktionen. Es ist allerdings nötig, dass der ASAT-Flugkörper über eine gute Endphasenlenkung verfügt. Die hohe Relativgeschwindigkeit zum Ziel erlaubt dann eine Zerstörung durch die kinetische Energie des Flugkörpers. Mängel in der Endphasenlenkung können nur durch Gefechtsköpfe entsprechend größerer Sprengkraft aufgefangen werden, weshalb die ersten ASAT-Systeme auch mit nuklearen Sprengköpfen ausgerüstet waren.

Für die Bekämpfung geostationärer Satelliten sind aufwändigere mehrstufige Transportsysteme nötig. Es ist bisher kein ASAT-System bekannt, das für den Einsatz gegen geostationäre Satelliten entwickelt wurde.

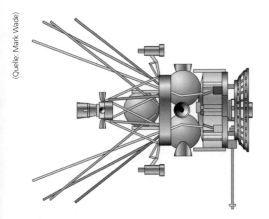

(Quelle: Mark Wade)

Abb. 2-22: **I2P-ASAT-System der UdSSR**

Die UdSSR verfügte seit 1971 über ein einsatzbereites bodengestütztes ASAT-System (I2P) mit coorbitaler Annäherung über eine niedrigere Bahn und anschließenden Aufstieg. Ab 1971 wurde das Ziel auch über eine höhere Bahn mit anschließendem Abstieg angeflogen. Sechs von acht 1968-71 durchgeführten Tests waren erfolgreich. Als Träger diente eine modifizierte ICBM (R-36/ZIKLON 2/SL-11), der mit einem Radar-Zielsuchkopf ausgestattete Kampfsatellit (s. Abb. 2-22) wog 1400 kg und war mit 300 kg Sprengstoff bestückt. Die Struktur war so konstruiert, dass sie sich bei der Detonation in zwölf Splittergruppen zerlegte. Damit konnte eine garantierte Zerstörung des Ziels in 1 km Entfernung bei Angriff von der Seite, in 0,4 km Entfernung bei Angriff von vorne, bzw. in 2 km Entfernung bei Angriff von hinten erreicht werden.

Die verbesserte Version, als IS-A bezeichnet (Istrebitel Sputnikow – Kampfsatellit), wurde 1976-1982 bei 14 Versuchen viermal erfolgreich getestet. Dabei erwiesen sich die neu erprobten IR-Zielsuchköpfe als weit weniger effektiv als die herkömmlichen Radar-Sensoren. Das System bewies seine Effektivität in einem Höhenbereich von 159-1600 km, wurde aber bis zu 5000 km Höhe noch für 50 % effektiv gehalten.

1991 soll das System IS-A durch das weiter verbesserte IS-MU/NARJAD ersetzt worden sein, welches auch zur Abwehr ballistischer Raketen in der Lage sein könnte. Das System ist möglicherweise nach wie vor einsatzbereit, könnte aber auch durch das neuere, luftgestützte russische KE-ASAT-System ersetzt worden sein.

## Waffensysteme

Dieses luftgestützte, direktaufsteigende Direkttreffer-ASAT-System, das auf dem Flugkörper AA-9/AMOS basiert, wurde 1985 erfolgreich von einer MiG-31 aus getestet. Der gegenwärtige Zustand des Systems ist unklar, in den 1990er Jahren wurde es kommerziell angeboten.

Seit den 1960er Jahren besteht außerdem ein Raketenabwehrsystem mit nuklearen Sprengköpfen im Raum Moskau, dessen 1980-88 eingeführter SH-11/GORGON-Flugkörper auch niedrig fliegende LEO-Satelliten abschießen könnte. Dabei würden allerdings alle Kollateralschäden einer Kernwaffendetonation von 10 kt Sprengkraft in großer Höhe auftreten, einschließlich der Wirkungen eines NEMP über Moskau! Ein ebenfalls nuklear bestückter Nachfolge-Flugkörper (A-135) soll seit 1994 produziert, aber noch nicht stationiert worden sein.

Die Volksrepublik China entwickelt ein dem sowjetischen I2P/IS-A analoges coorbitales ASAT-System, das im Jahr 2002 erstmals im Flug getestet werden soll. Die Art des Zerstörungsmechanismus ist bisher unklar. Neben der Möglichkeit zur Zerstörung oder dauerhaften Sensorbeschädigung des Zieles wird auch eine Fähigkeit zu elektronischen Störmaßnahmen angenommen.

Seit ihrem ersten ASAT-Test 1959 setzten die USA zunächst auf nukleare Sprengköpfe zum Satellitenabschuss. Das erste einsatzbereite ASAT-System der US Army war auf dem Atoll Kwajalein stationiert („Program 505 MUDFLAP"). Bodengestützte NIKE-ZEUS-Trägerraketen beförderten einen nuklearen Sprengkopf mit 1 Mt Sprengkraft bis auf 560 km Höhe. Das System wurde 1963-1966 mindestens achtmal getestet und anschließend durch das System der US-Luftwaffe ersetzt.

Dieses wurde unter dem Namen „Program 437 THOR" ab 1964 mindestens 16 Mal vom Johnston-Atoll aus getestet. Eine Thor-Trägerrakete brachte den nuklearen Sprengkopf auf eine suborbitale Bahn mit bis zu 700 km Höhe, wo dieser das Ziel bis zu einem Radius von 8 km zerstörte. Die Reaktionszeit des Systems betrug zwei Wochen, da die nuklearen Gefechtsköpfe in Vandenberg stationiert waren und erst auf das Atoll gebracht werden mussten. Es war bis 1975 einsatzbereit und wurde dann als nicht mehr der politischen Lage entsprechend aufgegeben.

Mit dem ASAT-System EARLY SPRING der US Navy gingen die USA in den 1960er Jahren erstmals von den nuklearen Gefechtsköpfen ab („Conventional ASAT"). Von einer POLARIS-SLBM (Submarine-Launched Ballistic Missile) wurde im direkten Aufstieg ein „Kill Vehicle" transportiert, das, mit optischen Sensoren ausgerüstet, bis zu 90 s in der Bahn des Satelliten schweben konnte, um dann tausende von Metallkugeln in Bahn des Satelliten zu verstreuen. Von diesem System sind nur vorbereitende Experimente bekannt, möglicherweise ist es aber einsatzfähig gewesen.

Durch bessere Sensor- und Steuertechnik wurde in der Folgezeit einen Satellitenabschuss per Direkttreffer möglich. Das ASM-135-ASAT-System der US-Luftwaffe wurde 1985 ein einziges Mal mit dem Abschuss eines Zielsatelliten getestet. Eine von einer F-15 im Steigflug luftverschossene zweistufige Trägerrakete transportierte ein so genanntes MHV (Miniature Homing Vehicle) mit 60 kg Masse, das mit IR-Endphasenlenkung ausgestattet war und das Ziel durch direktes Rammen zerstörte. Nach einem ASAT-Moratorium der Sowjetunion stellten die USA 1988 ihre ASAT-Aktivitäten vorübergehend ein. Es wird aber angenommen, dass eine begrenzte Anzahl ASM-135-Flugkörper vorgehalten wird.

Seit 1990 wird von Boeing und US Army das bodengestützte „KE-ASAT"-System entwickelt. Das KINETIC KILL VEHICLE (KKV), welches nun den Zielsatelliten nicht mehr direkt treffen, sondern zur Vermeidung von Trümmern mit einer paddelartigen Struktur nur beschädigen soll, ist bereits weitgehend entwickelt. Es ist mit einem Sucher im optisch-sichtbaren Bereich ausgerüstet und wiegt 43 kg. Als Träger ist eine MINUTEMAN-II-ICBM vorgesehen, die das „Kill Vehicle" bis auf 2000 km Höhe tragen soll. Das „Kill Vehicle" soll nach dem Treffer gezielt in der Atmosphäre verglühen. Es wird auch eine Außerbetriebsetzung des Zielsatelliten durch Besprühen der Sensorfenster mit Farbe oder Chemikalien erwogen. Das Programm wird derzeit nur langsam weiterverfolgt. Bis 2002 sollen drei „Kill Vehicles" produziert, aber nicht getestet werden. Das System wird aber von den priorisierten Entwicklungen im Bereich der Raketenabwehr profitieren.

Auch die in der Entwicklung befindlichen boden- und seegestützten Raketenabwehrsysteme zum Abfang in großer Höhe, wie THAAD (Theater High-Altitude Air Defense) der US Army, Sea-Based Midcourse Defense (SMD; hervorgegangen aus NTW = Navy Theater Wide) der US Navy oder Ground-Based Midcourse Missile Defense (GMD; ehemals NMD = National Missile Defense) sollten in der Lage sein, Satelliten im LEO zu zerstören. Die abzufangenden Interkontinentalraketen befinden sich in der Midcourse-Phase, für die SMD und GMD konzipiert sind, überwiegend oberhalb 1000 km Höhe. THAAD soll bis 400 km Höhe abfangen können. Tatsächlich entsprechen die meisten bisherigen Abfangtests eher einer ASAT-Konfiguration: Die Bahn des Ziels war bekannt und es gab keine nennenswerten Täuschversuche des Ziels. Die Anforderungen an Beschleunigung und Agilität eines Raketenabwehrflugkörpers sind aber größer als es zum Satellitenabschuss nötig ist. Daher ist der Einsatz von Raketenabwehr-Lenkflugkörpern zum Satellitenabschuss unwahrscheinlich. Es ist eher zu erwarten, dass ein spezielles ASAT-Kill-Vehicle (wie das o.g. KE-ASAT-KKV) mit einer vorhandenen ICBM-Trägerrakete und den Führungssystemen von entstehenden Raketenabwehrsystemen kombiniert werden wird. Andererseits wird durch die ab 2004 geplante Stationierung von Raketenabwehrsystemen automatisch eine ASAT-Fähigkeit erworben, ohne dass diese politisch gesondert ausgewiesen bzw. entschieden werden muss.

Aufgrund der Schwierigkeit, sicher einen Direkttreffer zu erzielen, wird in den USA auch bisweilen der Einsatz neu zu entwickelnder Mini-Nuklearwaffen gegen Satelliten diskutiert. Hier müsste dann nicht mehr so präzise getroffen werden, wobei wegen der geringen Sprengkraft der Mini-Nuklearwaffen nur mäßige Mengen hochenergetischer Teilchen, die für andere LEO-Satelliten gefährlich sind, freigesetzt würden.

Waffensysteme

*Superkanone*

Eine weitere Möglichkeit, Projektile zur Bekämpfung von Satelliten zu transportieren, ist eine Superkanone am Boden. Der Irak entwickelte vor dem zweiten Golfkrieg eine solche Superkanone, deren ausdrücklich genanntes Einsatzziel neben dem Verschuss von Massenvernichtungswaffen über große Entfernungen der Einsatz gegen LEO-Satelliten war, wie der übergelaufene irakische General Hussein Kamel al-Madschid berichtete. Es war geplant, einen Sprengsatz in den Orbit zu schießen, der dort „ein klebriges Material" verteilen sollte, um Aufklärungssatelliten zu blenden. Die geplante Superkanone („Projekt BABYLON") sollte ein Kaliber von 1 m bei einer Rohrlänge von 156 m haben. Mit einem raketennachbeschleunigten Projektil von 2.000 kg sollte eine Nutzlast von 200 kg in den LEO oder eine Nutzlast von 600 kg suborbital bis auf 500 km Höhe befördert werden können.

Im Irak wurde nach UNSCOM-Informationen das Superkanonenkonzept auch nach dem zweiten Golfkrieg weiterverfolgt. 1995 stellte China eine Superkanone mit 85 mm Kaliber und 21 m Rohrlänge vor, die Projektile von 40 kg auf eine 300 km hohe suborbitale Bahn schießen kann.

Grundsätzlich ist auch eine Verwendung elektromagnetischer Kanonen zum Verschuss von Projektilen gegen Satelliten denkbar. Damit könnten Mündungsgeschwindigkeiten erreicht werden, die eine Nachbeschleunigung überflüssig machen. Zu ihrer Konstruktion müssen allerdings noch etliche technische Probleme gelöst werden.

*Laserwaffen*

Auch mit boden- oder luftgestützten Laserwaffen lassen sich Satelliten vorübergehend oder dauerhaft außer Funktion setzen. Grundsätzlich ist dies gegenüber der mechanischen Zerstörung ein vorteilhafteres Vorgehen, da kein zusätzlicher Weltraumschrott entsteht und der Besitzer des angegriffenen Satelliten meist gar nicht verifizieren kann, dass überhaupt ein Angriff stattgefunden hat. Wie für ein coorbital angreifendes bodengestütztes ASAT-System gilt auch für einen Einsatz bodengestützter Laser, dass ein Angriff nur wenige Male am Tag möglich ist. Grundsätzlich ist keine große Laserleistung nötig, falls elektrooptische Sensoren geschädigt werden sollen. Entscheidend ist die Fähigkeit, das Ziel zu erfassen und zu verfolgen, sowie eine Strahlformung, die die Einflüsse der Atmosphäre herabsetzt.

Der US Army gelang es 1997, einen eigenen Aufklärungssatelliten im LEO schon mit einem (chemischen) 30-W-Niederenergielaser vorübergehend zu blenden. Mit Hochenergielasern, verbunden mit Adaptiver Optik, lassen sich auch dauerhafte Schäden erreichen. Ein versuchsweiser Einsatz des DF-Hochenergielasers MIRACL durch die US Army gegen einen Satelliten der US-Luftwaffe 1997 misslang allerdings, da der Laser dabei durch eine Schockwelle in der Kavität beschädigt wurde. Die UdSSR beleuchtete 1984 das SPACE SHUTTLE Challenger mit einem abgeschwächten Hochenergielaser (TERRA-3), was Geräteausfall und vorübergehendes Blenden der Mannschaft bewirkte.

Auch die Volksrepublik China soll mittlerweile über die Fähigkeit zur Schädigung von elektrooptischen Satellitensensoren mittels Laser verfügen. Ein zu diesem Zweck entwickelter bodengestützter DF-Laser soll im Jahre 1998 in Zentralchina in Dienst gestellt worden sein. An der Entwicklung von Laserwaffen höherer Leistung, die in der Lage sein sollen, Satellitenstrukturen zu zerstören, wird gearbeitet. Adaptive Optiken sowie die ebenfalls benötigte Zielverfolgungs-Software sind mittlerweile kommerziell erhältlich, so dass es vielen Akteuren leicht möglich sein sollte, Weltraumziele mit einem bodengestützten Laser zu bestrahlen.

Der zur Abwehr taktischer ballistischer Raketen entwickelte AIRBORNE LASER (ABL) der US-Luftwaffe ist inzwischen auch für den Einsatz gegen strategische Raketen sowie gegen Satelliten vorgesehen. Der Laserstrahl wird beim „Schuss" aus großer Höhe nach oben weniger durch die Atmosphäre beeinflusst als bei der Bekämpfung von Raketen schräg durch die Atmosphäre. Satelliten stellen überdies ein weit empfindlicheres Ziel dar als ballistische Raketen, und die mögliche Einwirkdauer ist etwas länger. Diese ist hier nicht durch den Brennschluss des Raketentriebwerks begrenzt (vgl. die Ausführungen zum raumgestützten Laser in Kap. 2.3.2.2), sondern durch die Zeitspanne, während der der Satellit sichtbar und innerhalb einer durch die Größe der Laseroptik gegebenen maximalen Entfernung ist (ca. 1.000 km). Diese Zeitspanne (ca. 50 s, maximal wenige Minuten) hängt außerdem von der Höhe des ABL und

(Quelle: DE AFRL)

Abb. 2-23:   **Prototyp des Trägerflugzeugs des AIRBORNE LASER vom Typ Boeing 747-400F.** Die Flugzeugnase ist ein 1:1-Modell für die Flugtauglichkeitstests, die Mitte 2002 beginnen. In der Nase wird später der bewegliche Hauptspiegel montiert (1,5 m Durchmesser), der den Haupt-, den Mess- und den Beleuchtungsstrahl auf das Ziel fokussiert, typischerweise quer zur Flugrichtung des ABL. Der gelbe Aufbau oberhalb der Pilotenkanzel enthält den Laserentfernungsmesser.

der Höhe und Bahnnähe des Zieles ab. Zur Beschädigung bzw. Zerstörung des Satelliten könnten die Solarpaddel bestrahlt werden. Diese müssten allerdings relativ großflächig zerstört werden, da ein Verlust an Solarmodulen in der Größenordnung von 20 % durch Mikrometeoroiden etc. einkalkuliert wird. Erfolgversprechender dürfte der Versuch sein, durch Bestrahlen des Satellitenrumpfes den Thermalhaushalt aus dem Gleichgewicht zu bringen, so dass kritische Bauteile im Inneren überhitzt werden. Wie für alle luftgestützten Systeme gilt auch für eine luftgestützte Laserwaffe, dass ein wirksamer Einsatz unabhängig vom Überflug des Zielsatelliten über das eigene Territorium möglich ist.

Ein wichtiges Problem eines luftgestützten Lasers gegenüber boden- oder raumgestützten Laserwaffen ist die notwendige Schwingungsentkopplung von Laserstrahloptiken und Trägerflugzeug. Der ABL war ursprünglich für die Abwehr taktischer ballistischer Raketen (TBMD = Tactical Ballistic Missile Defense) konzipiert, soll aber inzwischen auch eine Rolle als erste Verteidigungsstufe (Startphasenabwehr/BPI) sowie als wichtiger Sensorträger in einer angestrebten bündnis- oder weltweiten Abwehr ballistischer Raketen erhalten. Das erste ABL-System, dessen Montage Abb. 2-23 zeigt, soll 2004 den ersten Raketenabschuss im Flug durchführen. Es soll eine Reichweite von 50-400 km und Treibstoffvorrat für 20 „Schüsse" haben. Eine Stationierung der insgesamt vorgesehenen sieben Flugzeuge wird nicht vor 2010 erwartet. Auch Russland entwickelt eine luftgestützte Laserwaffe auf Basis eines als A-60 bezeichneten modifizierten Transportflugzeugs vom Typ IL-76MD, ist aber damit vermutlich noch nicht so weit fortgeschritten wie die USA.

*Bodengestützte Hochleistungsmikrowellen-Waffe*

Die für das Stören bzw. Blenden von Mikrowellensensoren mittels Hochleistungsmikrowellen-Waffen erforderliche auf das Ziel aufzubringende Leistung ist relativ gering. Daher eignen sich bodengestützte Mikrowellenwaffen trotz der Verluste in der Atmosphäre gut zum vorübergehenden Stören von Satelliten. Eine Einwirkung ist allerdings nur möglich, solange eine Sichtverbindung zum Satelliten besteht (max. wenige Minuten). Dabei gelten für bodengestützte HPM-Waffen nicht die gleichen hohen Anforderungen an den technischen Reifegrad wie für raumgestützte. Für eine dauerhafte Beschädigung oder Zerstörung der Satellitenelektronik sind dagegen wesentlich höhere Leistungsdichten am Ziel erforderlich. Diese können mit heutiger Technologie nicht mit vertretbarem Aufwand und hinreichender Zuverlässigkeit erreicht werden. Insgesamt ist der Einsatz von HPM-Waffen zur Bekämpfung weltraumgestützter Ziele viel eher gegen die zugehörige Bodeninfrastruktur zu erwarten.

*Bodengestützte Elektronische Kriegführung und Informationsoperationen*

Satelliten sind auf Kommunikation mit ihrer Bodeninfrastruktur angewiesen. In diese Kommunikation kann auf verschiedene Weise eingegriffen werden, um die Funktion des

Satelliten zu stören oder zu verändern. Zum einen sind dies klassische Methoden der Elektronischen Kampfführung (EloKa), zum anderen Methoden der Informationsoperationen (Information Warfare, InfoOps).

Bei den Elektronischen Gegenmaßnahmen (EloGM), die zum Stören oder Ausschalten des gegnerischen Satelliten führen sollen, wird zwischen so genannter „Frontdoor-Einwirkung" auf Kommunikation und Führung (TT&C = Telemetry, Tracking, and Command) des Satelliten sowie „Back-door-Einwirkung" auf „generische" Satellitenfunktionen wie Energieversorgung, Antrieb, Höhenkontrolle oder Temperaturkontrolle unterschieden. Besonders anfällig für Störmaßnahmen, sind ungeschützte kommerzielle Satelliten. Navigationssatelliten sind ebenfalls besonders verwundbar. In US-amerikanischen Simulationen wurde das Navigationssystem wurde GPS als vorrangiges Ziel eines etwaigen Gegners identifiziert, was die Notwendigkeit elektronischer Schutzmaßnahmen (EloSM) für dieses System unterstreicht. GPS-Störsender sind bereits kommerziell erhältlich. Insbesondere für geostationäre Satelliten sind elektronische Kampfmaßnahmen sowie Informationsoperationen die realistischste Bedrohung, da eine physische Einwirkung hier wesentlich schwieriger zu bewerkstelligen ist.

Im Rahmen der Informationskriegführung (Informationsoperationen = InfoOps) wird versucht, in gegnerische Computernetze einzudringen, was auch mittels Computerviren, Trojanischer Pferde usw. gelingen kann. Die Verifikation eines Angriffs ist hier besonders schwierig durchzuführen. In einer Kombination von Elektronischer und Informations-Kriegsführung kann versucht werden, Kommandos der Bodenstation an den Satelliten durch eigene Kommandos zu überschreiben, die mit größerer Sendeleistung abgestrahlt werden. Auf diese Weise kann versucht werden, ein Abschalten, ein Bahnwechsel oder die Inbesitznahme des Satelliten zu erreichen. Wegen der bekannten Arbeitsfrequenz, des Fehlens elektronischer Härtung sowie besonderer Strahlungshärtung sind auch hier zivile Satelliten gefährdeter als militärische.

Wegen der Abhängigkeit großer weltumspannender Satellitennetzwerke von nur relativ wenigen Bodenstationen und Antennenanlagen ist ein Angriff auf diese Einrichtungen eine naheliegende Maßnahme, um einem Gegner die Satellitennutzung zu verwehren. Das US-amerikanische Navigationssystem GPS wird beispielsweise von nur fünf Bodenstationen aus betrieben, die Satellitenkommunikation der Bundeswehr (SATCOM Bw) nutzt im Wesentlichen eine einzige zentrale Bodenstation. Mögliche Angriffsformen auf solche Installationen sind entweder im Rahmen eines konventionell-militärischen Angriffs (einschließlich des Einsatzes ballistischer Raketen und ggf. Massenvernichtungswaffen), als konventionelle Sabotage, oder zukünftig auch durch Sabotage bzw. Angriff mittels Hochleistungsmikrowellen (HPM) denkbar. Aus nächster Nähe können derartige Antennenanlagen schon mit relativ kleinen Mikrowellenleistungen (durch militärische oder „selbstgebaute" Mikrowellenwaffen) vorübergehend oder dauerhaft geschädigt werden.

### 2.3.3 Zusammenfassende Bewertung von weltraumbezogenen Waffensystemen

Außer unbestätigten Meldungen über chinesische Parasiten-Kleinstsatelliten sind derzeit keine eingeführten raumgestützten Waffensysteme bekannt. Die US-Programme für eine raumgestützte Laserwaffe (SBL) sowie für raumgestützte Flugkörper (SBX), beide zum Zwecke der Raketenabwehr, befinden sich im Forschungs-/Entwicklungsstadium und werden voraussichtlich nicht vor 2020 zu einer Weltraumstationierung von Waffensystemen führen. Die von den USA betriebene Entwicklung hochmanövrierfähiger Inspektions-Mikrosatelliten (XSS-10) könnte eine neue Möglichkeit ergeben, auch fremde Satelliten zu inspizieren und ggf. zum Absturz zu bringen. Sollten die USA weltraumgestützte Servicekapazitäten aufbauen, könnten auch deren Serviceroboter (Projekt ASTRO) eine solche Funktionalität bieten. Das SPACE SHUTTLE ist allerdings schon heute in der Lage, auch fremde Satelliten einzufangen, und kann so in gewissem Sinne zur amerikanischen Doktrin der Weltraum-Beherrschung („Space Control") beitragen. Russland hat ebenfalls technologische Erfahrungen mit dem Bau wiederverwendbarer (auch bewaffneter) Raumfähren (BURAN, URAGAN) sowie bewaffneter Raumstationen (ALMAS) und Satelliten, auch mit nuklearen Wiedereintrittskörpern (POLJUS). Derzeit sind allerdings keine Planungen für russische weltraumgestützte Waffensysteme bekannt.

Möglichkeiten zum Stören oder Zerstören von Satelliten vom Boden (bzw. von der Luft) aus sind jedoch bei den USA und Russland schon lange vorhanden und werden (zumindest was die Technologien betrifft) laufend weiterentwickelt. Auch die Volksrepublik China ist derzeit bemüht, sich diese Fähigkeiten anzueignen. Neben den genannten wären derzeit auch die übrigen kernwaffenbesitzenden Staaten technologisch in der Lage, durch eine hochatmosphärische Kernwaffenexplosion alle LEO-Satelliten (einschließlich ihrer eigenen) zu schädigen. Durch weitere Proliferation von ballistischen Raketen sowie Kernwaffen könnte sich die Zahl der Staaten mit dieser Fähigkeit in den nächsten Jahrzehnten erhöhen.

Angriffe gegen das Bodensegment von Satellitensystemen (konventionell, terroristisch, elektronisch, Informationsoperationen) bieten eine weitere Möglichkeit zu deren Schädigung, die weit mehr denkbaren Akteuren zur Verfügung steht, da sie technologisch weniger aufwändig ist.

In Tab. 2-6 sind der derzeitige Stand und die absehbaren Entwicklungen bei weltraumbezogenen Waffensystemen noch einmal aufgeführt.

# Waffensysteme

|  | raumgestützte ASAT-Waffen | raumgestützte BMD-Waffen | raumgestützte Waffen gegen terrestrische Ziele | boden-/luftgestützte ASAT-Waffen |
|---|---|---|---|---|
| **Flugkörper/ Einfangen** | **USA:** Space Shuttle; Inspektionssatellit XSS-10 (i.E.); Space-Based Interceptor SBX (gepl.) **Russland:** ehem. Buran, ehem. Uragan | **USA:** Brilliant Pebbles (ehem. gepl.); Space-Based Interceptor SBX (gepl.) | **Russland:** ehem. Poljus (nuklear) | **USA:** ehem. nukleare Systeme; ehem. Early Spring; ASM-135 (Technol. vorh.); KE-ASAT (i.E./wenig Aktivität); NMD-Systeme i.E.: THAAD, SMD (ex NTW), GMD (ex NMD) **Russland:** ehem. I2P/IS-A/IS-MU; luftgestütztes KE-ASAT (Technologie vorh.); ASAT-fähiges LV-System SH-11 Gorgon **China:** coorb. ASAT (i.E.) ? **Irak:** Superkanone (ehem. i.E.) |
| **Laserwaffen** | **USA:** SBL (i.E./verschoben, nicht vor 2020; ASAT-Einsatz unökonomisch) | **USA:** SBL (i.E./verschoben, nicht vor 2020; gepl. für BPI) | **USA:** SBL nicht geeignet | **USA:** Blendlaser; ABL (i.E.; nicht vor 2010) **Russland:** Blendlaser; ABL (i.E.) **China:** evtl. Blendlaser |
| **HPM** | technisch sehr schwierig, relativ einfache Härtung als Gegenmaßnahme | technisch sehr schwierig, Wirksamkeit fraglich | technisch sehr schwierig und extrem aufwändig | vorübergehendes Stören möglich, Einsatz jedoch eher gegen das Bodensegment |
| **hochatmosphärische Kernwaffenexplosion** | Weltraumstationierung verboten; dabei großer Aufwand durch relativ geringe Lebensdauer im LEO | — | — | technische Fähigkeit bei allen kernwaffenbesitzenden Staaten vorhanden: **USA, Russland, China, Frankreich, Großbritannien, Indien, Pakistan, Israel** |

Tab. 2-6: **Übersicht über vorhandene, geplante und absehbare weltraumbezogene Waffensysteme.**
Verwendete Abkürzungen: i.E. = in Entwicklung; ehem. = ehemals; gepl. = geplant; Technol. vorh. = Technologie vorhanden (System wird nicht produziert); LV = Luftverteidigung; BPI = Boost-Phase Intercept

## 2.4 Militärische Transatmosphärische Flugzeuge

Der einfache und schnelle Zugang zum Weltraum durch Transatmosphärische Flugzeuge (TAV = Transatmospheric Vehicle) wird in den USA als zukünftig wichtiges Mittel zum Erhalt der Überlegenheit im Weltraum und zur Verstärkung der globalen Präsenz gesehen. Solche bemannten oder unbemannten Flugzeuge sollen in der Lage sein, bis in den LEO vordringen zu können, entweder zur Durchführung von Missionen im Orbit selbst oder zum schnellen Transfer zu einem Ziel auf der Erde. Durch die ständige Einsatzbereitschaft einer Flotte von TAVs und kurze Wartungsintervalle zwischen den Einsätzen will man eine mit derzeitigen Startsystemen nicht erreichbare Flexibilität erzielen.

Vorreiter bei der Entwicklung von TAVs sind die USA. Als Reaktion auf diese Programme ordnete die sowjetische Regierung 1986 die Entwicklung eines äquivalenten Raumflugzeugs für militärische Zwecke an. Dieses Projekt wurde inzwischen eingestellt. In Europa, Japan und Indien beschäftigt man sich mit TAVs eher unter dem Aspekt ziviler und damit wirtschaftlicher Nutzung.

Wirtschaft und Militär sind in steigendem Maße von Systemen im Weltraum abhängig und damit auch hier verwundbar. Insbesondere Staaten mit nur geringen oder gar keinen Kapazitäten im Weltraum würden im Krisenfall einen großen Nutzen aus einem breiten Ausfall von Satelliten ziehen, wie er durch eine nukleare Explosion im All hervorgerufen werden könnte. Ein Ausfall von Navigations-, Kommunikations- und Aufklärungssatelliten hätte umfangreiche Auswirkungen auf die militärischen Fähigkeiten einer hochtechnisierten Armee. Ein TAV böte die Möglichkeit, eine gewisse Satellitenkapazität durch Ersatz oder Reparatur wiederherzustellen bzw. auch zu schützen. Darüber hinaus erwartet man sich vom Einsatz Transatmosphärischer Flugzeuge die Fähigkeit zur flexiblen und schnellen Aufklärung und zum Einsatz von Präzisionswaffen an jedem Punkt der Erde innerhalb weniger Stunden.

Mit TAVs sollen Satelliten schnell in den LEO verbracht werden können, sei es, um Lücken im bestehenden Satellitennetz bei Bedarf zu schließen, zusätzlichen Kommunikations- oder Aufklärungsbedarf zu decken, durch Feindeinwirkung zerstörte Satelliten zu ersetzen oder beschädigte Satelliten zu reparieren. Ein TAV kann natürlich auch selbst als Aufklärungsplattform dienen. Denkbar ist ebenfalls der Einsatz gegen Anti-Satellitenwaffen (ASAT) des Gegners wie Killersatelliten oder Anti-Satellitenraketen. Satelliten könnten von TAVs aus gestört, zerstört oder aus dem Orbit eingesammelt werden.

Im Einsatz gegen Bodenziele böten TAVs den Vorteil, dass sie an jedem Punkt der Erde innerhalb von ca. zwei bis vier Stunden wirken könnten, sei es durch Präzisionsangriffe auf gehärtete Ziele, um Schlüsselfähigkeiten eines Gegners zum Beginn eines Konfliktes zu beeinträchtigen oder um Spezialtruppen möglichst verzugslos einsetzen zu können. Es wird auch daran gedacht, mit dem TAV nach dem Einsatz gegen ein Bodenziel vom Orbit aus die Trefferwirkung zu überprüfen, um ggf. einen erneuten Angriff zu starten.

Die größten technologischen Herausforderungen für den Bau von TAVs bestehen in der Antriebstechnologie, sowohl bei luftatmenden als auch bei Raketentriebwerken, und dem aerodynamischen Design für den Flug im Hyperschallbereich. Diese Antriebssysteme müssen für Einsätze über große Entfernungen sehr leicht und zuverlässig sein. Luftatmende Staustrahlantriebe (Ramjet und Scramjet) werden hier vermutlich erstmals eine Rolle spielen. Für die Struktur und Außenhaut eines TAV müssen leichte Hochtemperaturmaterialien entwickelt werden.

Generelle Anforderungen an militärische TAVs sind eine hohe Zuverlässigkeit bei der Erfüllung des Auftrags, kurze Reaktionszeit, kurze Vorbereitungszeit auf den nächsten Start, Allwetterfähigkeit, hohe Verfügbarkeit, Überlebensfähigkeit, Robustheit, flexible Nutzlast und schnelle Austauschbarkeit von Komponenten. Verwundbar sind TAVs nicht nur ggf. durch Anti-Satellitenwaffen, sondern auch durch Zerstörung ihrer Infrastruktur am Boden.

Auch wenn sie das Fernziel darstellen, so ist doch vorerst nicht mit luftatmenden einstufigen Raumtransportern (SSTO = Single-Stage-To-Orbit) wegen vielfältiger technologischer Hürden zu rechnen. Auch Konzepte, bei denen eine zweite Stufe von einem kommerziellen Flugzeug aus gestartet wird, sind wegen der Unflexibilität bezüglich Leistung und zu geringer erwarteter Nutzlast nicht zu erwarten. Mehrstufige Konzepte sind dagegen beim derzeitigen Stand der Technologie möglich. Für die unteren Stufen gibt es diverse Konzepte, teils wiederverwendbar, teils Einwegsysteme.

In den USA gibt es seit ca. 40 Jahren Programme zur Definition, Erforschung und Entwicklung der für Transatmosphärische Flugzeuge notwendigen Technologien. In mehreren Studien wurden sowohl der Bedarf für TAVs abgeleitet als auch Systemvorschläge erarbeitet. Aus militärischer Sicht sind besonders die drei folgenden Konzepte interessant.

*Aerospace Operations Vehicle (AOV)*

Im Rahmen dieses aus den Arbeiten zum MILITARY SPACEPLANE (MSP) hervorgegangenen Programms (auch SPACE OPERATIONS VEHICLE = SOV) lässt die US-Luftwaffe die kritischen Technologien für zukünftige militärische Raumflugzeuge entwickeln. Diese Technologien sollen an Demonstratoren getestet werden. Außerdem soll auf diese Weise eine konkurrierende Industriebasis für militärische Raumfahrzeuge erhalten werden. Angestrebt wird langfristig ein einstufiges Konzept, um flugzeugähnlichen Betrieb zu ermöglichen. Es ist allerdings wahrscheinlicher, dass ein zukünftiges militärisches Raumflugzeug zunächst zweistufig aufgebaut sein wird.

Die NASA-Programme X-33 VENTURE STAR und X-34 (s. Abb. 2-24), die zur Entwicklung einer ersten Stufe eines zweistufigen Systems hätten führen können, wurden inzwischen gestoppt. Derzeit definiert die NASA ihre diesbezüglichen Aktivitäten im Rahmen der „Space Launch Initiative" (SLI) neu.

## Militärische Transatmosphärische Flugzeuge

Abb. 2-24: **Illustration zum inzwischen gestoppten X-34-Programm der NASA**

Der von der US Air Force und Boeing betriebene Technologiedemonstrator X-40A (s. Abb. 2-25) und dessen Nachfolger X-37 dienen zur Entwicklung des SPACE MANEUVER VEHICLE (SMV), eines Raumfahrzeugs mit Antrieb, das als obere Stufe eines zweistufigen Systems dienen könnte oder auch als wiederverwendbarer Satellit mit einer Vielzahl möglicher Nutzlasten. Durch seinen großen Treibstoffvorrat sollen viele und schnelle Orbitwechsel möglich sein. Zu den möglichen Missionen gehören:

- Taktische Aufklärung
- Schneller, flexibler Lückenfüller in Satellitenkonstellationen
- Identifikation, Überwachung und Bekämpfung von Objekten im All.

Ein operationelles SMV könnte folgende Eigenschaften haben:

- Bis zu 540 kg Nutzlast
- Nur 72 Stunden Zeit zwischen Start und Landung
- Bis zu zwölf Monate Missionsdauer im Orbit
- Schnelle Rückkehrfähigkeit aus dem Orbit
- Hohe Manövrierfähigkeit im Orbit, dadurch Möglichkeit zum Ändern von Inklination und Höhe sowie hohe Überlebensfähigkeit.

Militärische Transatmosphärische Flugzeuge

Abb. 2-25: **X-40A, Technologiedemonstrator von USAF/NASA/Boeing für ein SMV, im freien Gleitflug.**

Eine alternative zweite Stufe ist das X-42 POP-UP UPPER STAGE (auch: MODULAR INSERTION STAGE = MIS), eine nicht wiederverwendbare preisgünstige Raketenoberstufe mit Flüssigtreibstoff im Experimentalstadium, mit der Nutzlasten von ca. 900-1.800 kg in den Orbit gebracht werden könnten. Auf diese Weise würde die Bandbreite der mit einem militärischen Raumfahrzeug transportierbaren Nutzlasten erweitert.

Als dritte mögliche Oberstufe für ein AOV wird das X-41 COMMON AERO VEHICLE (CAV) entwickelt. Hierbei handelt es sich um einen experimentellen manövrierbaren Wiedereintrittskörper/Raumgleiter zum schnellen Angriff auf Bodenziele. Der Wiedereintritt in die Atmosphäre soll mit Hyperschallgeschwindigkeit erfolgen, nach dem Abbremsen und weiterem Sinken soll das CAV konventionelle Präzisionswaffen gegen Bodenziele einsetzen. Vorteil eines solchen Systems wären der schnelle Einsatz über sehr große Entfernungen und die hohe Zielgenauigkeit. Nachteile wären die beschränkte Manövrierbarkeit und die hohe Signatur beim Wiedereintritt. Es wird auch daran gedacht, das CAV auch mit einer ballistischen Rakete als erster Stufe zu kombinieren. Das CAV ist zunächst als Verlustgerät konzipiert, soll aber zu einem wiederverwendbaren System weiterentwickelt werden.

*$S^3$-Konzept*

In der Studie „Air Force 2025" wurde das $S^3$-Konzept als ein integrierter Plattformansatz entworfen. Bei den drei integrierten Systemen handelt es sich um SHAAFT (Supersonic/Hypersonic Attack Aircraft), SHMAC (Standoff Hypersonic Missile with Attack Capabilities) und das TAV SCREMAR (Space Control with a Reusable Military Aircraft). Mit diesen Systemen sollen die Aufgaben globale Reichweite, globaler Waffeneinsatz und Weltraumbeherrschung abgedeckt werden.

Das Waffensystem ist mehrstufig. Es besteht aus einem unbemannten Startflugzeug, das das System von der Startbahn auf Mach 3,5 und eine Höhe von ca. 20.000 m bringt. Darauf sitzt als zweite Stufe SHAAFT, ein bemanntes, aerodynamisch effizientes Überschall-/Hyperschall-Kampfflugzeug. SHAAFT könnte entweder Hyperschall-Marschflugkörper (SHMAC) gegen mehrere Ziele starten oder bei Mach 12 in einer Höhe von etwa 30.000 m das wiederverwendbare raketengetriebene militärische Transatmosphärische Flugzeug SCREMAR starten, das huckepack oder evtl. auch innerhalb oder unterhalb der Zelle mitgeführt wird. Sowohl bemannte als auch unbemannte TAVs werden diskutiert. Kernstück des Gesamtsystems ist das in jedem Fall bemannte SHAAFT, von dem aus die Einsatzmittel verbracht und gesteuert werden. Das Kampfflugzeug SHAAFT könnte jeden Punkt der Erde in zwei bis vier Stunden erreichen.

Vorteil der mehrstufigen Kombination von Startflugzeug und SHAAFT als Träger für SCREMAR wäre, dass dieses System von konventionellen militärischen Startbahnen starten könnte und somit nicht von spezieller, potenziell verwundbarer Infrastruktur abhinge. SCREMAR wäre in der Lage, bis zu vier kleinere Satelliten im LEO zu stationieren. Die Notwendigkeit, Satelliten kurzfristig zu ersetzten, wäre im Konfliktfall gegeben, wenn ein Gegner für militärische Operationen wichtige Satelliten zerstören würde. Denkbar ist auch das Reparieren von Satelliten oder die Durchführung komplexerer Antisatelliten-Einsätze. SCREMAR könnte aber auch als Waffenplattform gegen Bodenziele und als Aufklärungsplattform dienen. Die Landung würde wie beim SPACE SHUTTLE im Gleitflug auf einem vorher bestimmten Landeplatz erfolgen.

Eine modulare Ladebucht bei SCREMAR soll ermöglichen, dass die Nutzlast (Satelliten oder Waffen) noch vorbereitet werden kann, während SCREMAR auf den Start vorbereitet und auf SHAAFT montiert wird. Dies ist ein Aspekt bei der Minimierung der Zeit bis zum erneuten Einsatz. Generell ist auch eine gut trainierte und ausgebildete Mannschaft am Boden wichtig, die ggf. auch bei Landungen auf anderen Landeplätzen schnell dorthin gebracht werden kann.

*Alpha Strikestar*

In der Studie „Star Tek – Exploiting the Final Frontier: Counterspace Operations in 2025" der US Air Force aus dem Jahr 1996 wird untersucht, welche Konzepte, Fähigkeiten und Technologien die Vereinigten Staaten benötigen, um die Dominanz in der Luft und im All in der Zukunft zu behalten. Dazu gehört das Konzept eines horizontal startenden und landenden einstufigen Transatmosphärischen Flugzeuges (TAV), das bis in den niedrigen Erdorbit vordringen kann. Ein solches einstufiges Konzept stellt ausgesprochen hohe Anforderungen an die Antriebstechnologie und die verwendeten Materialien, mit deren Erfüllung erst langfristig zu rechnen ist. ALPHA STRIKESTAR soll während einer Mission mehrfach zwischen Weltraum und Luftraum wechseln können. Zu den Missionen gehört das Stören und Zerstören von Satelliten, das Einfangen gegnerischer Satelliten und deren Transport zur Erde oder in eine nutzlose Umlaufbahn. Außerdem soll ALPHA STRIKESTAR als Luft/Raum-Boden-Waffe mit Präzisionswaffen Bodenziele auf der ganzen Welt

## Militärische Transatmosphärische Flugzeuge

innerhalb kurzer Zeit bekämpfen können. Das Fahrzeug wäre mit Selbstschutzmaßnahmen und elektrooptischen Sensoren zur Schadensanalyse ausgerüstet.

ALPHA STRIKESTAR soll eine sofortige weltweite Reaktion auf Krisen ermöglichen. Es soll die Fähigkeit haben, in den niedrigen Erdorbit zu fliegen und von dort zum Waffeneinsatz in die Erdatmosphäre einzutreten. Danach soll das System wieder in den Orbit zurückkehren, von dort den verursachten Schaden analysieren und ggf. ein weiteres Mal das Ziel anzugreifen.

# Quellenverzeichnis

*Kap. 1.1:*
Berthold, P., Querner, U.: Prinzesschens Reisen nach Afrika; Spektrum der Wissenschaft 6/2002, 52-61
DLR (Deutsches Zentrum für Luft- und Raumfahrt); http://www.dlr.de
ESA (European Space Agency); http://www.esa.int
FAS (Federation of American Scientists); http://www.fas.org
Hoose, H., Burczik, K.: Sowjetische Raumfahrt; Umschau Verlag, Frankfurt a. M. 1988, ISBN 3-524-69074-2
Lucid, S.W.: Sechs Monate an Bord der Mir; Spektrum der Wissenschaft, Juli 1998, S. 32-41
NASA (National Aeronautics and Space Administration), USA; http://www.nasa.org
NASA NSSC (National Space Science Center); http://nssdc.gsfc.nasa.gov
White, R.J.: Der Mensch in der Schwerelosigkeit; Spektrum der Wissenschaft, Dezember 1998, S. 38-44

*Kap. 1.2.1:*
AVATAR; Space Transport, http://www.geocities.com/spacetransport/spacecraft-avatar.html (14.1.2002 [25.1.2002])
BBC 31.10.2001; http://www.cosmiverse.com/space10310103.html [30.1.2002]
Balepin, V. V., Czysz, P. A., Moszée, R. H.: Combined Engine for Reusable Launch Vehicle (KLIN Cycle); Journal of Propulsion and Power, 17 (2001) 1239-1246
Beardsley, T.: Raumfahrzeuge der Zukunft; Spektrum der Wissenschaft 8/1999, 78-93
Clark, S.: Plain Sailing; New Scientist 24.2.2001, 42-45
CNN 1.11.2001; http://www.cnn.com/2001/WORLD/asiapcf/auspac/10/30/australia.scramjet/ [30.1.2002]
Hess, C: Mission 2000 – Entfaltbarer Hitzeschutzschild absolviert Testflug; Flug Revue 4/2000, 54-56
India Eyes New Spaceplane Concept; http://www.spacedaily.com/news/india-01i.html (8.8.2001 [25.1.2002])
Lee, Y.-M., Micheletti, D.: Advanced Space Propulsion Technology Development at MSE Technology Applications, Inc.; NASA JPL/MSFC/UAH 12th Advanced Space Propulsion Workshop, 3.4.2001, http://www.spacetransportation.com/ast/presentations/2c_lee.pdf [20.6.2002]
NASA (National Aeronautics and Space Administration), USA; http://www.nasa.org
NASA DFRC (Dryden Flight Research Center); http://www.dfrc.nasa.gov
NASA Fact Sheets; http://www1.msfc.nasa.gov/NEWSROOM/background/facts.htm [8.1.2002]
NASA STI (Scientific and Technical Information); http://www.sti.nasa.gov/tto/spinoff2000/ard11.htm
OOTW (Observation of the Week) Archive, NASA's Observatorium; http://observe.arc.nasa.gov/nasa/ootw/1997/ootw_971001/x33.html
Prasannan, R.: Fast Forward; The Week 1.7.2001, http://www.the-week.com/21jul01/events3.htm [25.1.2002]
Rao, R.: India Unveils Reusable Space Vehicle – Avatar; India Perspectives 9/2001 (hrsg. vom indischen Außenministerium), http://meadev.nic.in/perspec/sept2001/avatar.htm [25.1.2002]
Recycle, Reuse, Relaunch; Beyond Online Ltd., http://www.beyond2000.com/news/aug_01/story_1250.html [25.1.2002]

## Quellenverzeichnis

Scramjet „flies" in Australia; BBC News Sci/Tech 30.10.2001 (http://news.bbc.co.uk [30.1.2002])
St. Germain, B., Olds, J.: An Evaluation of Two Alternate Propulsion Concepts for Bantam-Argus: Deeply-Cooled Turbojet + Rocket and Pulsed Detonation Rocket + Ramjet; 35th AIAA/ASME/SAE/ASEE Joint Propulsion Conference and Exhibit, Los Angeles CA, Juni 1999; American Institute of Aeronautics and Astronautics, AIAA 99-2354;
http://www.ssdl.gatech.edu/main/ssdl_paper_archive/aiaa_99-2354.pdf [20.6.2002]
Sweetman, B.: Space Giants Step Up Efforts to Win Low-Cost Launch Race; Jane's International Defense Review, 3/2000, 30-35
Tethers Unlimited Inc.; http://www.tethers.com [14.1.2002]
Trends in Heavy Satellite Mass and Heavy Lift Launch Vehicles; Special Report, US Department of Transportation, Federal Aviation Administration, Washington DC, USA, 1997
Univ. Queensland, Centre for Hypersonics, http://www.mech.uq.edu.au/hyper/hyshot;
http://www.uq.edu.au/news/printpage.phtml?article=2573;
http://www.uq.edu.au/news/printpage.phtml?article=2567 [30.1.2002]
Wade, M.: Encyclopaedia Astronautica; http://www.astronautix.com [Jan. 2002]
Zaun, H.: Indien will wiederverwendbares Weltraumflugzeug bauen;
http://www.telepolis.de/deutsch/special/raum/9429/1.html (31.8.2001 [25.1.2002])

### *Kap. 1.2.2:*
Altmayer, C., Martin, S., Theil, S.: Autonomes Orbit- und Lagebestimmungssystem für Satelliten auf geostationären Umlaufbahnen, TU Braunschweig 1998,
http://www.tu-bs.de/institute/iffl/publications/1998/Dglr_167.pdf
Astronomie Aktuell 11/1999, Astronomische Vereinigung Nürtingen,
http://www.avnev.nepustil.net/Astro-Aktuell/Astronomie-Aktuell_11-99.html
Beardsley, T.: Raumfahrzeuge der Zukunft; Spektrum der Wissenschaft 8/1999, 78-93
Bieler, O.: Cassini – Risiken?; Raumfahrt-Info-Dienst,
http://www.rid.de/r-news/thema/them_01/cassini_risiken.htm
Bünter, R., Haltinner, T., Frei, D.: Das Satellitenbuch; Chur 1999,
http://www.tel.fh-htwchur.ch/satelitenbuch/2Physik.PDF [2002]
Carlier, A.: The Future of Earth Observation is in Smallsats; Air & Space Europe Vol.2, 4 (2000), 42-44
DARPA Selects Contractors for Water-Based Propulsion for Space, DARPA-Pressemitteilung 14.1.2002, http://www.darpa.mil/body/NewsItems/wordfiles/darpa3.doc
Deiters, S.: Cosmos 1 – Erster Flug ins All Anfang 2002; astronews.com, 24.8.2001,
http://www.astronews.com/news/artikel/2001/08/0108-027.shtml
DLR (Deutsches Zentrum für Luft- und Raumfahrt), Presseinformation Nr. 44/2001 vom 23.10.2001
DoD (US Department of Defense): Space Technology Guide, FY 2000-01;
http://www.fas.org/spp/military/myer.pdf
Eine Friedhofsbahn für ausrangierte Satelliten; Die Welt 19.4.2002,
http://www.welt.de/daten/1999/10/20/1020ws134121.htx
Generating Electrical Power; NASA,
http://liftoff.msfc.nasa.gov/shuttle/sts-75/tss-1r/apps/pwr_generator.html
Glossar Telekommunikation, INTEREST Verlag, Kissing,
http://www.interest.de/online/tkglossar/GTO.html
Grote, A.: Sonnenstürme; c't 1/2000, 30
Hallmann, W., Ley, W.: Handbuch der Raumfahrttechnik, Carl Hanser Verlag München Wien (1988)
Hansen, T.: Die Billigflieger im All; Bild der Wissenschaft 7/2001, 90-93
Johnson, N. L.: Schrott im Orbit – Gefahr für die Raumfahrt, Spektrum der Wissenschaft, 1/1999, 80-85
Kosmische Strahlung; Pierre-Auger-Observatorium, FZ Karlsruhe,
http://ik1au1.fzk.de/~auger/public/cr.de.html

Lauterbach, C.: Deutsche Ionentriebwerke sollen ESA-Satelliten „Artemis" retten, Informationsdienst Wissenschaft 22.2.2002,
http://idw-online.de/public/zeige_pm.html?pmid=44830
Leipold, M.: DLR Solar Sail Mock-Up (December 1999), DLR, Berlin 2000,
http://solarsystem.dlr.de/MT/solarsail/news4.shtml
Leitenberger, B.; http://www.bernd-leitenberger.de/raumfahrt.html
Lexikon der Physik, Spektrum Akademischer Verlag, Heidelberg (1999)
Löb, H., Ionentriebwerke für Satelliten und Raumsonden; Phys. Bl. 41 (1985) 292-294
Nanosatelliten sammeln Müll im All; Verein zur Förderung der Astronomie, Raumfahrt und Grenzwissenschaften e.V., 26.6.2000, http://www.guforc.com/news/260600a.htm
NASA (National Aeronautics and Space Administration); http://spacepwr.jpl.nasa.gov/rtgs.htm
Raumfahrtantriebe; http://www.boerde.de/~lefti/Space/engine.html
Sampathkumar, S., Fricke E., Schulz, A.: Satellitenkonstellationen-Bewertung und Evolutionsbetrachtungen; in: Tagungsband Deutscher Luft- und Raumfahrtkongress, Berlin 1999
Seboldt, W.: Entfaltung eines Sonnensegels von 20 m x 20 m, Highlight der Woche 24.12.1999, DLR Berlin, http://berlinadmin.dlr.de/HofW/1999/1224_026/
Seibersdorfer Triebwerke: Mini-Schübe für All-Teleskope, 24.8.2001;
http://www.telekom-presse.at
Srama, R.: Vom Cosmic-Dust-Analyzer zur Modellbeschreibung wissenschaftlicher Raumsonden; Dissertation TU München 2000,
http://www.mpi-hd.mpg.de/galileo/~srama/documents/dissertation/diss.html
(Anhang B: Kosten einer Raummission)
Sweetman, B.: Securing Space for the military; Jane's International Defense Review 3/1999, 49-55
Sweetman, B.: Space giants step up efforts to win low-cost launch race; Jane's International Defense Review 3/2001, 30-35
Thaller, G. E.: Spionagesatelliten; Verlag für Technik und Handwerk, Baden-Baden (1999)
IRS (Institut für Raumfahrtsysteme), Universität Stuttgart, Thermische-Lichtbogen-Triebwerke;
http://www.irs.uni-stuttgart.de/RESEARCH/EL_PROP/ARC/d_arcjet.html
Trends in Heavy Satellite Mass and Heavy Lift Launch Vehicles; Special Report, US Department of Transportation, Federal Aviation Administration, Washington DC, USA, 1997
Universität Stuttgart, Erster Einsatz eines Lichtbogentriebwerks in Westeuropa; Pressemitteilung Nr. 119/2000 vom 22.11.2000;
http://www.uni-stuttgart.de/aktuelles/presse/2000/119.html
Zimmermann, R.: Lagestabilisierung von Satelliten, 5. AMSAT-Symposium Detmold (1997)

*Kap. 1.2.3:*
ESA (Europäische Weltraumorganisation), http://www.esa.int, http://www.esoc.esa.de
Euroavia Picturebank; http://picturebank.euroavia.net/moscow/control/control-e.html
FAS (Federation of American Scientists), http://www.fas.org
Grin', V. A.: Die irdischen Schlaglöcher der außerirdischen Trassen; Armejskij sbornik 12 (1999) 51-55 (Zemnye uchaby nezemnych trass; Übersetzung: Streitkräfteamt, Dez. Sprachendienst)
Ground Systems Architectures Workshops (GSAW), The Aerospace Corporation,
http://sunset.usc.edu/GSAW/
Hoose, H. , Burczik, K.: Sowjetische Raumfahrt; Umschau Verlag, Frankfurt a. M. 1988, ISBN 3-524-69074-2
Odle,R.: Ground Systems Architectures Workshop 2000, The Aerospace Corporation,
http://sunset.usc.edu/GSAW/gsaw2000/pdf/Odle.pdf
Satellite and Launch Control Systems; Fact Sheet, US Air Force,
http://www.losangeles.af.mil/SMC/PA/Fact_Sheets/cw_fs.htm
Simons, H. J.: NATO SATCOM System Control; Professional Paper 386, NATO C3 Agency, Den Haag 1998

USSPACECOM, Space Surveillance; Fact Sheet,
http://www.peterson.af.mil/usspacecom/space.htm
Zak, A., http://www.russianspaceweb.com/
Zetocha, P., et al.: Commanding and Controlling Satellite Clusters; IEEE Intelligent Systems 11+12/2000, 8-13

*Kap. 1.2.4:*
Das Verbundprojekt BaiCES als Schrittmacher innovativer Systemtechnologien;
http://www.mercatorpark.com/unternehmen/inhalte/astrium/astrium_bp_tele/astrium_bp_tele.htm
DLR und IHK Köln: Impulstagung „Optionen für die Zukunft – Die industrienahe Nutzung der Internationalen Raumstation für die Nanotechnologie", 12.4.2000,
http://www.raumstationsnutzung.de/facts/band.pdf
DoD (US Department of Defense): „Militarily Critical Technologies", 5. Fassung, 1999,
http://www.dtic.mil/mctl/mctlp1.html [Juni 2001]
DoD (US Department of Defense): Space Technology Guide, FY 2000-01;
http://www.fas.org/spp/military/myer.pdf
Janson, S. W.: „Micro"sats; Center for Microtechnology, The Aerospace Corporation, El Segundo (CA, USA) 2000, http://www.dtic.mil/ndia/set/janson.pdf
Newsletter Raumstation 1/2000, DLR, Bonn

*Kap. 1.3:*
AECMA European Association of Aerospace Industries: Facts and Figures 2000, AECMA Publication RP134 (2001) S. 9
AIA – Aerospace Industries Association: Year-end review and forecast Aerospace Industry sales by Customer, 2001;
http://www.aia-aerospace.org/stats/yr_ender/tables/2001/table2.cfm
Altfeld, H.-E.: Government Funding for Aerospace; AECMA Policy Research, Brussels, July 2000
BDLI: Beschäftigte in den BDLI-Mitgliedsfirmen; BDLI-Presseinformation 2001,
http://www.bdli.de
Bildt, C.: Opening Europes Final Frontier; CER Bulletin, Issue 16, February/March 2001
Buse, U.: „Der wahre Big Brother"; Spiegel-online 2/2001, 30.1.2001,
http://www.spiegel.de/reporter/0,1518,113618,00.html
Cohendt, P./Ledoux, M. et al.: Analyse des mécanismes de transferts des technologies spatiales: le role de l' Agence Spatiale Européenne. Rapport Principal, Strasbourg, France; Bureau d'économie théorique et appliquée (BETA) 1989
Collins, P.: Space Activities, Space Tourism and Economic Growth, Proceedings of 2nd International Symposium on Space Travel, Bremen 1999, http://www.spacefuture.com
Collins, P.: The Coming Space Industry Revolution and its Potential Global Impact; Journal of Space Technology and Science, Vol. 6, No 2 (1990) S. 21-33
Deutsches Raumfahrtprogramm 2001; Technologie-Nachrichten, Programm-Informationen Nr.9/2001 vom 15. Mai 2001, ISSN 0344-9750
DRI: Space Benefits – The Secondary Application of Aerospace Technology in Other Sectors of the Economy. Final Report; Denver, Denver Research Institute 1981
Enßlin, K. J.: Technologische Spin-off-Effekte aus der Raumfahrt. Vom staatspolitischen Anspruch zum unternehmenspolitischen Problem; Peter Lang Verlag, Frankfurt am Main 1989
Euroconsult: Government Space Programs Worldwide Survey – The Age of Cooperation; Research Report Euroconsult, Paris 1999
Euroconsult: Space Business in Europe, 1999 Edition Research Report Euroconsult, Paris 1999
Europäische Kommission: Die Europäische Union und die Raumfahrt: Förderung von Anwendungen, Märkten und industrieller Wettbewerbsfähigkeit; Mitteilung der Kommission an den Rat und das Europäische Parlament, Bulletin EU 12-1996
Hewish, M.: Military takes a giant leap with commercial space technology: commercial space-based systems enhance military operations; Jane's International Defense Review, 1.4.1999, 41-47

Hornschild, K., Wieland, B.: Deutsche und europäische Raumfahrtindustrie – fit für die Zukunft; DIW Wochenbericht 43/1997
IG Metall: Die Luft- und Raumfahrtindustrie in Deutschland und Europa, Branchenanalyse 2001; Herausgeber IG Metall, Blaue Reihe 2001/10
ISBC: State of the Space Industry 2000; International Space Business Council, 2000
Krück, C. P.: Der wirtschaftliche Nutzen der Raumfahrt für die Bundesrepublik Deutschland: Empirische Befunde und Diskursstrategien; Forschungsbericht Universität Bielefeld 1992
Krück, C. P.: Spin-off aus der Raumfahrt – Empirische Befunde und Diskursstrategien, in Technische Visionen – politische Kompromisse/ Johannes Weyer (Hg.) Berlin, Ed. Sigma, 1993
Nordhaus, W.: Managing the Global Commons, Cambridge Mass. 1994
Nye, J. S. Jr., Owens, W. A.: America's Information Edge; Foreign Affairs, Nr. 2, März/April 1996, S. 20-36
Schmoch, U./Kirsch, N.: Analyse der Raumfahrtforschung und ihrer technischen Austrahlungseffekte mit Hilfe von Patentindikatoren; Fraunhofer-Institut für Systemtechnik und Innovationsforschung, Karlsruhe 1992
Schmoch, U.: Analyse von Spin-offs der Raumfahrtforschung mit Hilfe von Patentindikatoren; in: Weyer, J. (Hrsg.): Technische Visionen – politische Kompromisse; Ed. Sigma, Berlin 1993
Schrader, K.: Gesamtwirtschaftliche Wirkungen von Rüstungs- und Raumfahrtausgaben in den Vereinigten Staaten – eine Literaturanalyse; Zeitschrift für Wirtschaftspolitik 38 (1989) 43-75
Scientific Consulting: Spin-offs der Raumfahrt: Ihre Auswirkungen auf Firmenstrategien und Märkte in der Bundesrepublik Deutschland; Scientific Consulting Dr. Schulte-Hillen, Köln 1989
von Rauchhaupt, U.: Abschied von der Teflonpfanne; Die Zeit 10/2001, http://www.zeit.de
Zwer, R.: Internationale Wirtschafts- und Sozialstatistik. Lehrbuch über die Methoden und Probleme ihrer wichtigsten Teilgebiete. 2. Aktualisierte und erweiterte Auflage, Oldenbourg Verlag München/Wien 1986

*Kap. 1.4:*
ASI (Agenzia Spaziale Italiana), Italien, http://www.asi.it
Arab Satellite Communications Organization, http://www.arabsat.com
Astrium, http://www.astrium-space.com, http://www.matra-marconi-space.com
Austrian Aerospace GmbH, Österreich, http://www.space.at
British National Space Centre, Großbritannien, http://www.bnsc.gov.uk
Bundesverband der Deutschen Luft- und Raumfahrtindustrie e.V., http://www.bdli.de
Centrum Badań Kosmicznych, Polen, http://www.cbk.waw.pl
CERT (Centre d'Études et de Recherches de Toulouse), Frankreich, http://www.cert.fr
Chinese Academy of Space Technology, China, http://www.cast.ac.cn
Class, S.: Rockets R Us; IEEE Spectrum 2/2002 52-59
CNES (Centre National d'Études Spatiales), Frankreich, http://www.cnes.fr
CONAE (Comisión Nacional de Actividades Espaciales), Argentinien, http://www.conae.gov.ar
Cosmic Information Center, Japan, http://spaceboy.nasda.go.jp/Index_e.html
CRISA, Spanien, http://www.crisa.es
CSA (Canadian Space Agency), Kanada, http://www.space.gc.ca
Daly, M., Janssen Lok, J.: Israel: aerospace in depth; Jane's International Defense Review 2/2002, 38-48
Danish Space Research Institute, Dänemark, http://www.dsri.dk
Danmarks Meteorologiske Institut, Dänemark, http://www.dmi.dk
Dassault Aviation, Frankreich, http://www.dassault-aviation.fr
DLR (Deutsches Zentrum für Luft- und Raumfahrt), Deutschland, http://www.dlr.de
DoD (Department of Defense), Space Technology Guide – Fiscal Year 2000-01, http://www.c3i.osd.mil/ [Assistant Secretary of Defense C3I]
Enterprise Ireland, Irland, http://www.enterprise-ireland.com
ESA (European Space Agency), http://www.esa.int
European Aeronautic and Defense Company (EADS), http://www.eads.net

FAS (Federation of American Scientists), USA, http://www.fas.org
GMV, Spanien, http://www.gmv.es
GTD, Spanien, http://www.gtd.es
Hispasat, Spanien, http://www.hispasat.com
Hofmann, N.: Die in Asien entstehenden Weltraummächte; Defense Nationale 2/1997, 117-133
Iberoespacio, Spanien, http://www.iberespacio.es
Ingeniería y Servicios Aeroespaciales S.A., Spanien, http://www.insa.es
INPE (Instituto Nacional de Pesquisas Espaciais), Brasilien, http://www.inpe.br
Institutet för rymdfysik, Schweden, http://www.irf.se
Instituto Nacional de Técnica Aeroespacial, Spanien, http://www.inta.es
ISAS (Institute of Space and Aeronautical Science), Japan, http://www.isas.ac.jp
Israel Space Agency (inoffiziell), http://www.geocities.com/CapeCanaveral/5150/
ISRO (Indian Space Research Organization), Indien, http://www.isro.org
Kongsberg, Norwegen, http://www.kongsberg.com
Korea Aerospace Research Institute, Südkorea, http://www.kari.re.kr
MAN-Technologie, Deutschland, http://www.man.de/unternehmen/tech1_d.html
NASA (National Aeronautics and Space Administration), USA, http://www.nasa.org
NASA, Performance Report – Fiscal Year 2001, http://www.nasa.gov
NASDA (National Space Development Agency), Japan, http://www.nasda.go.jp
National Remote Sensing Agency, Indien, http://www.nrsa.gov.in
National Space Program Office, Taiwan, http://www.nspo.gov.tw
Nederlands Instituut voor Vliegtuigontwikkeling en Ruimtevaart, Niederlande, http://www.nivr.nl
NLR (Nationaal Lucht- en Ruimtevaartlaboratorium), Niederlande, http://www.nlr.nl
Norsk Romsenter, Norwegen, http://www.spacecentre.no/3_hoveddel.html
NSAU (National Space Agency of Ukraine), Ukraine, http://www.nsau.gov.ua
Österreichische Gesellschaft für Weltraumfragen, Österreich, http://www.asaspace.at
Rosaviakosmos, Russland, http://www.rosaviakosmos.ru/english/eindex.htm
RYMSA (Radiación y Microondas S.A.), Spanien, http://www.rymsa.com
SaTReC (Satellite Technology Research Center), Südkorea, http://satrec.kaist.ac.kr
Schweizerische Raumfahrt-Vereinigung, Schweiz, http://www.srv-ch.org
SENER, Spanien, http://www.sener.es
Siemens, Deutschland, http://www.siemens.de
SUPARCO (Pakistan Space & Upper Atmosphere Research Commission), Pakistan,
   http://www.suparco.gov.pk
Surrey Satellite Technology Limited, Großbritannien, http://www.sstl.co.uk
Svalbard Satellite Station, Norwegen, http://www.svalsat.com
Swedish National Space Board, Schweden, http://www.snsb.se
Swedish Space Corporation, Schweden, http://www.ssc.se
Swiss Space Office, Schweiz, http://www.sso.admin.ch
Teknologian kehittämiskeskus, Finnland, http://www.tekes.fi
Thales, http://www.thalesgroup.com

*Kap. 1.5:*
Böckstiegel, K.-H.: Handbuch des Weltraumrechts; Heymanns Verlag, Köln 1991,
   ISBN 3-45221790-6
Doehring, K: Völkerrecht; Verlag C. F. Müller, Heidelberg 1999, ISBN: 3-8114-5499-4
Frhr. von Welck, S., Platzöder, R.: Weltraumrecht – Textsammlung, 1987, ISBN 3-78901228-9
Graf Vitzthum, W. (Hrsg.), Bothe, M., Hailbronner, K., Klein, E.: Völkerrecht; W. de Gruyter 1997,
   ISBN: 3-11-017137-6
Ipsen, K.: Völkerrecht; 4. Aufl., C. H. Beck Verlag, 1999, ISBN 3-406-37115-9,

# Quellenverzeichnis

*Kap. 2.1:*
Clark, P.: Decline of Russian ... Satellite Programme; Jane's Intelligence Review 9/2000, 11/2000, 1/2001 und 3/2001
Dean, S. E.: Rückkehr zu Star Wars?; Europäische Sicherheit 5/1999, 17-19
DPG (Deutsche Physikalische Gesellschaft): Arbeitskreis „Physik und Abrüstung", Frühjahrstagungen Hamburg 2001 und Leipzig 2002
Dudney, R. S.: The New Space Plan; Air Force Magazine 6/1998, 22-24
FAS (Federation of American Scientists); http://www.fas.org
Forden, G.: U.S.-Russian Collaboration on Missile-Attack Early Warning: Reducing Dangers and Creating Opportunities; Deutsche Physikalische Gesellschaft, 66. Physikertagung, Leipzig, März 2002
Global Vigilance, Reach and Power – America's Air Force Vision 2020, 2000, http://www.af.mil/vision/vision.pdf [März 2002]
Liardet, J.-P.: Les forces spatiales russes retrouvent leur indépendance ; news4war.com, 6.6.2001, http://www.net4war.com/news4war/espace/forcesspatialesrusses.htm [März 2002]
Pike, J.: American Control of Outer Space in the Third Millenium; Inesap Information Bulletin No. 16, Nov. 1998, 29-33
Smith, D.: Space Wars; The Defense Monitor 30 Nr. 2, Feb. 2001, http://www.cdi.org/dm/2001/issue2/space.html
SPACE.com, http://www.space.com/businesstechnology/technology/us_russia_satellite_011024-1.html [29.1.2002]
Tanks, D. R., et al.: Future Challenges to U.S. Space Systems; The Institute for Foreign Policy Analysis, Inc., Washington DC/Cambridge MA, U.S.A., Juni 1998, http://www.ifpa.org/staff/articles/tanks.htm [15.2.2002]
United States Space Command: Vision for 2020, Feb. 1997, http://www.peterson.af.mil/usspacecom/visbook.pdf [März 2002]

*Kap. 2.2:*
Aerospace Source Book: Outlook/Specification: Spacecraft/Military Satellites; Aviation Week & Space Technology, 14.1.2002, 171
Agüera, M.: Galileo – eine „orbitale Revolution" für Europa; Europäische Sicherheit 6/2001, 31
Air Force Space Command: DMSP Fact Sheet; http://www.milnet.com/pentagon/aircraft/usaf/dmsp.htm
AviationNow: Survey Finds 600 Active Satellites in Earth Orbit Or Beyond, 2.10.2001; http://www.aviationnow.com/ [2002]
Böhler, U.: Kurzwellengerät oder Satellitenkommunikation?; ntz – Nachrichtentechnische Zeitung 3/1995
Borchert, R: Satellitengestützte Verifikation; Soldat und Technik 2/1992
Boutacoff, D. A.: Military Focuses on Laser Communications; Defense Electronics 6/1986
Brockhaus Mensch Natur Technik: Technologien für das 21. Jahrhundert: Raumfahrt zwischen Himmel und Erde; Leipzig, Mannheim 2000
Caceres, M. A.: Satellite Industry Stalls In Standby Mode; Aviation Week & Space Technology, 14.1.2002, 155
Clark, P. S.: Russia relaunches Cosmos early warning satellite; Jane's Defence Weekly, 5.9.2001
Clark, P.: China's Zi Yuan 2 is „photo-reconnaissance satellite"; Jane's Defence Weekly, 8.8.2001
Covault, C.: NRO KH-11 Readied For Afghan Recon; Aviation Week & Space Technology, 8.10.2001, 68
DARPA: Orbital Express Space Operations Architecture / ASTRO; http://www.darpa.mil/tto/programs/astro.html
DISP, Declassified Intelligence Satellite Photographs; http://www.milnet.com/declass.htm
EADS SPACE: Helios II, Skynet 5; http://www.astrium-space.com/corp/photolib/index_milit.htm

## Quellenverzeichnis

ESA (European Space Agency): Galileo at GNSS 2002;
http://www.esa.int/export/esaSA/navigation.html [24. Mai 2002]
ESA (European Space Agency): What is Galileo?;
http://www.esa.int/export/esaSA/navigation.html [5. April 2002]
FAS (Federation of American Scientists); http://www.fas.org/spp
Freenet.de : Spione am Himmel;
http://www.freenet.de/freenet/wissenschaft/technik/lupe/index.html
Furniss, T.: Argos to test military systems; Flight International, 24.2.-2.3.1999, S. 37
GIBS (GPS – Informations- und Beobachtungssystem): GLONASS – Informationen, Einführung zu GLONASS; http://gibs.leipzig.ifag.de/ [2002]
Graham-Rowe, D.: Fill her up, An orbiting filling station will keep spy satellites aloft; New Scientist 30.10.1999, 22
Heavens Above GmbH; http://www.heavens-above.com
Hein, G. W., (Studienleiter): Wirtschaftsstrategische und sicherheitspolitische Bedeutung des europäischen Satellitennavigationssystems GALILEO und seine Auswirkungen auf die zivile Infrastruktur; Institut für Erdmessung und Navigation, Universität der Bundeswehr München, IABG – Industrieanlagen-Betriebsgesellschaft mbH, Ottobrunn, ifo Institut für Wirtschaftsforschung, München, Stiftung Wissenschaft und Politik, Ebenhausen, Nov./Dez. 2000
Iannotta, B.: Milstar: Mission impossible; New Scientist 1994 (NO 1948)
IISS (The International Institute for Strategic Studies): European military Satellites – New tools for defence cooperation; IISS Strategic Comments, Vol. 6, 10, 10.12.2000
IISS (The International Institute for Strategic Studies): Russia's military satellites – Status and prospects; IISS Strategic Comments, Vol. 7 Issue 6, July 2001
IISS (The International Institute for Strategic Studies): The Military Balance 1997/98, Oct. 1997
Kiernan, V.: The Eyes That Never Sleep; New Scientist 1995 (NO 2002), 4.11.1995, Supplement Technospy
Kiesow, W., Weber, D.: Militärische Weitbereichskommunikation über Satellit; Wehrtechnik 8/1995
Klaus, L. A.: ATM – The Future of Battlefield Communications; Defense Electronics 1/1994
Klaus, L. A.: Milstar – Crosslinks and Controversy; Defense Electronics 6/1994
Lude, A.: Umlaufbahnen von Satelliten;
http://www.ipn.uni-kiel.de/projekte/a7_2/umlauf.htm
Lutz, E.: Mobilkommunikation über geostationäre (GEO) und umlaufende (LEO) Satelliten; Informationstechnik und Technische Informatik 5/1993
Missile Defense Agency: Fact Sheet – Sensors: SBIRS, RAMOS:
http://www.acq.osd.mil/bmdo/bmdolink/pdf/sensors.pdf [2002]
Mission and Spacecraft Library: Helios 1A, 1B Quicklook;
http://msl.jpl.nasa.gov/QuickLooks/helios1a1bQL.html [2002]
Mission and Spacecraft Library: Ofeq1, 2 Quicklook;
http://msl.jpl.nasa.gov/QuickLooks/ofeq12QL.html [2002]
Molniya Space Consultancy, zitiert in: Russia's military satellites – Status and prospects; IISS Strategic Comments, Vol. 7 Issue 6, July 2001
NRO (National Reconnaissance Office); http://www.nro.gov/satpics.html
OHB-System AG, Bremen: SAR-Lupe – Das innovative Programm zur satellitengestützten Radaraufklärung; Internationale Luftfahrtausstellung, Berlin, Mai 2002
Painter, F. C.: Submarine Laser Communications; Defense Electronics 6/1989
Peterson Air Force Base;
http://www.peterson.af.mil/hqafspc/Library/ImagesandVideos/photo.asp
Rex, D.: Wird es eng im Weltraum? Die mögliche Überfüllung erdnaher Umlaufbahnen durch die Raumfahrt, Institut für Flugmechanik und Raumfahrttechnik, Technische Universität Braunschweig, April 1999 (Veröffentlicht in: Carolo-Wilhelmina Mitteilungen II/1996);
http://www.tu-bs.de/institute/fmrt/raumfahrt/veroeffentlichungen/space/spacedebris.html [2002]
Richelson, J. T.: Perspektiven der Fernaufklärung per Satellit; Spektrum der Wissenschaft 3/1991

Richelson, J. T.: Scientists in Black; Scientific American 2/1998
Schmidt-Haunschild, R.: Entwicklungstrend auf dem Gebiet der militärischen Fernmeldemittel; Wehrtechnik 2/1988
Scott, W. B., Milstar Ring To Speed Data Toward Combat Zones; Aviation Week & Space Technology 21.1.2002, 28
Scott, William B.: Cincspace Wants Attack Detectors on Satellites; Aviation Week & Space Technology 10.8.1998
Taverna, M. A.: France Readies Sigint Satellite System; Aviation Week & Space Technology, 1.10.2001, 56
TU Ilmenau; http://ikmcip1.e-technik.tu-ilmenau.de
Wade, M.: Encyclopaedia Astronautica; http://www.astronautix.com/craft/spactive.htm [2002]
Wall, R.: New Space-Based Radar Shaped by SBIRS Snags; Aviation Week and Space Technology, 18.2.2002, 30 ff.
Wöß, E.: GPS oder „Wo bin ich?"; http://www.padl.ac.at/zip/service/box/modell/gps/gps.doc

## *Kap. 2.3:*
AFRL (Air Force Research Laboratory); http://www.vs.afrl.af.mil/Factsheets/XSS10.html
Air Force 2025: Final Report; Air University Press, Maxwell Airforce Base, Ala., USA, 1996 (http://www.maxwell.af.mil/au/2025/ [15.2.2002])
Boost-Phase Defense Resurgent; Aviation Week & Space Technology 13.8.2001, 53-58
Braham, R. (Hrsg.): Ballistic Missile Defense: It's Back; IEEE Spectrum, 9/1997, 26-69i
DE AFRL (Directed Energy Directorate of the Air Force Research Laboratory); http://www.de.afrl.af.mil/Factsheets/ABL-FAQ.html
Dutton, L., de Garis, D., Winterton, R., Harding, R.: Military Space; Brassey's Air Power Vol. 10, London 1990, ISBN 0-08-037347-X
Euroavia Picturebank; http://picturebank.euroavia.net/space/spaceplane/spaceplane-e.html
FAS (Federation of American Scientists); http://www.fas.org/
Forden, G. E.: The Airborne Laser; IEEE Spectrum 9/1997, 40-49
Henshaw, T. L., Manke, G. C. II, Madden, T. J., Hager, G. D., Berman, M. R.: New Chemically Pumped Laser; AFRL Technology Horizons März 2001, http://www.afrlhorizons.com/Briefs/Mar01/DE0002.html [5.3.2002]
Hewish, M.: Beam Weapons Revolution; Jane's IDR 33 (8/2000) 34-41
High-Altitude Nuclear Detonation (HAND) Against Low Earth Orbit Satellites („HALEOS"); US Defense Threat Reduction Agency, April 2001; http://www.fas.org/spp/military/program/asat/haleos.pdf [2002]
Isby, D. C.: China May Be Developing Anti-Satellite Weapons; Jane's Missiles and Rockets 1.5.2001
Jane's Strategic Weapon Systems, Issue 36, Jane's Information Group, Coulsdon (Surrey, GB), Jan. 2002, ISBN 0-7106-0880-2
Leonard, S. G.: Laser Options for National Missile Defense; Air Command and Staff College, Air University, Maxwell Air Force Base, Alabama, April 1998, http://www.fas.org/spp/starwars/program/docs/98-165.pdf [6.6.2001]
Manke II, G. C.: A New All Gas-Phase Chemical Iodine Laser; AFRL Technology Horizons März 2002, http://www.afrlhorizons.com/Briefs/Mar02/DE0106.html [5.3.2002]
Missile Defense Agency, MDA Link, http://www.acq.osd.mil/bmdo/
Mosher, D.E.: The Grand Plans; IEEE Spectrum 9/1997, 28-39
nano online: Waffe auf Schienen – Die Railgun; http://www.3sat.de/3satframe.php3?url=http://www.3sat.de/nano/cstuecke/20293/
Neuneck, G.: Neue Waffentechniken und Rüstungskontrolle; Physik in unserer Zeit 1/2001, 10-17
Oberg, J.: The Heavens at War; New Scientist 2.6.2001, 26-29
Ochs, W.: persönliche Mitteilung
Ochs, W.: Konzeptionelle Überlegungen zu Hochleistungsmikrowellen-Waffen; Vortrag im Seminar des Fraunhofer-INT, Euskirchen 28.11.2001

Possel, W. H.: Lasers and Missile Defense: New Concepts for Space-Based and Ground-Based Laser Weapons; Occasional Paper No. 5, Center for Strategy and Technology, Air War College, Air University, Maxwell Air Force Base, Alabama, Juli 1998,
http://www.fas.org/spp/starwars/program/docs/occppr05.htm [6.6.2001]

Rogers, M. E.: Lasers in Space – Technological Options for Enhancing US Military Capabilities; Occasional Paper No. 2, Air University, Maxwell Airforce Base, Ala., USA, 1997 (http://www.fas.org/spp/starwars/program/occppr02.html [6.6.2001])

Spohn, L.: New „all gas" chemical laser ideal for space, says chemist; Scripps Howard News Service, 11.8.2000,
http://shns.scripps.com/shns/story.cfm?pk=GASLASER-08-11-00&cat=AS [4.3.2002]

Star Tek – Exploiting the Final Frontier: Counterspace Operations in 2025; Research Paper Presented to Air Force 2025, http://www.maxwell.af.mil/au/2025/volume3/chap09/vol3ch09.pdf [15.2.2002]

Tanks, D. R., et al.: Future Challenges to U.S. Space Systems; The Institute for Foreign Policy Analysis, Inc., Washington DC/Cambridge MA, U.S.A., Juni 1998,
http://www.ifpa.org/staff/articles/tanks.htm [15.2.2002]

Tanks, D. R.: National Missile Defense – Policy Issues and Technological Capabilities; Institute of Foreign Policy Analysis, Washington DC/Cambridge MA, USA, 2000 (http://www.ifpa.org)

Team ABL; http://www.airbornelaser.com/special/abl/pics-clips/index2.html

Thompson, D. J., Morris, W. R.: China in Space – Civilian and Military Developments; Maxwell Paper No. 24, Air University, Maxwell Air Force Base, Alabama, 2001

Umprovitch, B.: Lab Invents „All Gas" Laser; US Air Force Research Laboratory, Pressemeldung 8.8.2000, http://www.de.afrl.af.mil/News/2000/00-56.html [4.3.2002]

Wade, M.: Encyclopaedia Astronautica; http://www.astronautix.com

Wall, R.: Boost-Phase Defense Resurgent, Aviation Week and Space Technology 13.8.2001, 53-58

Walter, K.: AAA in the Sky for Satellites; Science and Technology Review 7+8/1999;
http://www.llnl.gov/str/Ledebuhrhi.html [8.3.2002]

Wirsig, G. W.: The Airborne Laser and the Future of Theater Missile Defense; Air Command and Staff College, Air University, Maxwell Air Force Base, Alabama, März 1997,
http://www.fas.org/spp/starwars/program/docs/97-0581.pdf [6.6.2001]

Year 2002 Multinational BMD Conference and Exhibition, Dallas TX, USA, 3.-6.6.2002

Zaloga, S. J.: Red Star Wars; Jane's Intelligence Review 9 Nr. 5 (1997) 205

## *Kap. 2.4:*

2000 Reusable Launch Vehicle Programs & Concepts; Associate Administrator for Commercial Space Transportation (AST), Januar 2000

A Hypersonic Attack Platform: The S3 Concept; Research Paper Presented to Air Force 2025, 1996, http://www.maxwell.af.mil/au/2025/volume3/chap12/vol3ch12.pdf [15.2.2002]

Air Force 2025: Final Report; Air University Press, Maxwell Airforce Base, Ala., USA, 1996 (http://www.maxwell.af.mil/au/2025/ [15.2.2002])

Caporicci, M.: The Future of European Launchers: The ESA Perspective; ESA Bulletin, November 2000, 104, S. 66-75

Dean, S. E.: Rückkehr zu Star Wars?; Europäische Sicherheit 5/1999, 17-19

FAS (Federation of American Scientists); http://www.fas.org

Hart, Don: A military spaceplane, its time has come; Aerospace America 5/1997, 26-28

Maita, M.: Spaceplane and Hypersonic Technology Research Program; http://www.nal.go.jp

NASA DFRC (Dryden Flight Research Center); http://www.dfrc.nasa.gov

NASA Headquarters; http://www.hq.nasa.gov/office/pao/History/x-33/x34_payld.gif

Space Operations: Through The Looking GLASS (Global Area Strike System); Research Paper Presented to Air Force 2025, 1996,
http://www.maxwell.af.mil/au/2025/volume3/chap14/vol3ch14.pdf [15.2.2002]

Star Tek – Exploiting the Final Frontier: Counterspace Operations in 2025; Research Paper Presented to Air Force 2025, http://www.maxwell.af.mil/au/2025/volume3/chap09/vol3ch09.pdf [15.2.2002]

Sweetman, B.: Securing Space for the military; Jane's International Defense Review 3/1999, 49-55

Sweetman, B.: Space giants step up efforts to win low-cost launch race; Jane's International Defense Review 3/2001, 30-35

Sweetman, B.: USAF plots return to space; Jane's International Defense Review 5/2002, 45-49

# Abkürzungsverzeichnis

| | |
|---|---|
| ABL | Airborne Laser |
| ABM | Anti-Ballistic-Missile |
| AFRL | Air Force Research Laboratory (USA) |
| AFSCN | Air-Force Satellite Control Network |
| AGIL | All Gas Phase Iodine Laser |
| ALERT | Attack and Launch Early Reporting to Theater |
| AOR | Area of Responsibility |
| ASAT | Anti-Satellite |
| ASTRO | Autonomous Space Transporter and Robotic |
| ATM | Asynchronous Transfer Mode |
| ATOS | Arcjet-Triebwerk auf OSCAR-Satelliten |
| AVATAR | Aerobic Vehicle for Hypersonic Aerospace Transportation / Aerobic Vehicle for Advanced Trans-Atmospheric Research / „Wiedergeburt" (Sanskrit) |
| BDLI | Bundesverband der Deutschen Luft- und Raumfahrtindustrie e.V. |
| BIRD | Bispectral Infra-Red Detection |
| BMD | Ballistic Missile Defense |
| BMWi | Bundesministerium für Wirtschaft |
| BP | Brilliant Pebbles |
| BPI | Boost-Phase Intercept |
| Bw | Bundeswehr |
| CAV | Common Aero Vehicle |
| CFK | Kohlefaserverstärkter Kunststoff |
| COIL | Chemical Oxygen-Iodine Laser |
| COMINT | Communications Intelligence |
| COTS | Commercial Off-The-Shelf |
| CRV | Crew-Return Vehicle |
| CZ | Chang Zheng / Langer Marsch |
| DARPA | Defense Advanced Research Projects Agency (USA) |
| DARS | Digital Audio Radio System |
| DGPS | Differential GPS |
| DISN | Defense Integrated Switching Network |
| DLR | Deutsches Zentrum für Luft- und Raumfahrt e.V. |
| DMSP | Defense Meteorological Satellite Program |
| DoD | Department of Defense (USA) |
| DSCS | Defense Satellite Communications System |
| DSP | Defense Support Program |

| | |
|---|---|
| DTH | Direct-To-Home |
| EAC | European Astronaut Centre |
| EC-COIL | Electrochemical Oxygen-Iodine Laser |
| EGNOS | European Geostationary Navigation Overlay Service |
| ELINT | Electronic Intelligence |
| EloGM | Elektronische Gegenmaßnahmen |
| EloKa | Elektronische Kampfführung |
| EloSM | elektronische Schutzmaßnahmen |
| EORSAT | Electronic Ocean Reconnaissance Satellite |
| EROS | Earth-Resources Observation Satellite |
| ESA | European Space Agency |
| ESOC | European Space Operations Centre |
| Excimerlaser | Excited-Dimer Laser |
| F&E | Forschung und Entwicklung |
| FAS | Federation of American Scientists |
| FEEP | Field-Emission Electric Propulsion |
| FEL | Free-Electron Laser |
| FLTSAT | Fleet Satellite Communications |
| FOBS | Fractional-Orbital Bombardment System |
| FSS | Fixed Satellite Service |
| FY | Fiscal Year |
| GEO | Geostationary Earth Orbit |
| GIS | Geographic Information Service |
| GLONASS | Global Navigation Satellite System |
| GMD | Ground-Based Midcourse Missile Defense |
| GNSS | Global Navigation Satellite System |
| GPALS | Global Protection Against Limited Strikes |
| GPS | Global Positioning System |
| GSLV | Geosynchronous Satellite Launch Vehicle |
| GSO | Geosynchronous Orbit |
| GTO | Geosynchronous Transfer Orbit |
| GUS | Gemeinschaft Unabhängiger Staaten |
| HEO | Highly-Elliptical Earth Orbit |
| HLM | Hochleistungs-Mikrowellen |
| HOPE X | H-II Orbiting Plane – Experimental |
| HOTOL | Horizontal Take-Off and Landing |
| HPM | High-Power Microwaves |
| ICBM | Intercontinental Ballistic Missile |
| ICO | Intermediate Circular Orbit |
| IFX | Integrated Flight Experiment |
| INF | Intermediate-Range and Shorter-Range Nuclear Forces Treaty |
| In-FEEP | Indium Field-Emission Electric Propulsion |
| InfoOps | Informationsoperationen |
| IRBM | Intermediate-Range Ballistic Missile |

| | |
|---|---|
| IRDT | Inflatable Re-entry and Descent Technology |
| IRIS | Italian Research Interim Stage |
| IS | Istrebitel Sputnikow / Kampfsatellit |
| ISS | International Space Station |
| KE | Kinetic-Energy / Kinetische-Energie- |
| KH | Keyhole |
| KKV | Kinetic Kill Vehicle |
| KOMPSAT | Korea Multi-Purpose Satellite |
| KW | Kinetic Warhead |
| LAMP | Large Advanced Mirror Program |
| Laser | Light Amplification by Stimulated Emission of Radiation |
| LEO | Low Earth Orbit |
| LOS | Large Optical Segment |
| LRI | Luft- und Raumfahrtindustrie |
| LV | Luftverteidigung |
| MD | Missile Defense |
| MDA | Missile Defense Agency |
| MEMS | Microelectromechanical System |
| MEMtronics | Microelectromechanical Electronics |
| MEO | Medium Earth Orbit |
| MHV | Miniature Homing Vehicle |
| MILSTAR | Military Strategic, Tactical, and Relay Satellite System |
| MIRACL | Mid-Infrared Advanced Chemical Laser |
| MIRV | Multiple Independently-Targetable Re-entry Vehicle |
| MIS | Modular Insertion Stage |
| MOBS | Multiple-Orbital Bombardment System |
| MRBM | Medium-Range Ballistic Missile |
| MRV | Multiple Re-entry Vehicle |
| MSP | Military Spaceplane |
| MSS | Mobile Satellite Service |
| MSX | Midcourse Space Experiment |
| MTI | Moving-Target Indication |
| MVW | Massenvernichtungswaffen |
| NASA | National Aeronautics and Space Administration (USA) |
| NASDA | National Space Development Agency (Japan) |
| NCC | Network Control Center |
| Nd:YAG-Laser | Neodym-dotierter Yttrium-Aluminium-Granat-Laser |
| NDS | Nuclear-Detonation Detection System |
| NEMP | Nuclear Electromagnetic Pulse |
| NMD | National Missile Defense |
| NOSS | Navy Ocean-Surveillance Satellite |
| NPB | Neutral Particle Beam |
| NRO | National Reconnaissance Office (USA) |
| NTW | Navy Theater Wide |

## Abkürzungsverzeichnis

| | |
|---|---|
| OPO | optisch-parametrischer Oszillator |
| PEO | Polar Earth Orbit |
| RAMOS | Russian-American Observation Satellite |
| RBCC | Rocket-Based Combined Cycle |
| RCE | (Dual-Thrust) Reaction Control Engine |
| RORSAT | Radar Observation Reconnaissance Satellite |
| RTG | Radioisotope Thermoelectric Generator |
| RTS | Remote Tracking Station |
| RVSN | Raketnije Wojska Strategitscheskogo Nasnatschenija / Strategische Raketenstreitkräfte (Russlands) |
| SALT | Strategic-Arms Limitation Talks |
| SAR | Synthetic-Aperture Radar |
| SATCOM | Satellite Communications / Satellitenkommunikation |
| SBAS | Satellite-Based Augmentation System |
| SBHRG | Space-Based Hypervelocity Railgun |
| SBIRS | Space-Based Infra-Red System |
| SBL | Space-Based Laser |
| SBR | Space-Based Radar |
| SBX | Space-Based Interceptor Experiment |
| Scramjet | Supersonic-Combustion Ramjet |
| SCREMAR | Space Control with a Reusable Military Aircraft |
| SDI | Strategic Defense Initiative |
| SHAAFT | Supersonic/Hypersonic Attack Aircraft |
| SHMAC | Standoff Hypersonic Missile with Attack Capabilities |
| SIGINT | Signals Intelligence |
| SLBM | Submarine-Launched Ballistic Missile |
| SLI | Space-Launch Initiative |
| SMD | Sea-Based Midcourse Defense |
| SMV | Space-Maneuver Vehicle |
| SOC | Satellite Operations Center |
| SOV | Space-Operations Vehicle |
| SPE | Solid Polymer Electrolyte |
| SPS | Solar-Power Satellite |
| SRBM | Short-Range Ballistic Missile |
| SSO | Sun-Synchronous Orbit |
| SSTO | Single-Stage-to-Orbit |
| START | Strategic-Arms Reduction Treaty |
| SYRACUSE | Système de Radiocommunication Utilisant un Satellite |
| TAV | Transatmospheric Vehicle |
| TBM | Tactical Ballistic Missile |
| TBMD | Tactical Ballistic Missile Defense |
| THAAD | Theater High-Altitude Air Defense |
| TSS | Tethered Satellite System |
| TT&C | Telemetry, Tracking, and Command |

| | |
|---|---|
| UAV | Unmanned Aerial Vehicle |
| UdSSR | Union der Sozialistischen Sowjetrepubliken |
| UNSCOM | United Nations Special Commission |
| US | Uprawlenije Sputnik / Führungssatellit |
| US-A | Uprawlenije Sputnik Aktiwny / aktiver Führungssatellit |
| USA | United States of America |
| USAF | United States Air Force |
| US-P | Uprawlenije Sputnik Passiwny / passiver Führungssatellit |
| US-PM | Uprawlenije Sputnik Passiwny Modifizirowany / modifizierter passiver Führungssatellit |
| USSPACECOM | United States Space Command |
| VASIMR | Variable-Specific-Impulse Magnetoplasma Rocket |
| VKS | Wojenno Kosmitscheskije Sily / Weltraumstreitkräfte (Russlands) |
| VSAT | Very-Small-Aperture Terminal |
| WAN | Wide Area Network |
| WANIU | Wide-Area-Network Interface Unit |
| ZASBw | Zentrum für Analysen und Studien der Bundeswehr |
| ZY | Zi Yuan |